디자인이 세상을 바꾼다

박봄이 지음

# 프리미어 프로 &
# 애프터 이펙트
# CC

iCox
Education by Sympathy

# 디자인이 세상을 바꾼다
# 프리미어 프로 & 애프터 이펙트 CC

**초판 1쇄 인쇄**   2023년 11월 5일
**초판 1쇄 발행**   2023년 11월 15일

**지은이**   박봄이
**펴낸이**   한준희
**펴낸곳**   (주)아이콕스

**본문디자인**   프롬디자인
**표지디자인**   김보라
**영업**   김남권, 조용훈, 문성빈
**경영지원**   김효선, 이정민

Education by Sympathy

| | |
|---|---|
| **주소** | (14556) 경기도 부천시 조마루로 385번길 122 삼보테크노타워 2002호 |
| **홈페이지** | www.icoxpublish.com |
| **쇼핑몰** | www.baek2.kr (백두도서쇼핑몰) |
| **이메일** | icoxpub@naver.com |
| **전화** | 032-674-5685 |
| **팩스** | 032-676-5685 |
| **등록** | 2015년 7월 9일 제 386-251002015000034호 |
| **ISBN** | 979-11-6426-241-0 (13000) |

※ 정가는 뒤표지에 있습니다.
※ 잘못된 책은 구입하신 서점에서 교환해 드립니다.

# 머리말

프리미어 프로와 애프터 이펙트는 동영상 편집과 시각 효과 분야에서 독보적인 소프트웨어로 자리 잡았습니다. 프리미어 프로는 편집의 핵심을 맡아 담당하며, 애프터 이펙트는 동영상에 특수 효과와 그래픽을 더하는 데 중점을 둡니다. 이들 소프트웨어는 창의적인 아이디어를 현실로 구현하는데 필수적이고 강력한 동영상 제작 도구로 여겨지며, 미디어 제작 분야에서 중요한 역할을 하고 있습니다.

영화, 광고, 유튜브 비디오 등 다양한 미디어 산업에서 광범위하게 사용되고 있으며, 동영상 플랫폼의 급격한 성장과 SNS의 대중화로 인해 콘텐츠 제작 및 업로드가 일상화되면서 전문가뿐만 아니라 일반 사용자들에게도 프리미어 프로와 애프터 이펙트의 필요성이 커지고 있습니다.

이 책은 이러한 환경 변화를 고려하여 독자들에게 프리미어 프로와 애프터 이펙트를 효과적으로 활용하는 방법을 제시하며, 전문적인 산업 분야뿐만 아니라 개인 창작물의 제작과 공유에 관심 있는 모든 분야의 독자들을 위한 실질적인 안내서가 될 것입니다.

파트 1에서는 프리미어 프로를, 파트 2에서는 애프터 이펙트를 전반적으로 다루며, 각 소프트웨어가 제공하는 다양한 기능들을 빠뜨리지 않고 포괄적으로 안내합니다. 세부 기능을 A부터 Z까지 체계적으로 다루며, 실용적인 예제와 함께 독자들이 각 기능을 이해하고 실전에서 활용할 수 있도록 돕습니다.

이 책을 통해 여러분께서 프리미어 프로와 애프터 이펙트를 자유자재로 활용하여 영상 제작 프로젝트에 자신감을 가질 수 있기를 바라며, 즐겁고 풍요로운 학습의 여정이 되시길 기대합니다.

창의적인 미디어 제작의 세계에서 더 큰 성취를 이루시길 진심으로 기원합니다.
감사합니다.

2023년 10월 박봄이

# 이 책의 구성

이 책은 PART1 프리미어 프로와 PART2 애프터 이펙트편으로 나눠 설명합니다. 각 PART에서는 기본 및 핵심 개념과 기능을 설명한 후 따라하기를 통해 실무 감각을 익힙니다. 따라하기 단계에서 부연 설명이나 주의해야 할 사항은 'TIP', 'NOTE' 등의 요소로 구성했습니다.

● **CHAPTER**
총 6개의 장으로 구성되어 있으며 CHAPTER 시작
전에 배우게 될 내용을 소개합니다.

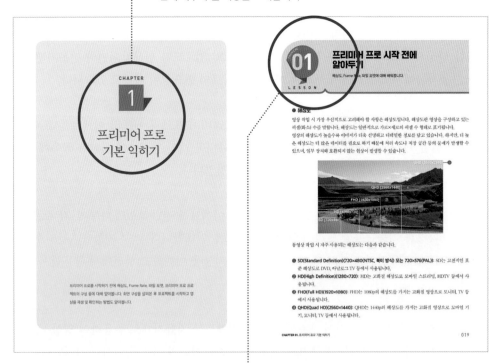

● **LESSON**
배울 내용을 LESSON으로 구분해서 설명해, 미리 배울
내용을 알 수 있습니다.

● **준비 파일**

실습 예제에 필요한 파일의 경로대로 불러와 사용
합니다.

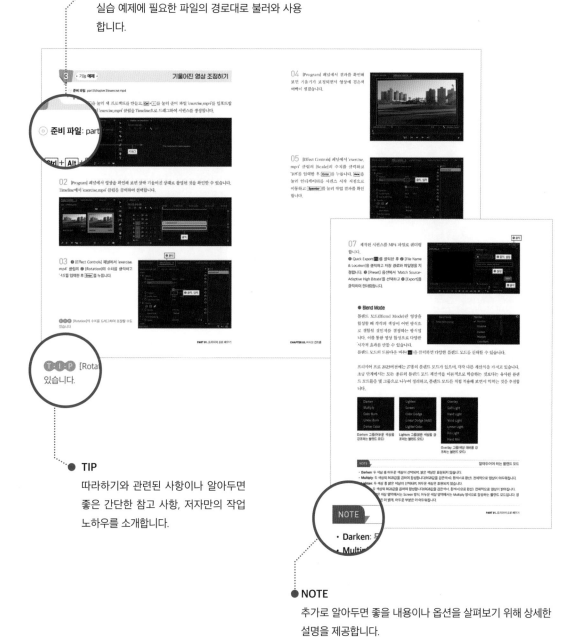

● **TIP**

따라하기와 관련된 사항이나 알아두면
좋은 간단한 참고 사항, 저자만의 작업
노하우를 소개합니다.

● **NOTE**

추가로 알아두면 좋을 내용이나 옵션을 살펴보기 위해 상세한
설명을 제공합니다.

**이 책에서 사용한 예제 소스 다운로드**

이 책에서 사용된 실습 예제는 아이콕스 홈페이지(http://icoxpublish.com)에서 다운로드할 수 있습니다. [자료
실]-[도서 부록소스]에서 『프리미어 프로&애프터 이펙트 CC』를 선택해 다운받아 사용합니다.

# 차례

## PART 1
### 프리미어 프로 배우기　　　　　　　　　　　PREMIERE

## CHAPTER 1
### 프리미어 프로 기본 익히기

# CHAPTER 2

# 비디오 편집하기

**CHAPTER**

**6**

# 오디오 편집하기

PART

# 2
## 애프터 이펙트 배우기

AFTER EFFECTS

CHAPTER

# 1

# 애프터 이펙트 기본 익히기

**CHAPTER**

**3**

# 그룹화 작업하기

**CHAPTER**

**4**

# 영상 합성&키잉 작업하기

**CHAPTER**

**5**

# 이펙트(Effect) 활용하기

# PART

# 1

# 프리미어 프로 배우기

PREMIERE

# 1

# 프리미어 프로
# 기본 익히기

프리미어 프로를 시작하기 전에 해상도, Frame Rate, 파일 포맷, 프리미어 프로의 프로젝트 구성 등에 대해 알아봅니다. 화면 구성을 살펴본 후 프로젝트를 시작하고 영상을 재생 및 확인하는 방법도 알아봅니다.

# 프리미어 프로 시작 전에 알아두기

해상도, Frame Rate, 파일 포맷에 대해 배워봅니다.

LESSON

## ● 해상도

영상 작업 시 가장 우선적으로 고려해야 할 사항은 해상도입니다. 해상도란 영상을 구성하고 있는 픽셀(화소) 수를 말합니다. 해상도는 일반적으로 가로×세로의 픽셀 수 형태로 표기됩니다.

영상의 해상도가 높을수록 이미지가 더욱 선명하고 디테일한 정보를 담고 있습니다. 하지만, 더 높은 해상도는 더 많은 데이터를 필요로 하기 때문에 처리 속도나 저장 공간 등의 문제가 발생할 수 있으며, 일부 장치와 호환되지 않는 현상이 발생할 수 있습니다.

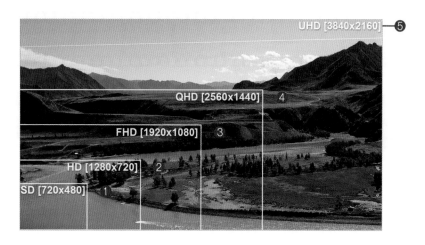

동영상 작업 시 자주 사용되는 해상도는 다음과 같습니다.

❶ **SD(Standard Definition)(720×480(NTSC, 북미 방식) 또는 720×576(PAL)):** SD는 고전적인 표준 해상도로 DVD, 아날로그 TV 등에서 사용됩니다.

❷ **HD(High Definition)(1280×720):** HD는 고화질 해상도로 모바일 스트리밍, HDTV 등에서 사용됩니다.

❸ **FHD(Full HD)(1920×1080):** FHD는 1080p의 해상도를 가지는 고화질 영상으로 모니터, TV 등에서 사용됩니다.

❹ **QHD(Quad HD)(2560×1440):** QHD는 1440p의 해상도를 가지는 고화질 영상으로 모바일 기기, 모니터, TV 등에서 사용됩니다.

❺ **UHD(Ultra HD)(3840×2160(4K) 또는 7680×4320(8K))**: UHD는 4K 또는 8K의 해상도를 가지는 초고화질 영상으로 대형 모니터, 대형 TV 등에서 사용됩니다.

가장 많이 사용되는 해상도는 FHD(1920×1080)입니다. 하지만, 점차 고해상도 촬영 기술이 발달함에 따라 디스플레이 또한 대형화되고 있고, 초고해상도 TV와 모니터가 보급되면서 UHD 규격 이상의 영상 사용이 증가하고 있습니다.

## ● Frame Rate(프레임 레이트)

동영상은 여러 장의 이미지가 연속적으로 재생되어 움직이는 것처럼 보이는 영상입니다. 동영상으로 표현하기 위해 구성된 한 장 한 장의 이미지를 Frame이라고 하며, 얼마나 많은 Frame이 재생되는지를 나타내는 것이 Frame Rate입니다.

Frame Rate는 보통 1초당 재생되는 장면의 수, 즉 FPS(Frame Per Second)로 표현합니다. 예를 들어, 30FPS라는 것은 1초에 30장의 이미지를 보여주는 Frame Rate입니다.

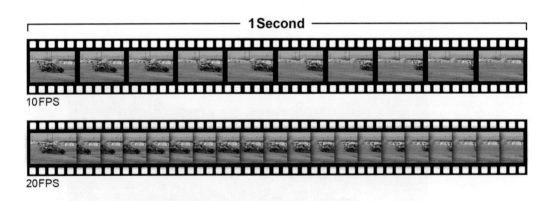

Frame Rate는 동영상의 부드러움과 선명도에 영향을 미치는 중요한 요소 중 하나입니다. 일반적으로 높은 Frame Rate는 더욱 부드러운 동영상을 만들어 내지만, 고해상도나 고화질을 유지하면서 높은 Frame Rate를 유지하는 것은 하드웨어 성능의 한계 때문에 어려울 수 있습니다.

동영상 제작 시 많이 적용되고 있는 FPS는 다음과 같습니다.

• 24FPS: 영화 제작에서 최근까지 일반적으로 사용되던 FPS입니다. 이는 1920년대에 영화 제작에 사용된 35mm 필름이 초당 24프레임으로 움직였기 때문입니다.
• 30FPS: TV 프로그램, 온라인 동영상 등에서 가장 일반적으로 사용되는 FPS입니다.
• 60FPS: 게임, 스포츠 중계 등에서 자주 사용되는 FPS입니다. 이는 빠른 속도의 움직임을 더 자연스럽게 보기 위한 것으로 촬영 속도보다 동영상을 느리게 재생할 때 장면의 수가 부족해지는 것을 방지할 수 있습니다.
• 120FPS 이상: 특수한 목적으로 초고속 촬영을 통해 높은 FPS를 확보하는 경우도 있습니다. 이는

더 부드러운 움직임과 더 높은 선명도를 제공하기 때문입니다. 하지만, 이러한 고화질 동영상을 촬영하려면 더 많은 저장 공간과 높은 사양의 카메라와 컴퓨터가 필요하며, 재생 디스플레이 장치의 성능도 뛰어나야 합니다.

영화나 TV 방송 등에서는 24~30FPS가 일반적이고, 게임이나 스포츠 중계 등에서는 60FPS 이상의 높은 Frame Rate가 사용됩니다. 최근에 VR(Virtual Reality)이나 AR(Augmented Reality) 분야에서는 90~120FPS 이상의 매우 높은 프레임 레이트가 필요한 경우가 있습니다.

## ● 파일 포맷

동영상 포맷은 용도에 맞는 포맷을 선택하는 것이 중요합니다. 일반적으로 웹에서 재생하는 용도라면 MP4 포맷을 선택하는 것이 적합하지만, 용도뿐만 아니라 용량과 품질의 균형을 고려해야 합니다. 용량이 작은 포맷을 선택하면 파일 크기를 줄일 수는 있지만, 그만큼 화질이나 음질이 저하될 수 있습니다. 고화질을 필요로 할 경우 압축률이 적더라도 손실이 적은 포맷을 선택할 수 있지만, 큰 파일 용량 때문에 저장 공간과 함께 재생 장치의 성능까지도 고려해야 합니다. 따라서 파일 크기와 화질 또는 음질의 균형을 고려하여 적절한 포맷을 선택하는 것이 좋습니다.

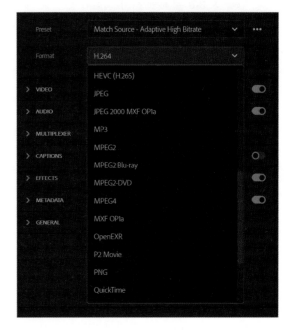

프리미어 프로와 애프터 이펙트에서 동영상 제작 시 주로 사용하는 포맷은 다음과 같습니다.

### 1) MP4(MPEG-4 Part14)

MP4 파일은 대부분의 동영상 편집 소프트웨어에서 지원되며, 현재 가장 보편적으로 사용되는 동영상 파일 포맷 중 하나입니다.

MP4 파일은 비교적 작은 용량으로 동영상 파일을 저장할 수 있으며, 대부분의 모바일 기기와 데스크톱 컴퓨터에서 재생이 가능합니다. 또한 MP4 파일은 인터넷에서 동영상을 스트리밍하는 데도 많이 사용됩니다. 주로 사용되는 코덱은 H.264, HEVC(H.265) 등이 있습니다.

### 2) AVI(Audio Video Interleaved)

AVI는 오래된 동영상 파일 포맷 중 하나로 Windows 운영체제에서 기본적으로 지원되며, 손실 압축 형식과 비손실 압축 형식을 모두 지원합니다. AVI 파일은 비교적 큰 용량으로 저장되지만, 압축이 없는 원본 동영상 파일과 거의 동일한 화질을 제공합니다.

### 3) MOV(Quick Time Movie)

MOV는 Apple(애플)에서 개발한 파일 형식으로 MOV 파일은 비교적 큰 용량이지만, 압축이 없는 원본 동영상 파일과 거의 동일한 화질을 제공하며 알파 채널을 활용할 수 있습니다. MOV 파일은 압축 방식으로 Sorenson Video, Animation, MPEG-4 등 다양한 코덱을 지원합니다. 또한 MOV 파일은 대부분의 모바일 기기와 데스크톱 컴퓨터에서 재생이 가능하며, 대부분의 동영상 편집 소프트웨어에서도 지원됩니다.

### 4) WMV(Windows Media Video)

WMV는 마이크로소프트에서 개발한 동영상 파일 형식으로 WMV 파일은 Windows Media Player와 같은 마이크로소프트 제품에서 기본적으로 지원되며, 비디오 압축을 위해 Windows Media Video 코덱을 사용합니다. 이 코덱은 MPEG-4와 비슷한 압축 기술을 사용하는데 동영상의 크기를 줄이면서도 고품질의 동영상을 제공합니다. 또한 WMV 파일은 Windows 운영체제에서 사용되는 다른 마이크로소프트 제품과 호환할 수 있어서 웹캠 녹화, 화상 통화, 화면 녹화 등 다양한 용도로 사용됩니다.

### 5) WebM(Web+M)

WebM은 Google(구글)에서 개발한 동영상 파일 형식으로 HTML5 비디오 플레이어와 함께 웹에서 동영상을 재생하기 위해 만들어졌습니다. WebM 파일은 무손실 및 손실 압축을 지원하며, 대개 VP8 또는 VP9 비디오 코덱과 Vorbis 또는 Opus 오디오 코덱을 사용합니다.

WebM 파일은 크롬, 파이어폭스, 오페라 등과 같은 다양한 웹 브라우저에서 지원되며, HTML5 비디오 요소와 호환할 수 있어서 웹에서 동영상을 재생하는 데 사용되는 가장 일반적인 파일 형식 중 하나입니다.

### 6) MPG(MPEG-1 및 MPEG-2 Video)

MPG는 MPEG-1 또는 MPEG-2 코덱으로 압축된 비디오 파일을 지칭합니다. MPG는 손실 압축 형식을 사용하는데 DVD, VCD 등에서 사용되는 비디오 파일 포맷입니다.

이외에도 MKV, FLV 등 다양한 동영상 파일 포맷이 있습니다. 동영상 작업 시에는 사용하려는 소프트웨어나 장치가 지원하는 파일 포맷을 확인하고, 그에 맞는 파일 포맷을 선택하는 것이 좋습니다.

### ● 프리미어 프로 프로젝트 구성

프리미어 프로에서 프로젝트는 '시퀀스-트랙-클립'으로 구성되어 있습니다.

프로젝트를 구성하는 기본 단위는 "시퀀스(sequence)"입니다. 시퀀스는 비디오, 오디오, 이미지 등의 미디어를 시간 순서에 따라 배치하는 데 사용되는 기본적인 작업 공간입니다. 시퀀스는 다수의 트랙(track)과 미디어 클립을 포함할 수 있으며, 이들을 조합하여 비디오 또는 오디오 파일로 만들 수 있습니다.

시퀀스는 "트랙(track)"으로 구성됩니다. 트랙은 비디오, 오디오 등의 미디어 요소가 배치되는 수평적인 레이어(layer)를 의미하는데 프리미어 프로에서는 비디오 트랙과 오디오 트랙으로 나뉩니다. 트랙은 여러 개가 있을 수 있으며, 각 트랙은 자신의 미디어 요소를 나타냅니다. 따라서 여러 개의 트랙을 사용하여 동일한 시간에 여러 개의 비디오 또는 오디오 클립을 표시하거나 연속된 시간대에 클립들을 표시할 수 있습니다.

트랙은 "클립(clip)"으로 구성됩니다. 클립은 프리미어 프로에서 사용되는 미디어 파일의 작은 세그먼트를 말합니다. 일반적으로 비디오 클립과 오디오 클립이 있습니다. 클립은 트랙에 배치되어 시퀀스를 구성하는 데 사용됩니다.

클립은 트랙에서 직접 자를 수 있고, 속도와 소리를 조절하거나 필요한 필터 및 효과를 적용하는 등의 편집을 할 수 있습니다.

프리미어 프로에서 프로젝트를 구성하는 중요한 요소인 시퀀스, 트랙, 클립을 올바르게 활용해야 효율적인 프로젝트 작업 및 관리를 할 수 있습니다.

## 화면 구성 살펴보기

기능을 살펴본 후 예제 작업을 하는 데 편리하며, 예시 화면을 보고 따라서 작업할 수 있도록
워크스페이스를 설정해 봅니다.

LESSON

어도비 프리미어 프로 프로그램을 실행하면 처음 나오는 화면은 'Home' 화면입니다.
Home 화면에는 ❶ 새로운 프로젝트 만들기, ❷ 기존 프로젝트 열기, ❸ 최근 작업 프로젝트 열기
등의 기능이 있습니다.

[New Project]를 클릭하고 생성창에서 [Create]를 클릭하여 프로젝트를 생성하면 패널과 워크스페
이스 설정 메뉴가 활성화됩니다.

### ● 사전 설정 워크스페이스

상단 메뉴 [Window]-[Workspaces] 하위에서 다양한 작업 용도에 맞게 사전 설정된 워크스페이스
를 선택할 수 있습니다.

사전 설정된 워크스페이스는 다음과 같습니다.

❶ **Assembly(어셈블리)**: 프로젝트를 구성하고 러프 컷을 빠르게 만드는 작업에 적합합니다. 주요 패널로는 Project, Media Browser, Timeline, Program Panel 등이 있습니다.

❷ **Audio(오디오)**: 프리미어 프로에서는 오디오 편집을 위한 패널이 제공됩니다. 주요 패널로는 Audio Clip Mixer, Audio Track Mixer, Essential Sound Panel 등이 있습니다.

❸ **Color(색)**: 영상의 색상과 조명을 조정하는 작업에 적합합니다. 주요 패널로는 Lumetri Scope, Lumetri color, Effect controls Panel 등이 있습니다.

❹ **Editing(편집)**: 프리미어 프로에서는 일반적인 영상 편집 작업에 적합한 패널이 제공됩니다. 주요 패널로는 Source, Project, Timeline, Program Panel 등이 있습니다.

❺ **Effects(효과)**: 비주얼 효과와 필터를 적용하는 작업에 적합합니다. 주요 패널로는 Project, Effects, Effect Controls, Program Panel 등이 있습니다.

❻ **Essentials(에센셜)**: 프리미어 프로를 처음 사용하는 사용자들에게 추천할 수 있는 워크스페이스입니다. 기본적인 영상 편집 작업을 위한 모든 기능들이 포함되어 있기 때문에 쉽게 프리미어 프로를 익힐 수 있습니다.

프리미어 프로는 이외에도 [Captions and Graphics], [Learning], [Libraries], [Metalogging] 등의 사전 설정 워크스페이스를 제공하고 있습니다. 필요에 따라 적합한 워크스페이스를 선택하여 작업을 진행할 수 있습니다.

이 책에서는 작업 시마다 워크스페이스를 변경하지 않아도 모든 패널을 활용할 수 있는 [All Panels] 옵션을 선택하여 기능과 예제를 설명하도록 하겠습니다.

## ● 워크스페이스 변경하기

프리미어 프로에서는 사용자가 필요에 따라 직접 새로운 워크스페이스를 만들거나 기존 워크스페이스를 수정하여 작업 환경을 최적화할 수 있습니다.

패널들은 그룹으로 묶여 있으며, 패널 그룹 안에서 각 패널의 탭을 클릭하면 해당 패널의 내용이 표시됩니다.

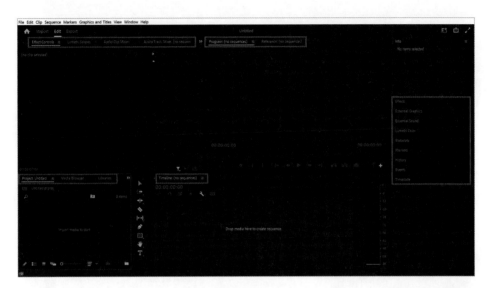

각 패널 그룹은 필요 시 크기를 변경할 수 있고, 그룹에서 패널들을 분리할 수도 있습니다.

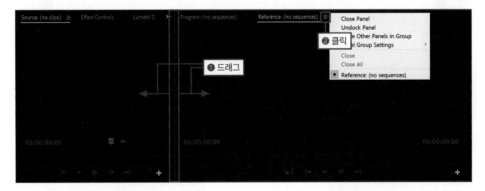

❶ 패널 사이의 경계선을 드래그하면 크기를 조절할 수 있습니다.
❷ 패널 탭 오른쪽의 추가 옵션 버튼을 클릭하면 패널 닫기와 패널 분리를 할 수 있습니다.

패널은 다른 그룹으로 이동할 수 있고, 분리된 패널을 다시 합칠 수도 있습니다.

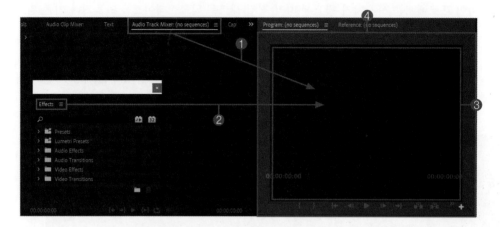

① 패널을 드래그하여 다른 패널로 이동할 수 있습니다.

② 분리된 패널을 드래그하여 패널 그룹에 합칠 수 있습니다.

③ 패널을 드래그할 때 그룹의 가운데로 드래그&드롭하면 해당 그룹으로 소속됩니다.

④ 패널 그룹의 가장자리 4영역 중 한 곳으로 드래그&드롭하면 새로운 패널 그룹이 형성됩니다.

닫혀 있는 패널을 열고 싶은 경우 상단 메뉴 [Window] 하위의 패널 목록 중에서 열고 싶은 패널에
체크하여 새로 열 수 있습니다. 또한 ① [Window] – ② [Workspaces] – ③ [Reset to Saved Layout]을
이용하여 워크스페이스를 변경하기 전 초기 상태로 되돌릴 수 있습니다.

Spacebar + Alt + 0 를 이용하여 워크스페이스를 리셋할 수 있습니다.

 · 기능 예제 ·　　　　　　　　　　　　　　　　새로운 패널 그룹 만들기

[All Panels] 워크스페이스로 설정된 상태에서 [Effect Controls] 패널과 [Effects] 패널을 이동하여 새로운 패널 그룹
을 만들어 보겠습니다.

01　Ctrl + Alt + N 을 눌러 창을 열고 [Create]를 클릭하여 새 프로젝트를 만듭니다.

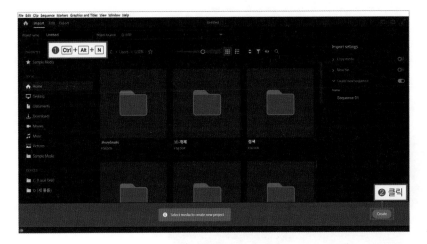

02　[Effect Controls] 패널을 [Program] 패널의 오른쪽 영역으로 드래그하여(마우스 왼쪽 버튼을 계
속 누르고 있는 상태) 파란색으로 영역 표시가 될 때 드롭(마우스 왼쪽 버튼 떼기)합니다.

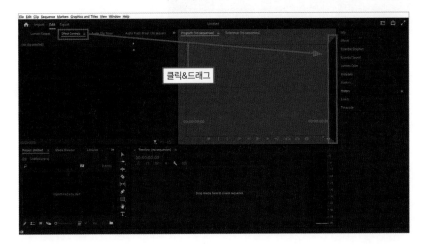

03 [Effects] 패널을 새로 생긴 [Effect Controls] 패널의 가운데 영역으로 드래그하여(마우스 왼쪽 버튼을 계속 누르고 있는 상태) 파란색으로 영역 표시가 될 때 드롭(마우스 왼쪽 버튼 떼기)합니다.

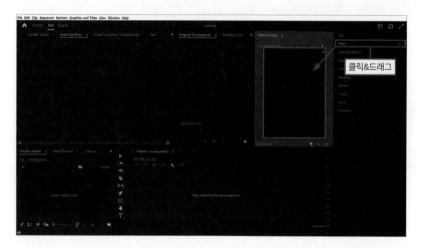

04 [Program] 패널과 [Effects] 패널의 크기를 조절합니다.
❶ [Program] 패널의 왼쪽 경계선을 클릭&드래그하여 왼쪽으로 크기를 키우고, ❷ [Effects] 패널의 왼쪽 경계선을 클릭&드래그하여 왼쪽으로 크기를 키웁니다.

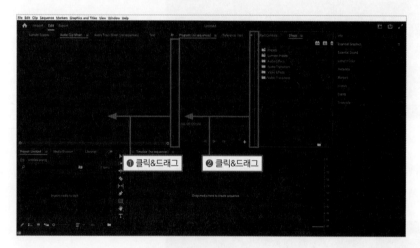

## 05 새로운 패널 그룹이 형성된 결과 화면입니다.

**NOTE**

**패널 그룹에 표시되지 않은 패널 확인**

패널 그룹에서 가장 오른쪽 아이콘(▶▶)을 클릭하면 표시되지 않은 패널들을 확인할 수 있습니다.

## ● 패널 살펴보기

◎ **준비 파일**: part1/chapter1/panel.prproj

주요 패널들의 배치와 기능을 살펴보도록 하겠습니다. 패널의 모든 요소를 활성화하기 위해 프로
젝트를 오픈해 보겠습니다. Ctrl+O를 눌러 준비 파일 'panel.prproj'를 엽니다.

❶ **메뉴 바**: 메뉴 바는 영상 편집 및 제작 작업을 위한 작업의 사전 준비, 작업의 마무리, 작업 보조
기능, 인터페이스 관련 기능을 제공합니다.

❷ **빠른 메뉴**: 상단의 빠른 메뉴를 통해 불러오기, 내보내기, 전체 화면 등 프로그램이 다른 화면으
로 빠르게 오가거나 프로그램의 워크스페이스를 변경할 수 있습니다.

❸ **[Source/Effect Controls] 패널**: 미디어 클립을 검색하고, 미리보기를 통해 적합한 클립을 선택
할 수 있으며, 이펙트를 적용하고, 조절하는 작업 공간입니다.

❹ **[Program] 패널**: 사용자가 현재 작업 중인 시퀀스의 작업 결과를 실시간으로 보여주는 화면입
니다. [Program] 패널에서는 미리보기를 보며 작업하고, 패널 내에서 클립의 크기와 위치, 프레
임 레이트 등의 속성을 수정할 수 있습니다.

❺ **[Project] 패널**: 사용할 비디오, 오디오, 이미지, 타이틀 등의 파일을 불러오거나 관리하는 작업
공간입니다. 이곳에서 파일을 선택하여 타임라인으로 끌어와 작업을 수행합니다.

❻ **[Tool] 패널**: 프로그램에서 사용할 수 있는 다양한 도구가 위치합니다. 이곳에서 사용할 도구를
선택하고, 클립에 적용하는 작업을 수행합니다.

❼ **[Timeline] 패널**: 비디오 클립과 오디오 클립을 배치하고 편집하는 작업 공간입니다. 시퀀스마다
다른 타임라인에서 작업하게 되며, 탭 형식으로 다른 시퀀스 타임라인으로 전환할 수 있습니다.

❽ **패널 모음**: 이펙트와 스타일 등을 적용하고 미디어 클립을 수정 및 보정하기 위한 여러 가지 기
능의 패널들이 모여 있습니다.

## 1) 빠른 메뉴

❶ **Home**: 프리미어 프로 프로그램을 실행한 후 첫 화면인 Home 화면으로 이동합니다.

❷ **Import**: 탐색기를 통해 소스를 불러올 수 있는 Import 화면으로 이동합니다.

❸ **Edit**: 영상 편집 작업이 이루어지는 Edit 화면으로 이동합니다.

❹ **Export**: 작업 완료 후 동영상으로 내보내기 할 수 있는 Export 화면으로 이동합니다.

❺ **Title**: 현재 작업 중인 프로젝트 이름이 표시됩니다.

❻ **Workspace**: 워크스페이스의 변경 옵션을 볼 수 있습니다.

❼ **Quick Export**: 저장 경로 설정만으로 빠르게 동영상을 내보내기 할 수 있습니다.

❽ **Full Screen Video**: 현재 작업 중인 비디오 결과를 전체 화면으로 볼 수 있습니다. [Esc]를 눌러 되돌아올 수 있습니다.

## 2) [Project] 패널

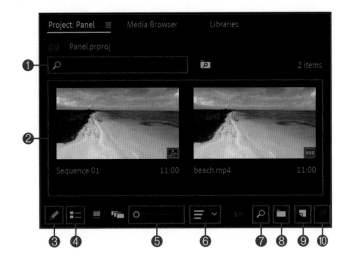

❶ **Filter Bin Content**: 프로젝트 콘텐츠 중 조건에 해당되는 소스만 필터링하여 보여줍니다. 파일 명, 확장자, 유형 등을 조건으로 필터링할 수 있습니다.

❷ **Content View**: 프로젝트에서 Import되었거나 생성된 콘텐츠들이 표시되는 영역입니다.

❸ **Toggle Writable**: 프로젝트가 수정될 수 없도록 잠그는 기능입니다.

❹ **View Type**: 콘텐츠 목록을 보여줄 방식을 선택합니다.

❺ **Size of Icons**: 콘텐츠 목록의 아이콘과 섬네일 크기를 조절합니다.

❻ **Sort Icons**: 콘텐츠 정렬 방식을 선택합니다.

❼ **Find**: 프로젝트 콘텐츠를 검색합니다.

❽ **New Bin**: 소스들을 정리할 수 있는 새로운 폴더를 생성합니다.

**⑨ New Item**: 새로운 아이템을 생성합니다.

**⑩ Clear**: 콘텐츠를 삭제합니다.


### 3) [Timeline] 패널

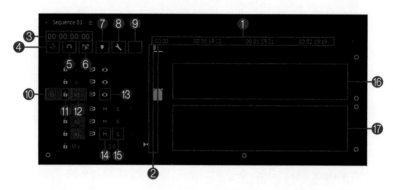

❶ **Timeline Ruler**: 탐색 중인 지점을 확인하고, 시퀀스나 비디오 및 오디오 클립의 길이를 측정할 수 있는 시간 표시 영역입니다.

❷ **Current Time Indicator**: 현재 시점을 나타내는 플레이헤드의 역할을 하며 흔히 인디케이터라고 불립니다.

❸ **Playhead Position**: 현재 탐색 중인 지점, 즉 인디케이터가 위치한 지점을 나타냅니다. '시간:분:초:프레임' 형식으로 표시됩니다.

❹ **Sequence as Nests**: 시퀀스를 트랙에 배치할 때 nest(그룹) 상태로 배치하는 옵션입니다. 비활성화하면 시퀀스 안의 각 클립들이 개별로 배치됩니다.

❺ **Snap in Timeline**: 클립을 타임라인에서 이동할 때 다른 클립들의 경계점 또는 인디케이터의 위치에 스냅되도록 합니다.

❻ **Linked Selection**: 링크된 클립들이 함께 선택되도록 설정합니다.

❼ **Add Marker**: 현재 위치에 마커를 추가합니다.

❽ **Timeline Display Settings**: 타임라인에서 표시되는 항목들을 설정합니다.

❾ **Caption Track Options**: 캡션(Caption)을 사용하는 경우 캡션 트랙(Caption Track)의 속성을 설정하는 기능입니다. 특정 캡션 트랙에 대한 표시 및 숨기기, 편집 가능 여부, 캡션 스타일 적용 등을 설정할 수 있습니다.

❿ **Source Patching Targeting**: 타임라인에 클립을 Insert나 Overwrite할 때 어느 트랙이 대상이 될 것인지 선택합니다.

⓫ **Track Lock**: 트랙을 잠그거나 잠금을 해제합니다.

⓬ **Track Targeting**: Timeline 위에서 이루어지는 작업의 대상 트랙을 지정합니다.

⓭ **Toggle Track Output**: 비디오 트랙의 출력을 켜거나 끕니다.

⓮ **Mute Track**: 오디오 트랙의 출력을 켜거나 끕니다.

⓯ **Solo Track**: 해당 트랙을 솔로 모드로 설정하여 다른 트랙의 소리가 들리지 않도록 합니다.

⑯ **Video Track**: 비디오 클립이 추가되는 트랙입니다.

⑰ **Audio Track**: 오디오 클립이 추가되는 트랙입니다.


## 4) [Program] 패널

❶ **Monitor**: 현재 작업 중인 시퀀스 결과를 보여주는 화면입니다.

❷ **Playhead Position**: 현재 플레이헤드의 위치를 나타냅니다.

❸ **Zoom Level**: 현재 보이는 화면의 확대 및 축소 수준을 조절합니다.

❹ **Playback Resolution**: 미리보기 재생 시 사용할 해상도를 설정합니다.

❺ **Indicator**: 현재 탐색 중인 지점을 표시합니다.

❻ **Add Marker**: 현재 위치에 마커를 추가합니다.

❼ **Mark In**: 현재 위치를 인 지점으로 설정합니다.

❽ **Mark Out**: 현재 위치를 아웃 지점으로 설정합니다.

❾ **Go to In**: 인 지점으로 이동합니다.

❿ **Step Back 1frame**: 현재 위치에서 1프레임 이전으로 이동합니다.

⓫ **Play**: 재생합니다.

⓬ **Step Forward 1frame**: 현재 위치에서 1프레임 이후로 이동합니다.

⓭ **Go to Out**: 아웃 지점으로 이동합니다.

⓮ **Lift**: 선택한 인 및 아웃 구간을 삭제합니다.

⓯ **Extrack**: 선택한 인 및 아웃 구간을 삭제하고 공백을 메웁니다.

⓰ **Export Frame**: 현재 프레임을 이미지 파일로 내보냅니다.

⓱ **Button Editor**: [Program] 패널의 버튼을 편집할 수 있는 에디터입니다.

## 5) [Tool] 패널

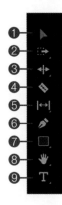

❶ **Selection**: 트랙에서 클립을 선택하거나 이동시키거나 클립의 시작 지점이나 끝 지점을 조정하는 도구입니다. 다른 도구의 사용이 끝나면 즉시 Selection 툴을 선택해 두는 것이 바람직합니다.

❷ **Track Select Forward**: 선택한 클립과 그 이후의 모든 클립을 선택하는 도구입니다.

**Track Select Backward**: 선택한 클립과 그 이전의 모든 클립을 선택하는 도구입니다.

❸ **Ripple Edit**: 클립의 시작 지점이나 끝 지점을 조정하면 그 이후의 모든 클립을 조정된 길이에 맞게 자동으로 이동시키는 도구입니다.

**Rolling Edit**: 두 클립 사이의 전환 지점을 조정하면서 전체 시간을 유지하는 도구입니다.

**Rate Stretch**: 클립의 속도와 재생 시간을 변경하는 도구입니다.

**Remix**: 음악의 길이를 줄일 때 자동으로 자연스러운 리믹스를 해주는 도구입니다.

❹ **Razor**: 클립을 잘라내는 도구입니다.

❺ **Slip**: 클립의 시작 지점이나 끝 지점을 변경하면서 길이를 유지하는 도구입니다.

**Slide**: 클립을 이동하면 그 이전 클립의 끝 지점과 이후 클립의 시작 지점을 조정된 위치에 맞게 변경시키는 도구입니다.

❻ **Pen**: 도형을 그려 Shape 오브젝트를 생성하는 도구입니다.

❼ **Rectangle**: 사각형 도형을 그려 Shape 오브젝트를 생성하는 도구입니다.

**Ellipse**: 원형 도형을 그려 Shape 오브젝트를 생성하는 도구입니다.

**Polygon**: 다각형 도형을 그려 Shape 오브젝트를 생성하는 도구입니다.

❽ **Hand**: 작업 영역이나 화면을 이동하는 데 사용하는 도구입니다.

**Zoom**: 작업 영역을 확대 또는 축소하는 데 사용하는 도구입니다.

❾ **Type**: 텍스트를 추가하거나 수정하는 데 사용하는 도구입니다.

**Vertical Type**: 수직 텍스트를 추가하거나 수정하는 데 사용하는 도구입니다.

· 기능 예제 ·

# [Program] 패널 확대/축소/화면 맞추기

◎ **준비 파일**: part1/chapter1/panel.prproj

01 ❶ Ctrl+O를 눌러 준비 파일 'panel.prproj'를 열고, [Program] 패널의 ❷ [Zoom Level]에서 배율을 선택합니다. Export되는 영상과 동일한 사이즈인 100%를 기준으로 확대 및 축소하여 영상을 확인할 수 있습니다. ❸ '200%'를 선택합니다.

02 영상이 확대되어 [Program] 패널보다 큰 경우 화면을 이동할 수 있습니다.
❶ [Tool] 패널의 Hand 툴(🖑)을 선택한 후 ❷ [Program] 패널의 화면을 클릭&드래그하여 화면을 이동합니다. 또는 스크롤 바를 움직여 화면을 이동할 수도 있습니다. 도구 사용이 끝나면 ❸ Selection 툴(▶)로 변경해 줍니다.

**03** [Program] 패널의 ❶ [Zoom Level]에서 ❷ 'Fit' 옵션을 클릭하면 패널 사이즈에 맞추어 영상 크기가 조절됩니다.

**T·I·P** Hand 툴 단축키 : H / Selection 툴 단축키 : V

# 프로젝트 시작하기

프리미어 프로에서 프로젝트 시작을 위한 프로젝트 생성과 시퀀스 생성, 소스 불러오기 및 배치하기, 영상 재생 및 확인하기를 배워봅니다.

LESSON

## ● 프로젝트 생성

Home 화면에서 [New Project]를 클릭하거나 단축키 Ctrl+Alt+N 을 누르면 프로젝트 생성창을 열수 있습니다.

프로젝트 생성창에서 ❶ 프로젝트 이름을 입력한 후 ❷ [Project Location]을 클릭하여 드롭다운 메뉴에서 [Choose Location]을 클릭하여 프로젝트의 저장 경로를 설정하고 ❸ [Create]를 클릭합니다.

## ● 시퀀스 생성

❶ Ctrl + N 을 누르면 새 시퀀스 설정 화면이 나타납니다. 시퀀스 설정 화면의 첫 번째 탭인 [Sequence Presets]에서는 영상 제작에서 보편적으로 사용되는 사전 설정된 포맷을 선택할 수 있습니다. 직접 시퀀스를 설정하거나 어떤 포맷을 사용해야 할지 모르는 경우에는 ❷ [Settings] 탭을 이용합니다.

[Settings] 탭에서는 영상 제작 시 설정해야 하는 각 항목들을 직접 선택할 수 있습니다. 주요 설정 항목은 다음과 같습니다.

❶ **Timebase**: 1초당 재생 장면 수(FPS)를 설정합니다. 정해진 포맷이나 가이드가 없는 경우 일반적으로 30FPS로 설정하면 큰 문제가 없습니다.

❷ **Frame Size**: 화면의 크기나 해상도를 설정합니다. 1920×1080 사이즈를 가장 많이 사용합니다.

❸ **Pixel Aspect Ratio**: 화면을 구성하는 픽셀의 가로 및 세로 비율을 설정합니다. 대부분 Square Pixels(1.0)으로 설정합니다.

❹ **Audio Sample Rate**: 오디오 1초당 샘플 횟수를 설정합니다. 대부분 디지털 오디오의 샘플링 속도는 44100~48000Hz입니다.

❺ **Sequence Name**: 시퀀스 이름을 입력합니다.

[Tracks] 탭에서는 시퀀스 작업 시 필요한 비디오 트랙이나 오디오 트랙 수 등을 설정할 수 있습니다.

❶ **Video**: 비디오 트랙 수를 입력합니다.
❷ : 오디오 트랙을 추가합니다.

**1** • 기능 예제 •               FHD 30FPS 시퀀스 생성/Preset 저장하기

01 Ctrl+Alt+N을 눌러 새 프로젝트를 만든 후 Ctrl+N을 눌러 새 시퀀스 설정창을 열고 [Settings] 탭으로 이동합니다. Editing Mode를 Custom으로 설정합니다.
❶ Timebase는 '30frames/second', ❷ Frame Size는 '가로 1920×세로 1080픽셀(FHD)', ❸ Pixel Aspect Ratio는 'Square Pixels(1.0)', ❹ Sample Rate는 '48000Hz'로 설정하고 ❺ [Save Preset]을 클릭합니다.

02 [Save Sequence Preset] 창에서 ① 프리셋 이름
과 ② 프리셋 설명을 입력하고 ③ [OK]를 클릭합니다.

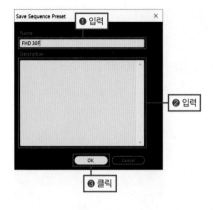

03 ① [Sequence Presets] 탭의 ② [Custom] 폴더
에서 ③ 방금 등록된 Preset을 선택하고 ④ [OK]를 클릭
하면 해당 설정으로 시퀀스가 생성됩니다.

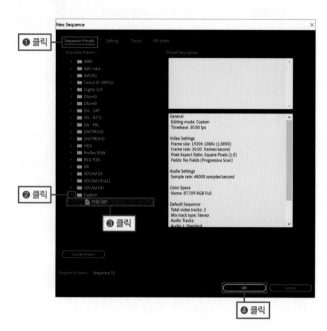

## ● 소스 불러오기 및 배치하기

소스를 불러오기 위해서는 먼저 프로젝트가
생성되어 있어야 합니다.

① Ctrl + Alt + N 을 눌러 새 프로젝트를 만들
고, Ctrl + I 를 눌러 파일을 불러온 후 ② 파일
을 드래그하여 선택한 다음 ③ [열기]를 클릭
하여 소스를 불러올 수 있습니다.

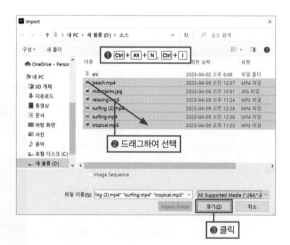

또는 ❶ [윈도우 탐색기]에서 파일을 드래그하여 선택한 후 ❷ [Project] 패널로 드래그&드롭하여 불러올 수도 있습니다.

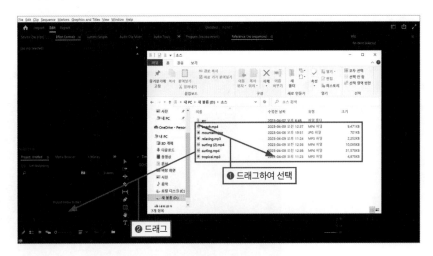

Import된 소스들은 모두 [Project] 패널에서 확인할 수 있으며, 영상 제작에 사용할 소스를 [Timeline] 패널로 드래그&드롭하여 배치할 수 있습니다. 만일 시퀀스가 생성되지 않은 상태라면 배치한 소스와 동일한 포맷으로 시퀀스가 자동 생성되는데 소스는 첫 번째 비디오 및 오디오 트랙으로 배치됩니다.

시퀀스가 생성되어 있는 상태에서는 어느 트랙으로 배치할 것인지 선택할 수 있습니다.

시퀀스가 생성된 상태에서 첫 번째로 배치하는 소스가 시퀀스 설정과 포맷이 다를 경우에는 해당 소스 포맷에 맞추어 시퀀스 설정을 변경할 것인지를 묻는 팝업창이 뜹니다.

[Change sequence settings]를 클릭하면 시퀀스 설정이 소스 포맷에 맞추어 자동 변경됩니다.

# 소스 포맷에 맞추어 시퀀스 설정 변경하기

◎ **준비 파일**: part1/chapter1/beach.mp4

01 ❶ Ctrl + Alt + N 을 눌러 새 프로젝트를 만들고, Ctrl + N 을 눌러 새 시퀀스를 생성합니다. ❷ Timebase는 '30FPS', ❸ Frame Size는 '1280× 720'으로 설정한 후 ❹ [OK]를 클릭합니다.

02 ❶ Ctrl + I 를 눌러 ❷ 'beach.mp4'를 선택한 후 ❸ [열기]를 클릭하여 파일을 불러옵니다.

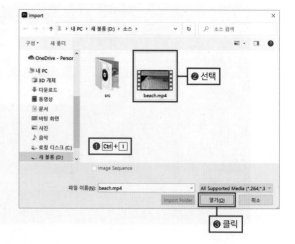

03 [Project] 패널의 'beach.mp4' 소스를 [Timeline] 패널로 드래그&드롭합니다.

04 [Clip Missmatch Warning] 팝업창에서 [Change sequence settings]를 클릭하여 시퀀스 설정을 자동 변경합니다.

05 상단 메뉴 ❶ [Sequence] – ❷ [Sequence Settings]를 클릭하여 시퀀스 설정창을 엽니다.

06 [Sequence Settings] 창에서 시퀀스 설정값 '30FPS'에서 '23.976FPS', '1280×720'에서 '1920×1080'으로 변경된 것을 확인할 수 있습니다.

## ● 영상 재생 및 확인하기

◎ **준비 파일**: part1/chapter1/seek.prproj

제작 중인 영상의 결과는 [Program] 패널과 [Timeline] 패널을 통해 탐색할 수 있습니다. 두 패널 중 ❶ 한 곳을 클릭하여 선택하고 ❷ Spacebar 를 누르면 영상이 재생되고, 재생 중 다시 한 번 Spacebar 를 누르면 정지합니다.

- J: 역재생 / K: 정지 / L: 재생
- 역재생 중 J: 역재생 속도 증가
- 재생 중 L: 재생 속도 증가
- ←: 1frame 이전으로 이동합니다.
- →: 1frame 이후로 이동합니다.
- Shift + ←: 5frame 이전으로 이동합니다.
- Shift + →: 5frame 이후로 이동합니다.

특정 Timeline 지점으로 이동하여 탐색하려면 [Playhead Position]을 클릭한 후 이동하고자 하는 지점을 입력하여 이동할 수 있습니다.

예를 들어, [Playhead Position]에 '10.08.22'라고 입력하면 10분 8초 22프레임 지점으로 이동합니다.

시간 형식 전체를 입력하지 않아도 가능합니다.

20 → 20프레임

10. → 10초

5.. → 5분

또한 Timeline 위에서 원하는 지점을 클릭하거나 인디케이터를 드래그하여 이동할 수도 있습니다. 드래그하는 도중에 Shift를 누르면 클립의 시작 부분이나 끝 부분에 인디케이터가 스냅되어 정확한 지점으로 이동할 수 있습니다.

탐색 중 '+'를 눌러 Timeline을 확대하거나 '-'를 눌러 Timeline을 축소할 수 있습니다.

영상을 탐색하지 않고 Timeline을 이동하려면 ❶ Hand 툴(✋)을 선택하여 ❷ Timeline을 드래그합니다.

T·I·P 스크롤 바를 드래그하여 이동할 수 있습니다.

## ● track 관리하기

track(트랙)은 ❶ Video Track(비디오 트랙)과 ❷ Audio Track(오디오 트랙)으로 나뉘어 각 클립들을 배치하게 됩니다.

Video Track은 우선순위가 있어서 여러 track 위에 클립들이 같은 시간대에 배치되어 있으면 우선 가장 위에 있는 track의 클립이 노출됩니다. Audio Track은 동시간대에 오디오 클립이 배치되어도 상호 간섭하지 않습니다.

# Video 및 Audio Track 이동/Toggle Track

◎ **준비 파일**: part1/chapter1/track.prproj

01 [Ctrl]+[O]를 눌러 준비 파일 'track.
prproj'를 열고, [Spacebar] 또는 [L]로 재생합
니다. 1번 Video Track에서 재생되던

'urban.mp4' 클립은 2번 Video Track의 'gliding.mp4' 클립이 등장하는 순간 보이지 않게 됩니다.
❶ 1번 Video Track의 'urban.mp4' 클립을 3번 Video Track으로 드래그하여 이동합니다. 다시 재생해 보면 2번 Video
Track의 'gliding.mp4' 클립이 보이지 않게 됩니다. 다음 작업을 위해 ❷ [Ctrl]+[Z]를 눌러 3번 Video Track으로 이동된 작
업을 취소합니다.

02 Toggle Track Output(◉)을 클릭하
여 2번 Video Track이 보이지 않도록 숨겨
두고 재생하면 1번 Video Track이 방해받
지 않을 수 있습니다.

03 동시에 재생되는 2개의 Audio Track 중
❶ 한 곳의 Mute(M)를 클릭하여 재생해 보면 해
당 트랙은 음소거 상태입니다. ❷ 다시 Mute(M)
를 클릭하여 음소거 상태를 해제합니다.

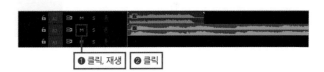

04 이번에는 Solo(S)를 클릭하여 해당
Audio Track 외의 모든 트랙을 음소거시킵
니다. 2개 이상의 트랙이 동시에 Solo될 수
도 있습니다.

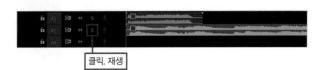

# track 추가/삭제하기

◎ **준비 파일**: part1/chapter1/track.prproj

**01** Ctrl + O 를 눌러 준비 파일 'track. prproj'를 엽니다. [Project] 패널에서 클립을 [Timeline] 패널로 배치할 때 활성화되어 있는 Video Track들 위쪽(Audio Track은 아래쪽)으로 드래그&드롭하면 새로운 트랙이 추가됩니다. 기존 Timeline 위에 있는 클립을 이동 배치할 때도 마찬가지입니다.

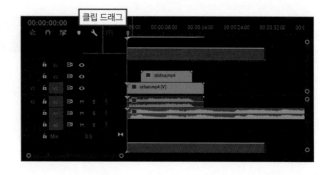

**02** ❶ 트랙의 오른쪽 빈 공간에 마우스 오른쪽 버튼을 클릭하여 메뉴에서 ❷ [Add Track] 명령을 이용하여 클립 배치 없이 빈 트랙을 추가할 수도 있습니다.

**03** 삭제하고자 하는 경우에는 ❶ 대상 트랙에서 마우스 오른쪽 버튼을 클릭하여 메뉴에서 ❷ [Delete Track] 명령을 이용하여 삭제할 수 있습니다.

# 링크된 비디오/오디오 분리하기

Video Track과 Audio Track을 모두 가지고 있는 클립이나 [Timeline] 패널 위에서 링크시킨 클립들은 하나의 오브젝트처럼 선택됩니다.

◎ **준비 파일**: part1/chapter1/track.prproj

01 Ctrl+O를 눌러 준비 파일 'track.prproj'를 열고, 'urban.mp4' 클립을 드래그하여 시간대를 이동하면 둘 중 한 트랙에서만 조작해도 함께 이동합니다.

02 ❶ Linked Selection(🔗)을 클릭하여 해제한 후 ❷ 클립을 이동해 보면 각 트랙을 따로 선택하거나 이동할 수 있습니다.

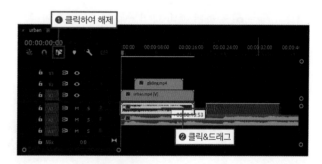

# Track Targeting 설정하기

Track Targeting은 Timeline 위에서 수행하는 몇 가지 기능에 대해 적용 대상을 지정합니다.

◎ **준비 파일**: part1/chapter1/track.prproj

01 Ctrl+O를 눌러 준비 파일 'track.prproj'를 엽니다.
❶ ↓ 또는 ❷ ↑를 눌러 각 클립의 시작 부분이나 끝 부분으로 이동할 수 있습니다. 이때 Track Targeting되지 않은 트랙의 클립들의 시작 부분이나 끝 부분으로는 이동되지 않습니다.

02 　❶ 2번 Video Track의 Track Targeting을 활성화합니다. ❷ ↓ 또는 ❸ ↑ 를 눌러 이동할 때 2번 Video Track의 각 클립의 시작 부분이나 끝 부분으로도 이동이 가능해졌습니다.

---

**7** ・ 기능 예제 ・ 　　　Overwrite(덮어쓰기) 대상 track 지정하기

Timeline으로 Overwrite(덮어쓰기)할 때 Source Patching 기능으로 대상 track을 지정할 수 있습니다.

◉ **준비 파일**: part1/chapter1/track.prproj

01 　Ctrl + O 를 눌러 준비 파일 'track.prproj'를 엽니다.
❶ [Project] 패널에서 'gliding.mp4' 클립을 클릭하여 선택하고 [Timeline] 패널의 Source Patching 부분에서 ❷ 2번 Video Track의 Source Patching을 지정합니다.

＊해당 클립은 오디오가 없는 클립으로 Audio Track은 대상으로 지정할 수 없습니다.

02 　❶ [Project] 패널에서 'relaxing.mp3' 클립을 클릭하여 선택하고 [Timeline] 패널의 Source Patching 부분에서 ❷ 2번 Audio Track의 Source Patching을 지정합니다.

＊해당 클립은 비디오가 없는 클립으로 Video Track은 대상으로 지정할 수 없습니다.

03 ❶ [Project] 패널에서 'flower.mp4' 클립을 클릭하여 선택하고 ❷ Source Patching 부분에서 지정된 트랙을 확인한 후 ❸ . 를 눌러 Overwrite(덮어쓰기)합니다.

\* 2번 Video Track과 Audio Track의 클립들 위에 덮어쓰기한 결과입니다.

04 ❶ Ctrl + Z 를 눌러 Overwrite를 취소합니다. ❷ 3번 Video Track과 ❸ Audio Track의 Source Patching을 지정한 후 ❹ . 를 눌러 Overwrite(덮어쓰기)합니다.

\* 클립이 놓여 있던 트랙에 덮어쓰기 하지 않고 3번 트랙을 활용할 수 있습니다.

## ● 프로젝트/영상 저장하기

시퀀스 구성에 사용된 소스를 프로젝트와 함께 저장하고 동영상 mp4 파일로 렌더링하기를 배워 봅시다.

## 소스와 함께 프로젝트 저장하기

◎ **준비 파일**: part1/chapter1/waterfall.mp4, waterfall-sound.mp3

01 ❶ Ctrl + Alt + N 을 눌러 새 프로젝트를 만들고, ❷ Ctrl + I 를 눌러 준비 파일 'waterfall.mp4', 'waterfall-sound. mp3'를 임포트합니다. ❸ [Project] 패널에서 'waterfall.mp4' 클립을 오른쪽 [Timeline] 패널로 드래그하여 클립 포맷과 일치하는 시퀀스를 생성합니다.

02 'waterfall-sound.mp3' 클립을 드래그하여 [Timeline] 패널의 1번 Audio Track에 배치합니다.

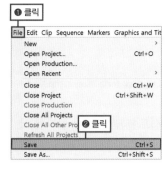

03 상단 메뉴 ❶ [File] - ❷ [Save]를 클릭하거나 Ctrl+S를 눌러 프로젝트를 저장합니다. 저장된 프로젝트 파일은 임포트되었거나 시퀀스에 사용된 소스를 포함하고 있지 않습니다. 프로젝트를 다른 작업 PC에서 불러오기를 하면 사용된 소스를 찾지 못하여 오류가 발생하게 됩니다. 따라서 프로젝트를 전송할 경우 임포트된 소스들이 위치한 경로를 찾아 프로젝트와 함께 전송해야 합니다.

04 상단 메뉴 ❶ [File] - ❷ [Project Manager]를 클릭하면 [Project Manager] 창이 나타납니다. ❸ 저장 경로를 지정하고 ❹ [Exclude Unused Clips] 옵션을 해제한 후 ❺ [OK]를 클릭하여 프로젝트를 저장합니다.

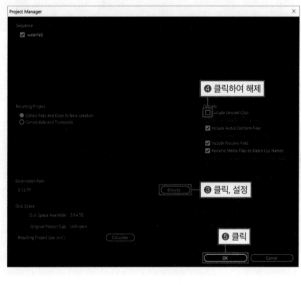

05 저장 폴더를 열어보면 프로젝트와 함께 다른 폴더에 있던 임포트된 모든 소스들이 한 곳에 저장된 것을 확인할 수 있습니다.

◎ **준비 파일**: part1/chapter1/waterfall.mp4, waterfall-sound.mp3

01 `Ctrl`+`Alt`+`N`을 눌러 새 프로젝트를 만들고, `Ctrl`+`I`를 눌러 준비 파일 'waterfall.mp4', 'waterfall-sound.mp3'를 임포트합니다. [Project] 패널에서 'waterfall.mp4' 클립을 오른쪽 [Timeline] 패널로 드래그하여 클립 포맷과 일치하는 시퀀스를 생성합니다.

02 'waterfall-sound.mp3' 클립을 드래그하여 [Timeline] 패널의 1번 Audio Track에 배치합니다.

03 Timeline에서 ❶ 인디케이터를 렌더링 시작 지점으로 이동하고 ❷ `I`를 눌러 'In'점을 마크합니다.

04 Timeline에서 ① 인디케이터를 렌더링 끝 지점으로 이동하고 ② ○를 눌러 'Out'점을 마크 합니다.

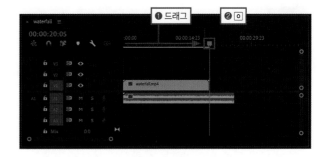

05 ① Ctrl+M을 눌러 Export 화면을 열고 ② 렌더 구간 옵션을 드롭다운(∨)하여 ③ [Source In/Out]을 선택한 후 ④ [Export]를 클릭하면 03, 04에서 지정한 구간이 렌더링됩니다.

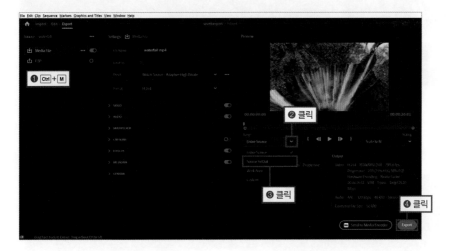

# 빠른 mp4 렌더링하기

◎ **준비 파일**: part1/chapter1/waterfall.mp4, waterfall-sound.mp3

**01** Ctrl+Alt+N을 눌러 새 프로젝트를 만들고, Ctrl+I를 눌러 준비 파일 'waterfall.mp4', 'waterfall-sound.mp3'를 임포트합니다. [Project] 패널에서 'waterfall.mp4' 클립을 오른쪽 [Timeline] 패널로 드래그하여 클립 포맷과 일치하는 시퀀스를 생성합니다.

**02** 'waterfall-sound.mp3' 클립을 드래그하여 [Timeline] 패널의 1번 Audio Track에 배치합니다.

03 작업 화면 오른쪽 위 Quick Export(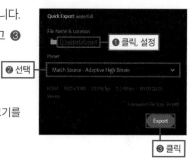)를 클릭하여 빠른 렌더링 창을 엽니다.

04 ❶ [File Name & Location]을 클릭하여 저장 경로와 파일명을 지정합니다.
❷ [Preset] 옵션을 'Match Source-Adaptive High Bitrate'로 선택하고 ❸
[Export]를 클릭하여 렌더링합니다.

**T·I·P** Preset 옵션을 Medium Bitrate나 Low Bitrate로 설정하면 동영상 파일 크기를
줄일 수 있지만 화질이 저하됩니다.

# 비디오
# 편집하기

비디오 클립을 편집하여 시퀀스를 제작하는 가장 대표적인 방법인 [Timeline] 패널

작업과 [Source Monitor] 패널 작업을 알아봅니다.

# Timeline 작업하기

[Timeline] 패널로 가져온 클립들을 트랙 위에서 옮기고 자르고 붙여서 시퀀스를 제작해 봅니다.

LESSON

● **클립 이동하기**

트랙 위에서 클립을 이동하려면

❶ Selection 툴(▶)(단축키: V)을 활용합니다.

❷ 클립을 좌우 방향으로 드래그하여 Timeline(시간 지점)을 이동할 수 있습니다.

❸ 다른 클립의 시작 및 끝 지점이나 인디케이터 근처에서 클립이 스냅되어 달라붙게 됩니다.

❹ Snap in Timeline(🧲)(단축키: S)을 비활성화하면 스냅을 끌 수 있습니다.

❺ 클립을 위 또는 아래 방향으로 드래그하여 트랙을 이동할 수 있습니다. 이때 Shift 를 누르면 좌우로는 움직임 없이 트랙만 이동할 수 있습니다.

키보드를 이용하여 클립을 이동하는 방법도 있습니다.

---

NOTE ▷ **클립 이동 키**

- Alt + → : 클립을 1frame 이후(오른쪽)로 이동합니다.
- Alt + ← : 클립을 1frame 이전(왼쪽)으로 이동합니다.
- Shift + Alt + → : 클립을 5frame 이후(오른쪽)로 이동합니다.
- Shift + Alt + ← : 클립을 5frame 이전(왼쪽)으로 이동합니다.

---

## ● 클립 시작 지점 및 끝 지점 조정하기

클립의 시작 지점 및 끝 지점을 조정하려면 ❶ Selection 툴(▶)(단축키: V)을 활용합니다. ❷ 클립의 시작 지점 및 끝 지점을 좌우로 드래그하여 클립의 길이를 늘이거나 줄입니다.

더 이상 클립을 늘일 수 없고 줄이는 작업만 가능한 경우에는 클립의 끝 지점에 흰색 삼각형 표시가 나타납니다.

줄이기만 가능한 상태

줄이기/늘이기 가능한 상태

## ● 클립 자르기

클립을 조각으로 나누어 편집할 수 있습니다. 클립을 자르려면 ❶ Razor 툴(◈)(단축키: C)을 선택한 후 ❷ 클립의 자르려는 지점을 클릭합니다.

툴을 사용하지 않고 단축키(Ctrl + K)를 이용할 수도 있습니다.

❶ 인디케이터를 클립을 자르려는 지점으로 이동한 후 ❷ 자르기 대상의 클립을 클릭하여 선택하고 ❸ Ctrl + K를 누르면 인디케이터가 위치한 지점에서 클립 자르기가 됩니다. 만일 클립을 선택하지 않고 Ctrl + K를 누르면 Targeting된 트랙의 모든 클립이 동시에 자르기가 됩니다.

## ● 클립 삭제 및 공백 지우기

클립이 여러 등분으로 나뉘어 있을 때 가운데 클립을 클릭하여 선택하고 Delete를 누르면 클립이 삭제되면서 공백이 생기게 됩니다.

프리미어 프로 Timeline에서는 빈 공간을 선택할 수 있습니다. 클립이 없는 빈 공간을 클릭하여 선택하고 Delete를 누릅니다. 빈 공간 뒤쪽의 클립들이 당겨지면서 공간을 메우게 됩니다.

빈 공간이 생기기 전의 클립 삭제 단계에서도 같은 기능을 적용할 수 있습니다. 삭제할 클립을 클릭하여 선택하고 Shift + Delete를 누릅니다.

클립이 삭제되면서 뒤쪽에 배치된 클립들이 당겨져 빈 공간이 생기지 않게 됩니다.

**· 기능 예제 ·**

# BGM에 맞추어 영상 편집하기

영상 소스를 이용하여 'surfing(0).mp4'의 BGM에 맞추어 비디오 트랙을 재구성해 보겠습니다.

◉ **준비 파일**: part1/chapter2/surfing(0).mp4, surfing(1).mp4, surfing(3).mp4, surfing(4).mp4
◉ **완성 파일**: part1/chapter2/Surfing.mp4

01   Ctrl + Alt + N 을 눌러 새 프로젝트를 만들고, Ctrl + I 를 눌러 준비 파일 'surfing(0).mp4', 'surfing(1).mp4', 'surfing(3).mp4', 'surfing(4).mp4'를 임포트합니다. [Project] 패널에서 동영상들 중 오디오 트랙에 배경 음악이 있는 'surfing(0).mp4' 클립을 Timeline으로 드래그하여 시퀀스를 생성합니다.

02   나머지 클립들도 Timeline으로 배치합니다. 비디오 트랙으로 배치될 수 있도록 Source Patching Targeting을 설정합니다.

❶ [Project] 패널에서 'surfing(1).mp4' 클립을 클릭하여 선택한 후 ❷ Source Patching Targeting에서 1번 비디오 트랙을 활성화 상태로 두고 ❸ 1번 오디오 트랙은 비활성화합니다. ❹ [Project] 패널에서 'surfing(1).mp4', 'surfing(3).mp4', 'surfing(4).mp4' 클립을 [Timeline] 패널로 드래그하여 'surfing(0).mp4' 뒤에 순서대로 배치합니다.

**03** Spacebar 를 눌러 시퀀스를 재생하고 영상 클립들을 확인합니다. 영상 재구성을 위해 활용할 구간과 잘라낼 구간을 결정합니다. 'surfing(1).mp4' 클립의 사람이 바닷물에 들어가는 지점을 잘라냅니다.
❶ 인디케이터를 1분 10초 0프레임 지점으로 이동한 후 ❷ Ctrl + K 를 눌러 자르기를 합니다.

**04** 'surfing(1).mp4' 클립의 앞부분을 클릭하여 선택하고 Delete 를 눌러 삭제합니다.

**05** 'surfing(0).mp4' 클립의 하이라이트 부분을 자르기를 합니다.
❶ 인디케이터를 33초 0프레임 지점으로 이동한 후 ❷ 1번 비디오 트랙에 Track Targeting을 설정하고 ❸ 1번 오디오트랙은 해제한 다음 ❹ Ctrl + K 를 눌러 자르기를 합니다.

06 ❶ 인디케이터를 47초 0프레임 지점으로 이동한 후 ❷ Ctrl + K 를 눌러 자르기를 합니다.

07 ❶ Linked Selection()을 클릭하여 해제합니다. ❷, ❸ 'surfing(0).mp4' 클립의 앞뒤 부분을 클릭하여 선택하고 Delete 를 눌러 삭제합니다.

08 'surfing(1).mp4' 클립을 드래그하여 시퀀스 시작 지점으로 이동합니다.

09 'surfing(3).mp4' 클립을 드래그하여 'surfing(1).mp4' 클립 끝 지점으로 이동합니다.

10 'surfing(3).mp4' 클립과 'surfing(0).mp4' 클립 사이의 빈 공간을 클릭하여 선택하고 Delete를 눌러 두 클립을 연결합니다.

11 'surfing(0).mp4' 클립과 'surfing(4).mp4' 클립 사이의 빈 공간을 클릭하여 선택하고 Delete를 눌러 두 클립을 연결합니다.

12 ❶ 인디케이터를 BGM이 끝나는 51초 28 프레임 지점으로 이동하고 ❷ Ctrl + K 를 눌러 'surfing(4).mp4' 클립을 자르기를 합니다. ❸ BGM이 끝난 이후 부분을 클릭하여 선택하고 Delete를 눌러 삭제합니다.

13 완성된 시퀀스를 확인합니다. Home을 눌러 시퀀스 시작 지점으로 이동하고 Spacebar를 눌러 재생합니다.

**14** 제작된 시퀀스를 MP4 파일로 렌더링합니다.

❶ Quick Export(▣)를 클릭한 후 ❷ [File Name & Location]을 클릭하고 저장 경로와 파일명을 지정합니다. ❸ [Preset] 옵션에서 'Match Source-Adaptive High Bitrate'를 선택하고 ❹ [Export]를 클릭하여 렌더링합니다.

## ● 비디오 및 오디오 싱크 맞추기

촬영 시 다수의 카메라와 마이크를 활용하여 녹화 또는 녹음한 경우 편집 단계에서 가장 먼저 이루어져야 하는 작업은 각 소스들의 타이밍을 맞추는 것입니다. 즉, 서로 조금씩 시간 차가 생겨 어긋나는 비디오와 오디오를 Timeline 위에서 동기화 작업을 해주어야 하는데 이를 '싱크로나이즈(Synchronize)'라고 하며 흔히 '싱크 맞추기'라고 합니다.

서로 타이밍이 맞지 않더라도 같은 현장에서 녹화나 녹음된 클립들은 비디오 내용은 많이 다르지만, 오디오는 유사한 파형을 가지게 됩니다. 이 오디오 파형을 비교하여 클립들을 동기화할 수 있습니다.

같은 모양의 오디오 파형이 같은 지점에 위치하도록 Timeline을 조정하면 싱크를 맞출 수 있습니다.

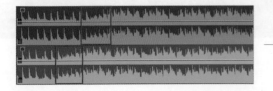 →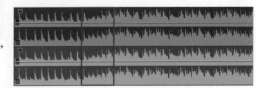

클립 위치를 직접 조절하지 않아도 프리미어 프로의 Synchronize 기능을 활용하여 동기화할 수 있습니다.

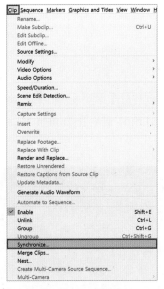

❶ **Clip Start**: 모든 클립의 시작 지점을 맞추는 방식으로 모든 클립의 촬영 또는 녹음이 시작된 시점이 같을 때 사용합니다.

❷ **Clip End**: 모든 클립의 끝 지점을 맞추는 방식으로 모든 클립의 촬영 또는 녹음이 종료된 시점이 같을 때 사용합니다.

❸ **Timecode**: 특정 시점의 오디오를 기준으로 동기화합니다.

❹ **Clip Marker**: 작업자가 클립에 마킹한 지점을 맞추는 방식으로 모든 클립에 직접 마킹해 주어야 합니다.

❺ **Audio**: 특정 트랙의 오디오를 기준으로 동기화하는 것으로 일반적으로 가장 길게 녹음된 오디오 트랙을 기준으로 선택합니다.

# 싱크 맞추어 교차 편집하기

3대의 카메라로 동시 촬영된 고양이 동영상의 싱크를 맞추어 편집해 보겠습니다.

◎ **준비 파일**: part1/chapter2/cat(1).mp4, cat(2).mp4, cat(3).mp4
◎ **완성 파일**: part1/chapter2/Cat.mp4

**01** Ctrl+Alt+N을 눌러 새 프로젝트를 만들고, Ctrl+I를 눌러 준비 파일 'cat(1).mp4', 'cat(2).mp4', 'cat(3).mp4'를 임포트합니다. [Project] 패널에서 'cat(1).mp4' 클립을 Timeline으로 드래그하여 시퀀스를 생성합니다.

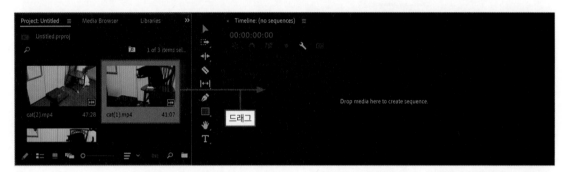

**02** 나머지 클립들도 Timeline으로 배치합니다.
Source Patching Targeting에서 ❶ 비디오 트랙과 ❷ 오디오 트랙을 활성화하고 ❸ 'cat(2).mp4' 클립은 2번 비디오 트랙, ❹ 'cat(3).mp4' 클립은 3번 비디오 트랙에 배치합니다.

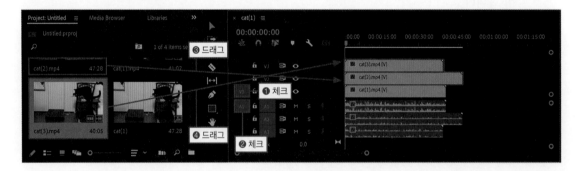

03 1번, 2번, 3번 비디오 트랙의 Toggle Track Output(◉)을 On/Off하면서 클립들의 시간 차를 확인합니다.

❶ 인디케이터를 임의의 지점으로 이동한 후 [Program] 패널의 영상을 확인합니다. ❷ 3번 비디오 트랙의 Toggle Track Output(◉)을 Off하고 [Program] 패널의 영상을 확인합니다. ❸ 2번 비디오 트랙의 Toggle Track Output(◉)을 Off하고 [Program] 패널의 영상을 확인합니다.

04 고양이의 자세와 위치가 모두 다른 상황입니다.

* 확인한 다음 모든 Toggle Track Output을 다시 On합니다.

05 ❶ [Timeline] 패널을 클릭한 후 Ctrl+A를 눌러 클립 3개를 모두 선택하고 ❷ 마우스 오른쪽 버튼을 클릭하고 [Synchronize]를 선택합니다.

06 [Synchronize Clips] 창에서 기준 트랙을 가장 긴 소스를 가지고 있는 'cat(2).mp4' 클립으로 설정합니다.
❶ [Synchronize Point]를 'Audio'로 선택한 후 ❷ Track Channel을 '2'번으로 선택하고 ❸ [OK]를 클릭합니다.

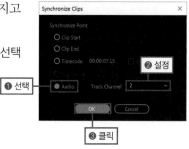

07 오디오 싱크에 맞추어 클립들이 이동했습니다. 결과를 확인해 보겠습니다.
❶ 인디케이터를 임의의 지점으로 이동한 후 [Program] 패널의 영상을 확인합니다. ❷ 3번 비디오 트랙의 Toggle Track Output(👁)을 Off하고 [Program] 패널의 영상을 확인합니다. ❸ 2번 비디오 트랙의 Toggle Track Output(👁)을 Off하고 [Program] 패널의 영상을 확인합니다.

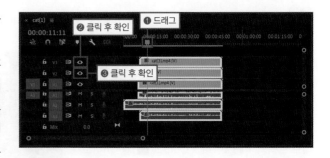

어느 Timeline 지점에서 확인해도 고양이의 자세와 위치가 동일합니다. 계속해서 Toggle Track Output(👁)을 On/Off 하면서 시퀀스를 탐색하여 어느 클립의 영상을 사용할 것인지 결정합니다.

* 확인한 다음 모든 Toggle Track Output을 다시 On합니다.

08 ❶ 1번, 2번, 3번 비디오 트랙의 Track Targeting을 클릭하여 지정하고, ❷ 1번, 2번, 3번 오디오 트랙은 Track Targeting을 모두 해제합니다. ❸ 인디케이터를 13초 0프레임 지점으로 이동하고 ❹ Ctrl + K를 눌러 클립을 자르기를 합니다.

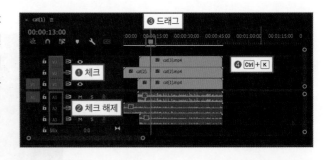

09 ❶ 인디케이터를 23초 0프레임 지점으로 이동하고 ❷ Ctrl + K를 눌러 클립을 자르기를 합니다.

**10** ❶ 인디케이터를 30초 0프레임 지점으로 이동하고 ❷ Ctrl+K를 눌러 클립을 자르기를 합니다.

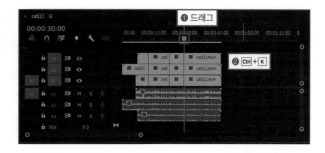

**11** ❶ 인디케이터를 38초 0프레임 지점으로 이동하고 ❷ Ctrl+K를 눌러 클립을 자르기를 합니다.

**12** ❶ Linked Selection(🔗)을 클릭하여 해제한 후 ❷ 삭제할 클립들을 Shift+클릭하여 선택하고 ❸ Delete를 눌러 삭제합니다.

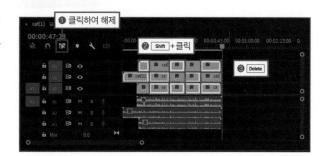

**13** 2개의 오디오 채널을 가지고 있는 1번 오디오 트랙을 남겨두고 ❶, ❷ 2번과 3번 트랙의 오디오 클립을 Shift+클릭하여 선택하고 ❸ Delete를 눌러 삭제합니다.

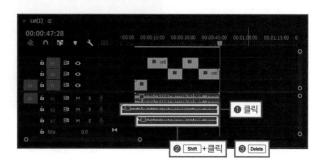

14 Timeline 위에 있는 모든 클립을 ❶ Ctrl+ A를 눌러 전체 선택하고 ❷ 영상 시작 지점을 0프 레임으로 이동합니다.

15 제작된 시퀀스를 MP4 파일로 렌더링합니다.
❶ Quick Export(⬆)를 클릭한 후 ❷ [File Name & Location]을 클릭하고 저장 경로 와 파일명을 지정합니다. ❸ [Preset] 옵션 에서 'Match Source-Adaptive High Bitrate'를 선택하고 ❹ [Export]를 클릭하 여 렌더링합니다.

## ● 타임라인 및 클립에 마킹하기

Marker를 생성하여 중요한 지점이나 나중에 다시 확인할 필요가 있는 지점에 마킹을 해둘 수 있습 니다. Marker에는 간략한 설명을 입력할 수 있으며, 작업 시 기준점으로 활용할 수 있습니다.

Marker는 인디케이터가 위치한 지점에서 ❶ Add Marker(▼) 또는 ❷ 단축키 M을 이용하여 생성 할 수 있습니다. ❸ 클립이 선택되지 않은 상태에서 마킹하면 Timeline에 Marker가 생성되는데 ❹ 클립을 선택하고 마킹하면 클립 위에 Marker가 생깁니다.

단축키를 이용하여 Marker가 있는 지점으로 쉽게 이동할 수 있습니다.

- Shift + M : 다음 Marker 지점으로 이동합니다.
- Ctrl + Shift + M : 이전 Marker 지점으로 이동합니다.

Marker를 더블 클릭하면 상세 설정을 할 수 있습니다.

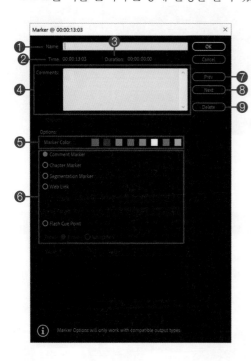

❶ **Marker 이름**

❷ **Marker 위치**

❸ **Marker 길이**

❹ **Marker 설명**

❺ **Marker 색상**

❻ **Marker 유형**

❼ **이전 Marker 설정**

❽ **다음 Marker 설정**

❾ **Marker 삭제하기**

**T·I·P** Timeline 위에 생성된 Marker를 드래그하여 마킹 지점을 이동할 수 있습니다.

Marker 상세 설정창을 열지 않고 Timeline에서 Marker를 Alt + 드래그하면 길이를 조절할 수 있습니다.

# 클립 Marker 설정/길이 조절하기

클립에 마킹된 Marker는 [Timeline] 패널에서 더블 클릭이나 Alt+드래그로 설정창을 열거나 길이를 조절할 수 없습니다. 클립은 [Source Monitor] 패널에서 Marker를 수정할 수 있습니다.

◎ **준비 파일**: part1/chapter2/cat(1).mp4

**01** Ctrl+Alt+N 을 눌러 새 프로젝트를 만들고, Ctrl+I 를 눌러 준비 파일 'cat(1).mp4'를 임포트합

니다. [Project] 패널에서 'cat(1).mp4' 클립
을 Timeline으로 드래그하여 시퀀스를 생성
합니다.
❶ 'cat(1).mp4' 클립을 클릭하여 선택하고 ❷ 인디
케이터를 임의의 지점으로 이동합니다. ❸ 단축키
M 을 눌러 Marker를 생성한 후 마킹된 클립을 더
블 클릭하여 [Source Monitor] 패널에서 해당 클립
을 확인합니다.

**02** ❶ [Source Monitor] 패널에서 Marker를
더블 클릭하여 설정창을 열 수 있으며, ❷ Marker
를 Alt+드래그하면 길이를 조절할 수 있습니다.

**4** · 기능 예제 ·

# 마킹된 지점으로 클립 배치하기

◎ **준비 파일**: part1/chapter2/cat(1).mp4, cat(2).mp4, cat(3).mp4

01 Ctrl + Alt + N 을 눌러 새 프로젝트를 만들고, Ctrl + I 를 눌러 준비 파일 'cat(1).mp4', 'cat(2).mp4', 'cat(3).mp4'를 임포트합니다. [Project] 패널에서 'cat(1).mp4' 클립을 Timeline으로 드래그하여 시퀀스를 생성합니다.

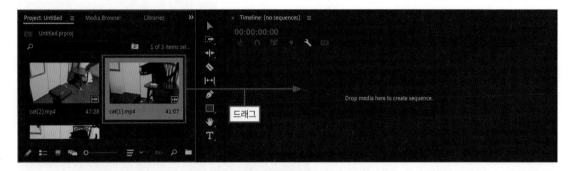

02 ❶ 인디케이터를 임의의 지점으로 이동한 후 단축키 M 을 눌러 Marker를 생성하는데 총 3개의 Marker를 생성합니다. ❷ 마킹이 끝나면 Home 을 눌러 인디케이터를 시퀀스 시작 지점으로 이동합니다.

03 [Project] 패널에서 ❶ 'cat(2).mp4' 클립을 클릭하여 선택하고 ❷ 'cat(3).mp4'를 Ctrl + 클릭하여 동시에 선택한 후 ❸ Automate to Sequence(▥)를 클릭합니다.

04   [Automate to Sequence] 창에서 ❶ Ordering을 'Selection Order', ❷ Placement를 'At Unnumbered Markers', ❸ Method를 'Overwrite Edit'로 설정하고 ❹ [OK]를 클릭합니다.

05   'cat(2).mp4', 'cat(3).mp4' 클립이 선택된 순서대로 마킹된 지점에 배치되었습니다. ❶ [Project] 패널에서 첫 번째로 선택한 클립이고, ❷ [Project] 패널에서 두 번째로 선택한 클립입니다.

---

**5** ・기능 예제・                       **클립에 마킹하여 싱크 맞추기**

◎ **준비 파일**: part1/chapter2/cat(1).mp4, cat(2).mp4, cat(3).mp4

01   Ctrl + Alt + N 을 눌러 새 프로젝트를 만들고, Ctrl + I 를 눌러 준비 파일 'cat(1).mp4', 'cat(2).mp4', 'cat(3).mp4'를 임포트합니다. [Project] 패널에서 'cat(1).mp4' 클립을 Timeline으로 드래그하여 시퀀스를 생성합니다.

02 나머지 클립들도 Timeline으로 배치합니다.

Source Patching Targeting에서 ❶ 비디오 트랙과 ❷ 오디오 트랙을 활성화하고 ❸ 'cat(2).mp4' 클립은 2번 비디오 트랙, ❹ 'cat(3).mp4' 클립은 3번 비디오 트랙에 배치합니다.

03 '+'를 눌러 Timeline의 오디오 파형을 잘 볼 수 있도록 확대합니다.

04 각 오디오 클립에서 같은 소리가 나는 지점(오디오 파형 모양이 같은 부분)에 마킹을 합니다.

❶ 'cat(1).mp4' 클립을 클릭하여 선택하고 ❷ 인디케이터를 3초 22프레임 지점으로 이동한 후 M을 눌러 마킹합니다.

05 ❶ 'cat(2).mp4' 클립을 클릭하여 선택하고 ❷ 인디케이터를 10초 13프레임 지점으로 이동한 후 M을 눌러 마킹합니다.

06 ❶ 'cat(3).mp4' 클립을 클릭하여 선택하고 ❷ 인디케이터를 2초 28프레임 지점으로 이동한 후 M을 눌러 마킹합니다.

07 ❶ [Timeline] 패널을 클릭한 후 Ctrl+A를 눌러 클립 3개를 모두 선택하고 ❷ 마우스 오른쪽 버튼을 클릭하여 메뉴에서 [Synchronize]를 선택합니다.

08 [Synchronize Clips] 창에서 ❶ 'Clip Marker'를 선택하고 ❷ [OK]를 클릭합니다.

09 세 클립의 마킹된 지점이 동기화되었습니다.

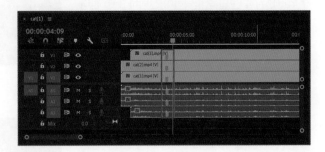

# Source Monitor 작업하기

LESSON

[Timeline] 패널로 클립을 배치하기 전에 [Source Monitor] 패널에서 소스를 확인하고 필요한 부분만 활용함으로써 작업량과 시간을 단축시켜 봅니다.

## ● Source Monitor 패널에서 클립 확인하기

[Project] 패널의 동영상 클립을 더블 클릭하면 [Source Monitor] 패널에서 동영상을 확인할 수 있습니다.

[Source Monitor] 패널에서 단축키를 활용하여 클립을 탐색할 수 있습니다.

---

**NOTE** [Source Monitor] 패널 단축키

- Spacebar : 재생/정지
- J : 역재생 / K : 정지 / L : 재생
- 역재생 중 J : 역재생 속도 증가
- 재생 중 L : 재생 속도 증가
- ← : 1frame 이전으로 이동합니다.
- → : 1frame 이후로 이동합니다.
- Shift + ← : 5frame 이전으로 이동합니다.
- Shift + → : 5frame 이후로 이동합니다.

---

## ● 클립 인서트/오버라이트

[Source Monitor] 패널에서 탐색한 클립 중 시퀀스에 활용할 클립을 ❶ Insert(삽입)(🔳) 또는 ❷ Overwrite(덮어쓰기)(🔳)하여 Timeline으로 배치할 수 있습니다.

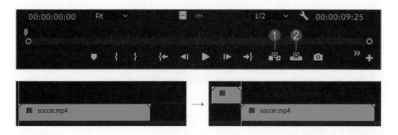

[Source Monitor] 패널의 Insert(🔳) 또는 □를 눌러 Timeline의 인디케이터 지점으로 Insert할 수 있는데 기존에 배치된 클립들을 뒤로 밀어내며 자리잡습니다.

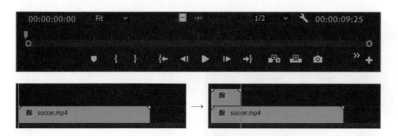

[Source Monitor] 패널의 Overwrite(🔳) 또는 □를 눌러 Timeline의 인디케이터 지점으로 Overwrite할 수 있는데 기존에 배치된 클립 위에 덮어쓰기가 됩니다.

---

## 1 · 기능 예제 ·　　　　　　　　　인서트/오버라이트하기

◎ **준비 파일**: part1/chapter2/baseball.mp4, motorbike.mp4, soccer.mp4

**01** Ctrl+Alt+N을 눌러 새 프로젝트를 만들고, Ctrl+I를 눌러 준비 파일 'baseball.mp4', 'motorbike.mp4', 'soccer.mp4'를 임포트합니다. [Project] 패널에서 'soccer.mp4' 클립을 Timeline으로 드래그하여 시퀀스를 생성합니다.

02 ❶ 'baseball.mp4' 클립을 더블 클릭하여 [Source Monitor] 패널에서 클립의 내용을 확인하고 ❷ Insert (🔳)를 클릭합니다. 1번 비디오 트랙의 'soccer.mp4' 클립을 뒤로 밀어내며 Insert되었습니다.

03 ❶ 'motorbike.mp4' 클립을 더블 클릭하여 [Source Monitor] 패널에서 클립의 내용을 확인하고 ❷ Overwrite (🔳)를 클릭합니다. 1번 비디오 트랙의 'soccer.mp4' 클립 위에 Overwrite되었습니다.

T·I·P [Project] 패널에서도 클립을 선택하고 단축키 [,]/[.]를 눌러 Insert/Overwrite할 수 있습니다.

## ● 인 지점 및 아웃 지점 지정하기

[Source Monitor] 패널에서 인 또는 아웃 지점을 설정한 후 Timeline으로 Insert(🎬) 또는
Overwrite(🎬)하면 설정된 구간만 Timeline에 배치됩니다.

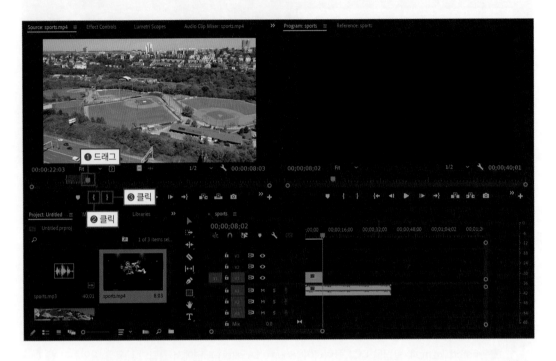

[Source Monitor] 패널에서 인 또는 아웃 지점을 설정하기 위해서는 ❶ 인디케이터를 설정 지점으
로 이동하고 ❷ Mark In(🎬) 또는 ❸ Mark Out(🎬)을 이용하거나 인(In) 지점 단축키 Ⅰ 또는 아
웃(Out) 지점 단축키 O를 이용하여 설정할 수 있습니다.

야구, 농구, 축구, 배구 순서로 각 종목마다 10초씩 총 40초 길이의 구기종목 영상을 제작해 보겠습니다.

◎ **준비 파일**: part1/chapter2/sports.mp4, sports.mp3
◎ **완성 파일**: part1/chapter2/Ball Sports.mp4

01 Ctrl + Alt + N 을 눌러 새 프로젝트를 만들고, Ctrl + I 를 눌러 준비 파일 'sports. mp4', 'sports.mp3'를 임포트합니다. Ctrl + N 을 눌러 새 시퀀스 설정창을 열고 [Settings] 탭으로 이동합니다.

❶ Timebase는 '30frames/second', ❷ Frame Size는 '가로 1920×세로 1080픽셀(FHD)', ❸ Pixel Aspect Ratio는 'Square Pixels(1.0)', ❹ Sample Rate는 '48000Hz'로 설정하고 ❺ [OK]를 클릭합니다.

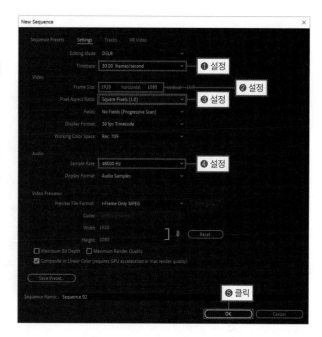

02 'sports.mp3' 클립을 Timeline으로 드래그하여 1번 오디오 트랙에 배치합니다.

03 'sports.mp4' 클립을 더블 클릭하여 [Source Monitor] 패널에서 탐색합니다.

04 스크립트의 첫 번째 종목인 야구 파트에 인 지점을 설정합니다.
❶ 인디케이터를 17초 24프레임 지점으로 이동한 후 ❷ Mark in(➊) 또는 단축키 Ⅰ를 눌러 인 지점을 설정합니다.

05 야구 파트에 아웃 지점을 설정하고 Timeline으로 Overwrite합니다.
❶ 인디케이터를 27초 23프레임 지점으로 이동한 후 ❷ Mark out(➊) 또는 단축키 ㅇ를 눌러 아웃 지점을 설정하고 ❸ Overwrite(➐) 또는 .를 눌러 Overwrite합니다.

**06** 스크립트의 두 번째 종목인 농구 파트에 인 지점을 설정합니다.

❶ 인디케이터를 27초 27프레임 지점으로 이동한 후 ❷ Mark in(🔲) 또는 단축키 **I**를 눌러 인 지점을 설정합니다.

**07** 농구 파트에 아웃 지점을 설정하고 Timeline으로 Overwrite합니다.

❶ 인디케이터를 37초 26프레임 지점으로 이동한 후 ❷ Mark out(🔲) 또는 단축키 **O**를 눌러 아웃 지점을 설정하고 ❸ Overwrite(🖥) 또는 **.**를 눌러 Overwrite합니다.

**08** 스크립트의 세 번째 종목인 축구 파트에 인 지점을 설정합니다.

❶ 인디케이터를 1분 8초 20프레임 지점으로 이동한 후 ❷ Mark in(🔲) 또는 단축키 **I**를 눌러 인 지점을 설정합니다.

09 축구 파트에 아웃 지점을 설정하고
Timeline으로 Overwrite합니다.

❶ 인디케이터를 1분 18초 19프레임 지점으로 이동
한 후 ❷ Mark out(▐) 또는 단축키 O 를 눌러 아
웃 지점을 설정하고 ❸ Overwrite(▣) 또는 . 를
눌러 Overwrite합니다.

10 스크립트의 네 번째 종목인 배구 파트
에 인 지점을 설정합니다.

❶ 인디케이터를 53초 20프레임 지점으로 이동한
후 ❷ Mark in(▐) 또는 단축키 I 를 눌러 인 지점
을 설정합니다.

11 배구 파트에 아웃 지점을 설정하고
Timeline으로 Overwrite합니다.

❶ 인디케이터를 1분 3초 19프레임 지점으로 이동
한 후 ❷ Mark out(▐) 또는 단축키 O 를 눌러 아
웃 지점을 설정하고 ❸ Overwrite(▣) 또는 . 를
눌러 Overwrite합니다.

12 ❶ Timeline의 인디케이터를 시퀀스 시작 지점으로 이동하고 ❷ Spacebar 를 눌러 재생합니다.

13 제작된 시퀀스를 MP4 파일로 렌더링합니다.

❶ Quick Export(🔼)를 클릭한 후 ❷ [File Name & Location]을 클릭하고 저장 경로와 파일명을 지정합니다. ❸ [Preset] 옵션에서 'Match Source-Adaptive High Bitrate'를 선택하고 ❹ [Export]를 클릭하여 렌더링합니다.

---

**3** · 기능 예제 ·       **소스 영상에 마킹하여 Timeline으로 옮기기**

[Source Monitor] 패널에서 클립에 Marker를 생성한 후 [Timeline] 패널로 배치하면 [Source Monitor] 패널에서 마킹된 내용이 Timeline에서도 확인이 가능합니다.

◎ **준비 파일**: part1/chapter2/sports.mp4

01 Ctrl + Alt + N 을 눌러 새 프로젝트를 만들고, Ctrl + I 를 눌러 준비 파일 'sports. mp4'를 임포트합니다. Ctrl + N 을 눌러 새 시퀀스 설정창을 열고 [Settings] 탭으로 이동합니다.

❶ Timebase는 '30frames/second', ❷ Frame Size는 '가로 1920×세로 1080픽셀(FHD)', ❸ Pixel Aspect Ratio는 'Square Pixels(1.0)', ❹ Sample Rate는 '48000Hz'로 설정하고 ❺ [OK]를 클릭합니다.

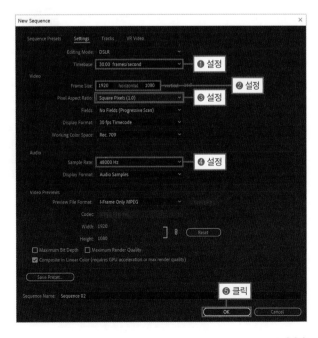

02 'sports.mp4' 클립을 더블 클릭하여 [Source Monitor] 패널에서 탐색합니다.

03 ❶ 인디케이터를 0프레임 지점으로 이동한 후 ❷ Mark in(圓) 또는 단축키 [I]를 눌러 인 지점을 설정하고 ❸ [M]을 눌러 Marker를 생성합니다.

04 ❶ 인디케이터를 17초 23프레임 지점으로 이동한 후 ❷ Mark out(圓) 또는 단축키 [O]를 눌러 아웃 지점을 설정하고 ❸ Marker를 [Alt]+드래그하여 길이를 조절합니다. 마커의 길이와 아웃 지점이 일치하지 않아도 괜찮습니다. Marker를 더블 클릭합니다.

05 [Marker] 창에서 ❶ 이름을 입력하고 ❷ 색상을 지정한 후 ❸ [OK]를 클릭합니다.

06 Insert()나 Overwrite() 또는 `,`나 `.`를 눌러 Timeline으로 배치합니다.

07 ❶ 인디케이터를 43초 4프레임 지점으로 이동한 후 ❷ Mark in() 또는 단축키 `I`를 눌러 인 지점을 설정하고 ❸ `M`을 눌러 Marker를 생성합니다.

08 ❶ 인디케이터를 52초 27프레임 지점으로
이동한 후 ❷ Mark out(﹜) 또는 단축키 ㅇ를 눌
러 아웃 지점을 설정하고 ❸ Marker를 Alt+드래그
하여 길이를 조절합니다. 마커의 길이와 아웃 지점
이 일치하지 않아도 괜찮습니다. Marker를 더블 클
릭합니다.

09 [Marker] 창에서 ❶ 이름을 입력하고 ❷ 색상을 지
정한 후 ❸ [OK]를 클릭합니다.

10 Insert(🎬)나 Overwrite(📷) 또는
⟨,⟩나 ⟨.⟩를 눌러 Timeline으로 배치합니다.

**11** Timeline의 클립에 표시된 마커
(Marker)를 통해 내용을 예측할 수 있습니다.

CHAPTER

3

# 비디오
# 컨트롤

시퀀스를 구성하기 위해 사용된 비디오 클립을 [Timeline] 패널과 [Effect Controls] 패널에서 조정하는 방법을 알아봅니다.

# 위치/크기/회전 조정하기

비디오 클립의 가장 기본적인 Transform인 [Position], [Scale], [Rotation] 변경하기를 배워 봅니다.

LESSON

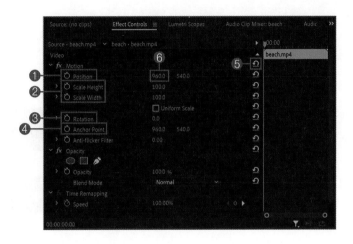

Timeline에 배치된 비디오 클립을 클릭하여 선택하면 [Effect Controls] 패널의 [Video]-[Motion] 에서 ❶ [Position], ❷ [Scale], ❸ [Rotation]과 기준점인 ❹ [Anchor Point]를 변경할 수 있고, ❺ Reset Parameter(🔄)를 클릭하여 초기화할 수 있습니다.

수치를 변경하려면 변경하려는 속성의 ❻ 수치 값을 좌우로 드래그하거나 클릭하여 직접 입력할 수 있습니다.

## ● Position

[Position] 속성은 시퀀스 화면에서 클립의 기준점(Anchor Point)의 위치를 X, Y좌표로 나타낸 것 입니다.

X Position은 화면 왼쪽 끝에서 0부터 시작하고, Y Position은 화면 위쪽 끝에서 0부터 시작합니다. 예를 들어, 1920×1080사이즈 화면 의 경우 주요 지점의 Position(X, Y)는 다음과 같습니다.

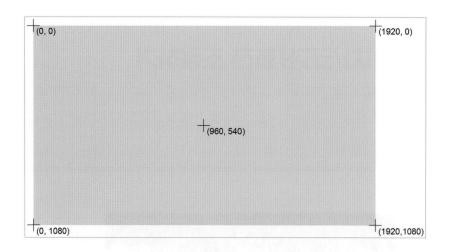

## ● Scale

[Scale] 속성은 클립의 원본 사이즈를 100%를 기준으로 크기를 조절합니다.

'Uniform Scale'에 체크가 되어 있는 경우에는 높이와 너비의 비율이 고정되고, 'Uniform Scale'의 체크를 해제하면 높이와 너비를 각각 조절할 수 있습니다.

## ● Rotation

[Rotation] 속성은 기울기 및 회전 각도를 나타냅니다. 만일 360도 이상이라면 회전 바퀴 수가 앞자리에 표시되고, 각도는 다시 0부터 카운트됩니다(예: 400 → 1×40).

## ● Anchor Point

[Anchor Point]는 [Position], [Scale], [Rotation]의 기준점이 됩니다. [Anchor Point]의 초기 위치는 클립의 정가운데이며, 필요에 따라 움직일 수 있습니다.

[Position]의 경우에는 같은 위치에 있는 클립도 [Anchor Point]가 어디 있는지에 따라 Position X, Y 수치가 다릅니다.

[Scale]의 경우에는 [Anchor Point]가
크기 변화의 중심점이 됩니다.

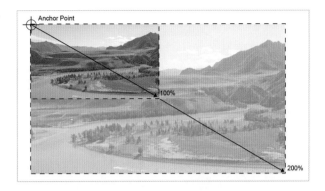

[Rotation]의 경우에는 [Anchor Point]가 회전의 중심축이 됩니다.

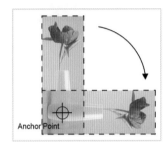

## 1 · 기능 예제 ·                                                    TV에 영상 합성하기

◎ **준비 파일**: part1/chapter3/news.mp4, tv.mp4
◎ **완성 파일**: part1/chapter3/tv_news.mp4

01 Ctrl+Alt+N 을 눌러 새 프로젝트를 만들고, Ctrl+I 를 눌러 준비 파일 'news.mp4', 'tv.mp4'를 임포트합니다. [Project] 패널에서 'tv.mp4' 클립을 Timeline으로 드래그하여 시퀀스를 생성합니다.

02 [Project] 패널에서 'news.mp4' 클립을 드래그하여 2번 비디오 트랙에 배치하고, Timeline에서 'news.mp4' 클립을 클릭합니다.

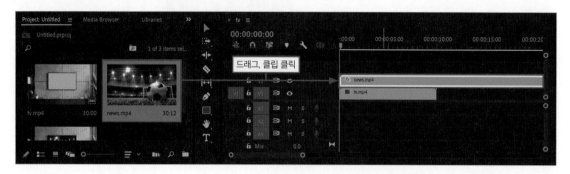

03 [Effect Controls] 패널에서 'news. mp4' 클립의 [Scale]과 [Position] 속성의 수치 값을 변경합니다.

❶ [Scale]의 수치를 클릭한 후 '40'을 입력하고 Enter를 누릅니다. ❷ [Position]의 수치를 클릭한 후 '960', '453'을 입력하고 Enter를 누릅니다.

04 [Program] 패널의 [Zoom Level]에서 ❶ 'Fit'을 클릭한 후 ❷ 75% 이상 옵션을 선택하고 작업 중인 영상을 확대하여 크기 및 위치 변화 결과를 확인하면서 작업하도록 합니다.

05 [Scale]의 [Height], [Width] 수치를 조정합니다.

① 'Uniform Scale'의 체크를 해제하고 ② [Scale Height]의 수치를 클릭한 후 '41.5'를 입력하고 Enter를 누릅니다. ③ [Scale Width]의 수치를 클릭한 후 '40.5'를 입력하고 Enter를 누릅니다.

06 [Program] 패널의 ① [Zoom Level]에서 ② 'Fit' 옵션을 클릭합니다.

07 Timeline의 ① 인디케이터를 10초 0프레임 지점으로 이동하고 ② 'news.mp4' 클립을 클릭한 후 단축키 Ctrl+K를 눌러 'news.mp4' 클립을 자르기를 합니다. ③ 잘린 클립 뒷부분을 클릭하여 선택하고 Delete를 눌러 삭제합니다.

**08** `Home`을 눌러 인디케이터를 시퀀스 시작 지점으로 이동하고 `Spacebar`를 눌러 작업 결과를 확인합니다. 제작된 시퀀스를 MP4 파일로 렌더링합니다.

❶ Quick Export(▣)를 클릭한 후 ❷ [File Name & Location]을 클릭하고 저장 경로와 파일명을 지정합니다. ❸ [Preset] 옵션에서 'Match Source-Adaptive High Bitrate'를 선택하고 ❹ [Export]를 클릭하여 렌더링합니다.

---

**2** ・기능 예제・  스코어보드 합성하기

◉ **준비 파일**: part1/chapter3/score.png, soccergame.mp4
◉ **완성 파일**: part1/chapter3/soccertv.mp4

**01** `Ctrl`+`Alt`+`N`을 눌러 새 프로젝트를 만들고, `Ctrl`+`I`를 눌러 준비 파일 'score.png', 'soccergame. mp4'를 임포트합니다. [Project] 패널에서 'soccergame.mp4' 클립을 Timeline으로 드래그하여 시퀀스를 생성합니다.

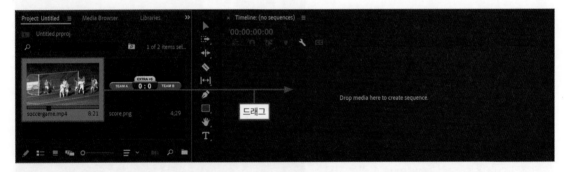

**02** [Project] 패널에서 ❶ 'score.png' 클립을 드래그하여 2번 비디오 트랙에 배치하고, ❷ Timeline에서 'score.png' 클립을 클릭합니다.

03 [Effect Controls] 패널에서 'score. png' 클립의 [Scale]과 [Position] 속성의 수치 값을 변경합니다.

❶ [Scale]의 수치를 클릭한 후 '30'을 입력하고 [Enter]를 누릅니다. ❷ [Position]의 수치를 클릭한 후 '1500', '100'을 입력하고 [Enter]를 누릅니다.

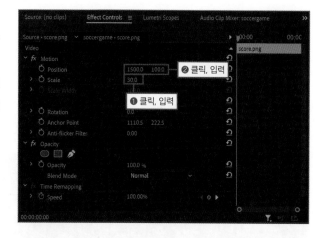

04 Timeline에서 'score.png' 클립의 오른쪽 끝 부분을 드래그하여 1번 비디오 트랙과 길이가 동일하도록 설정합니다.

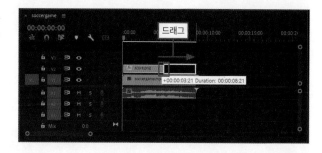

05 [Home]을 눌러 인디케이터를 시퀀스 시작 지점으로 이동하고 [Spacebar]를 눌러 작업 결과를 확인합니다. 제작된 시퀀스를 MP4 파일로 렌더링합니다.

❶ Quick Export(■)를 클릭한 후 ❷ [File Name & Location]을 클릭하고 저장 경로와 파일명을 지정합니다. ❸ [Preset] 옵션에서 'Match Source- Adaptive High Bitrate'를 선택하고 ❹ [Export]를 클릭하여 렌더링합니다.

# 기울어진 영상 조정하기

◎ **준비 파일**: part1/chapter3/exercise.mp4

01  Ctrl+Alt+N을 눌러 새 프로젝트를 만들고, Ctrl+I를 눌러 준비 파일 'exercise.mp4'를 임포트합니다. [Project] 패널에서 'exercise.mp4' 클립을 Timeline으로 드래그하여 시퀀스를 생성합니다.

02  [Program] 패널에서 영상을 확인해 보면 살짝 기울어진 상태로 촬영된 것을 확인할 수 있습니다. Timeline에서 'exercise.mp4' 클립을 클릭하여 선택합니다.

03  ❶ [Effect Controls] 패널에서 'exercise.mp4' 클립의 ❷ [Rotation]의 수치를 클릭하고 '-1.5'를 입력한 후 Enter를 누릅니다.

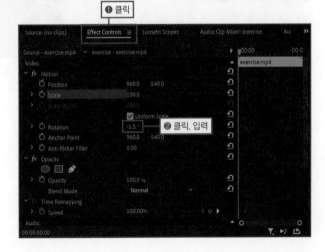

**T·I·P** [Rotation]의 수치를 드래그하여 조절할 수도 있습니다.

04 [Program] 패널에서 결과를 확인해 보면 기울기가 보정되면서 영상에 검은색 여백이 생겼습니다.

05 [Effect Controls] 패널에서 'exercise. mp4' 클립의 [Scale]의 수치를 클릭하고 '105'를 입력한 후 Enter 를 누릅니다. Home 을 눌러 인디케이터를 시퀀스 시작 지점으로 이동하고 Spacebar 를 눌러 작업 결과를 확인 합니다.

# 키프레임 적용하기

키프레임(Keyframe)을 이용하여 영상에 변화 주기를 배워봅니다.

키프레임(Keyframe)이란 클립이 가지고 있는 Video/Audio/Effect 속성의 수치 값을 저장(기억) 하는 기능입니다. 키프레임의 목적은 Video/Audio/Effect 속성의 수치 값이 고정되어 있지 않고 시간의 흐름에 따라 변하도록 하는 데 있습니다.

키프레임의 관리는 [Effect Controls] 패널에서 이루어집니다.

키프레임의 원리는 변형 및 변화의 시작 지점에서 속성의 수치 값을 저장하고, 변형 및 변화의 끝 지점에서 속성의 수치 값을 다시 한 번 저장함으로써 키프레임 구간에서 변형 및 변화하도록 하는 것입니다. 즉, 반드시 변형 및 변화의 시작 지점과 끝 지점에 모두 키프레임이 있어야 동작합니다.

## ● 키프레임 생성하기

키프레임을 생성하기 위해서는 최초 한 번 각 속성마다 키프레임을 활성화해 주어야 합니다.
우선 ❶ 인디케이터를 키프레임을 생성하려는 지점으로 이동하고 ❷ 속성의 수치 값을 입력합니다. [Effect Controls] 패널의 각 속성 왼쪽의 ❸ 회색 초시계(🖰)를 클릭하여 파란색으로 토글하면 키프레임이 활성화되는 동시에 첫 번째 키프레임이 생성됩니다.

키프레임이 생성되면 [Effect Controls] 패널의 Timeline에서 다이아몬드(◈) 모양의 키프레임을 확인할 수 있습니다.
키프레임이 활성화된 이후에는 ❶ 인디케이터를 새로운 키프레임을 생성하고자 하는 지점으로 이동하고 ❷ 속성의 수치 값을 수정하면 자동으로 키프레임이 생성됩니다.

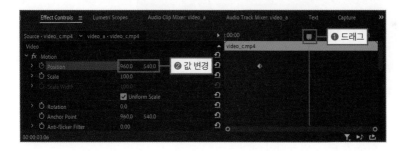

또는 수치 변경 없이 새로운 키프레임을 생성하고자 하는 경우에는 ❶ 인디케이터를 이동하고 ❷ 키프레임 수동 생성(◈)을 클릭하면 파란색(◈)으로 버튼이 바뀌며 키프레임이 생성됩니다.

## ● 키프레임 수정 및 삭제하기

키프레임을 수정하려면 ❶ 인디케이터를 해당 키프레임 지점으로 이동하고 ❷ 수치 값을 변경하면
새로 변경된 값으로 키프레임이 수정됩니다.

인디케이터가 위치한 지점의 키프레임 여부는 키프레임 수동 생성 버튼의 색상을 통해 다음과 같
이 확인할 수 있습니다.

인디케이터 지점에 키프레임이 없는 경우          인디케이터 지점에 키프레임이 있는 경우

인디케이터를 정확한 키프레임 지점으로 이동하기 위해서는 [Effect Controls] 패널의 Timeline에
서 인디케이터를 Shift +드래그하면 스냅 기능을 활용할 수 있습니다.

또한 키프레임 수동 생성 버튼의 좌우 화살표를 클릭하여 이전 또는 다음 키프레
임으로 이동할 수도 있습니다.

키프레임을 삭제하려면 해당 키프레임을 클릭하여 선택한 후 Delete 를 눌러 삭제합니다.

만일 해당 속성의 키프레임을 모두 삭제하려면 파란색 초시계()를 클릭하여 회색()으로 비활성화하면 모든 키프레임이 삭제됩니다.

### ● 키프레임 이동하기

해당 키프레임을 드래그하여 다른 지점으로 옮길 수 있습니다.

인디케이터를 이동하려는 지점으로 먼저 옮겨 놓을 경우 키프레임 드래그 시 스냅을 활용할 수 있어 수월합니다.

---

<table>
<tr><td>**1**</td><td>· 기능 예제 ·</td><td style="text-align:right">Scale 트랜지션 만들기</td></tr>
</table>

◎ **준비 파일**: part1/chapter3/video_a.mp4, video_b.mp4, video_c.mp4
◎ **완성 파일**: part1/chapter3/scale.mp4

**01** Ctrl+Alt+N 을 눌러 새 프로젝트를 만들고, Ctrl+I 를 눌러 준비 파일 'video_a.mp4', 'video_b.mp4', 'video_c.mp4'를 임포트합니다. [Project] 패널에서 'video_a.mp4' 클립을 Timeline으로 드래그하여 시퀀스를 생성합니다.

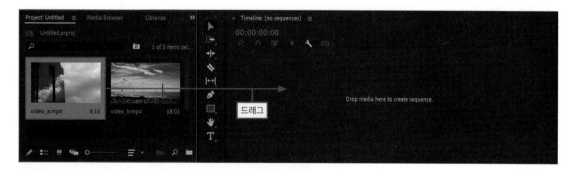

02 ‘video_b.mp4’ 클립을 5초 지점에 배치하고, 클립 속성을 [Effect Controls] 패널에 띄웁니다.

❶ [Timeline] 패널에서 인디케이터를 5초 0프레임 지점으로 이동하고 ❷ [Project] 패널에서 ‘video_b.mp4’ 클립을 Timeline의 2번 비디오 트랙으로 드래그합니다. 이때 스냅 기능을 이용하여 인디케이터가 위치한 5초 0프레임 지점에 배치합니다. ❸ ‘video_b.mp4’ 클립을 클릭하여 선택하고 속성을 [Effect Controls] 패널에 띄웁니다.

03 [Effect Controls] 패널에서 ‘video_b.mp4’ 클립의 [Position], [Scale], [Anchor Point]를 변경하고 [Scale] 속성에 키프레임을 활성화합니다.

❶ [Position]은 ‘1920’, ‘0’, ❷ [Anchor Point]는 ‘1920’, ‘0’, ❸ [Scale]은 ‘0’을 입력하고 ❹ [Scale] 속성의 초시계(◷)를 클릭하여 키프레임을 활성화합니다.

04 ❶ 타임코드 입력창에 ‘5.10’이라고 입력하여 인디케이터를 5초 10프레임 지점으로 이동하고 ❷ [Scale] 속성에 수치 값 ‘100’을 입력합니다.

05 ❶ 인디케이터의 현재 지점인 5초 10프레임에서 [Timeline] 패널의 'video_a.mp4' 클립을 클릭하여 선택하고 Ctrl + K 를 눌러 자르기를 합니다. ❷ 잘린 클립 뒷부분을 클릭하여 선택하고 Delete 를 눌러 삭제합니다.

06 'video_c.mp4' 클립을 10초 0프레임 지점에 배치하고, 클립 속성을 [Effect Controls] 패널에 띄웁니다.

❶ [Timeline] 패널에서 인디케이터를 10초 0프레임 지점으로 이동하고 ❷ [Project] 패널에서 'video_c.mp4' 클립을 Timeline의 3번 비디오 트랙으로 드래그합니다. 이때 스냅 기능을 이용하여 인디케이터가 위치한 10초 0프레임 지점에 배치합니다. ❸ 'video_c.mp4' 클립을 클릭하여 선택하고 속성을 [Effect Controls] 패널에 띄웁니다.

07 [Effect Controls] 패널에서 'video_c.mp4' 클립의 [Position], [Scale], [Anchor Point]를 변경하고 [Scale] 속성에 키프레임을 활성화합니다.

❶ [Position]은 '0', '1080', ❷ [Anchor Point]는 '0', '1080', ❸ [Scale]은 '0'을 입력하고 ❹ [Scale] 속성의 초시계(⊙)를 클릭하여 키프레임을 활성화합니다.

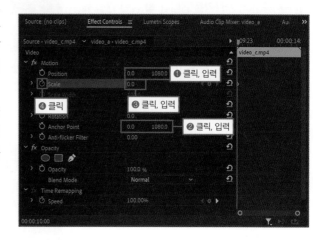

08 ❶ 타임코드 입력창에 '10.10'이라고 입력하여 인디케이터를 10초 10프레임 지점으로 이동하고 ❷ [Scale] 속성에 수치 값 '100'을 입력합니다.

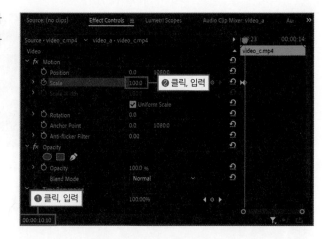

09 ❶ 인디케이터의 현재 지점인 10초 10프레임에서 [Timeline] 패널의 'video_b.mp4' 클립을 클릭하여 선택하고 Ctrl+K를 눌러 자르기를 합니다. ❷ 잘린 클립 뒷부분을 클릭하여 선택하고 Delete를 눌러 삭제합니다.

10 ❶ 인디케이터를 15초 0프레임으로 이동한 후 ❷ 'video_c.mp4' 클립을 클릭하여 선택하고 Ctrl+K를 눌러 자르기를 합니다. ❸ 잘린 클립 뒷부분을 클릭하여 선택하고 Delete를 눌러 삭제합니다. Home을 눌러 인디케이터를 시퀀스 시작 지점으로 이동하고 Spacebar를 눌러 작업 결과를 확인합니다.

11 제작된 시퀀스를 MP4 파일로 렌더링합니다.
❶ Quick Export(▣)를 클릭한 후 ❷ [File Name & Location]을 클릭하고 저장 경로와 파일명을 지정합니다. ❸ [Preset] 옵션에서 'Match Source-Adaptive High Bitrate'를 선택하고 ❹ [Export]를 클릭하여 렌더링합니다.

# Rotation 트랜지션 만들기

◎ **준비 파일**: part1/chapter3/video_a.mp4, video_b.mp4, video_c.mp4
◎ **완성 파일**: part1/chapter3/rotation.mp4

01 Ctrl+Alt+N을 눌러 새 프로젝트를 만들고, Ctrl+I를 눌러 준비 파일 'video_a.mp4', 'video_b.mp4', 'video_c.mp4'를 임포트합니다. [Project] 패널에서 'video_a.mp4' 클립을 Timeline으로 드래그하여 시퀀스를 생성합니다.

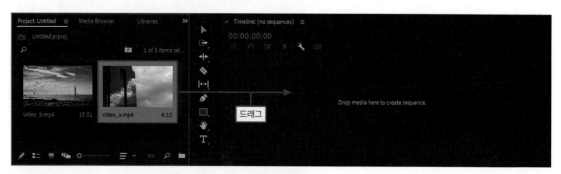

02 'video_b.mp4' 클립을 5초 0프레임 지점에 배치하고, 클립 속성을 [Effect Controls] 패널에 띄웁니다.

❶ [Timeline] 패널에서 인디케이터를 5초 0프레임 지점으로 이동하고 ❷ [Project] 패널에서 'video_b.mp4' 클립을 Timeline의 2번 비디오 트랙으로 드래그합니다. 이때 스냅 기능을 이용하여 인디케이터가 위치한 5초 0프레임 지점에 배치합니다. ❸ 'video_b.mp4' 클립을 클릭하여 선택하고 속성을 [Effect Controls] 패널에 띄웁니다.

03 [Effect Controls] 패널에서 'video_b.mp4' 클립의 [Position], [Rotation], [Anchor Point]를 변경하고 [Rotation] 속성에 키프레임을 활성화합니다.
❶ [Position]은 '0', '1080', ❷ [Anchor Point]는 '0', '1080', ❸ [Rotation]은 '-90'을 입력하고 ❹ [Rotation] 속성의 초시계(🕐)를 클릭하여 키프레임을 활성화합니다.

04 ❶ 타임코드 입력창에 '5.10'이라고 입력하여 인디케이터를 5초 10프레임 지점으로 이동하고 ❷ [Rotation] 속성에 수치 값 '0'을 입력합니다.

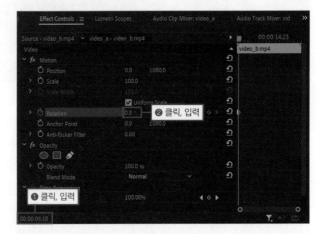

05 ❶ 인디케이터의 현재 지점인 5초 10프레임에서 [Timeline] 패널의 'video_a.mp4' 클립을 클릭하여 선택하고 Ctrl+K를 눌러 자르기를 합니다. ❷ 잘린 클립 뒷부분을 클릭하여 선택하고 Delete를 눌러 삭제합니다.

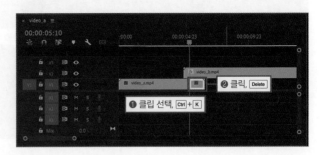

06 'video_c.mp4' 클립을 10초 0프레임 지점에 배치하고, 클립 속성을 [Effect Controls] 패널에 띄웁니다.

❶ [Timeline] 패널에서 인디케이터를 10초 0프레임 지점으로 이동하고 ❷ [Project] 패널에서 'video_c.mp4' 클립을 Timeline의 3번 비디오 트랙으로 드래그합니다. 이때 스냅 기능을 이용하여 인디케이터가 위치한 10초 0프레임 지점에 배치합니다. ❸ 'video_c.mp4' 클립을 클릭하여 선택하고 속성을 [Effect Controls] 패널에 띄웁니다.

07 [Effect Controls] 패널에서 'video_c.mp4' 클립의 [Position], [Scale], [Anchor Point]를 변경하고 [Rotation] 속성에 키프레임을 활성화합니다.

❶ [Position]은 '1920', '0', ❷ [Anchor Point]는 '1920', '0', ❸ [Rotation]은 '-90'을 입력하고 ❹ [Rotation] 속성의 초시계(🕐)를 클릭하여 키프레임을 활성화합니다.

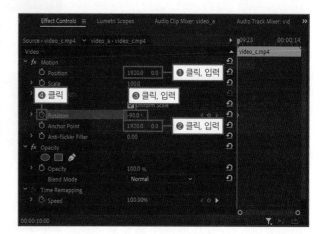

08 ❶ 타임코드 입력창에 '10.10'이라고 입력하여 인디케이터를 10초 10프레임 지점으로 이동하고 ❷ [Rotation] 속성에 수치 값 '0'을 입력합니다.

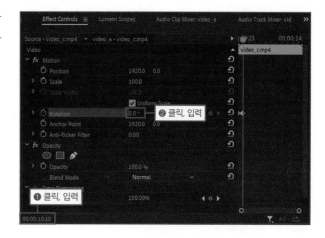

**09** ❶ 인디케이터의 현재 지점인 10초 10프레임에서 [Timeline] 패널의 'video_b.mp4' 클립을 클릭하여 선택하고 [Ctrl]+[K]를 눌러 자르기를 합니다. ❷ 잘린 클립 뒷부분을 클릭하여 선택하고 [Delete]를 눌러 삭제합니다.

**10** ❶ 인디케이터를 15초 0프레임 지점으로 이동한 후 ❷ 'video_c.mp4' 클립을 클릭하여 선택하고 [Ctrl]+[K]를 눌러 자르기를 합니다. ❸ 잘린 클립 뒷부분을 클릭하여 선택하고 [Delete]를 눌러 삭제합니다.

**11** [Home]을 눌러 인디케이터를 시퀀스 시작 지점으로 이동하고 [Spacebar]를 눌러 작업 결과를 확인합니다. 제작된 시퀀스를 MP4 파일로 렌더링합니다.

❶ Quick Export(🔼)를 클릭한 후 ❷ [File Name & Location]을 클릭하고 저장 경로와 파일명을 지정합니다. ❸ [Preset] 옵션에서 'Match Source-Adaptive High Bitrate'를 선택하고 ❹ [Export]를 클릭하여 렌더링합니다.

# Opacity 다루기

## LESSON 03 PREMIERE

다른 영상 클립과의 합성을 위해 전체 또는 부분적으로 투명 또는 반투명하게 영상을 표현하는 방법을 배워봅니다.

Timeline에 배치된 비디오 클립을 클릭하여 선택하면 [Effect Controls] 패널의 [Video]-[Opacity]에서 ❶ [Opacity], ❷ [Mask], ❸ [Blend Mode]를 설정할 수 있습니다.

### ● Opacity

[Opacity]는 비디오 클립의 불투명도를 퍼센티지 수치로 조절하여 아래쪽 클립 또는 배경과 합성하는 기능입니다.

'Opacity 100%'는 하위 트랙의 내용이 보이지 않는 완전히 불투명한 상태이고, 'Opacity 0%'는 해당 클립이 보이지 않는 완전히 투명한 상태입니다. 0~100% 사이 수치로 설정하면 반투명한 상태로 아래쪽 클립이나 배경과 합성할 수 있습니다.

Opacity 100%

Opacity 50%

Opacity 0%

[Opacity]에 키프레임을 설정하여 투명도가 변화하도록 영상을 제작할 수 있습니다.

# Opacity 오버레이 영상 만들기

◎ **준비 파일**: part1/chapter3/aday.mp4, white_flower.mp4
◎ **완성 파일**: part1/chapter3/flower24h.mp4

**01** Ctrl+Alt+N을 눌러 새 프로젝트를 만들고, Ctrl+I를 눌러 준비 파일 'aday.mp4', 'white_flower. mp4'를 임포트합니다. [Project] 패널에서 'aday.mp4' 클립을 Timeline으로 드래그하여 시퀀스를 생성합니다.

**02** [Project] 패널에서 ❶ 'white_flower.mp4' 클립을 Timeline으로 드래그하여 2번 비디오 트랙에 배치하고, ❷ 'white_flower.mp4' 클립을 클릭하여 선택하고 속성을 [Effect Controls] 패널에 띄웁니다.

**03** [Effect Controls] 패널에서 'white_flower.mp4' 클립의 ❶ [Opacity] 속성에 수치 값 '0'을 입력하고 ❷ [Opacity] 속성의 초시계(◌)를 클릭하여 키프레임을 생성합니다.

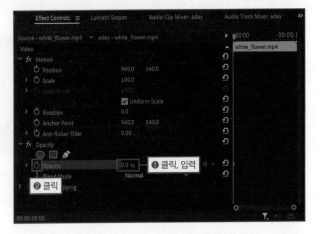

04 ❶ 타임코드 입력창에 '3.'이라고 입력하여 인디케이터를 3초 0프레임 지점으로 이동하고 ❷ [Opacity] 속성에 수치 값 '50'을 입력합니다.

05 ❶ 타임코드 입력창에 '13.'이라고 입력하여 인디케이터를 13초 0프레임 지점으로 이동하고 ❷ 키프레임 수동 생성(◯)을 클릭합니다.

06 ❶ 타임코드 입력창에 '16.02'라고 입력하여 인디케이터를 16초 2프레임 지점으로 이동하고 ❷ [Opacity] 속성에 수치 값 '0'을 입력합니다. Home 을 눌러 인디케이터를 시퀀스 시작 지점으로 이동하고 Spacebar 를 눌러 작업 결과를 확인합니다.

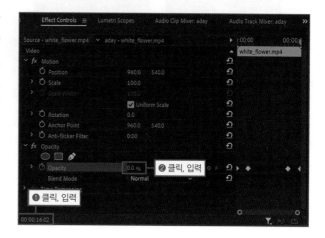

**07** 제작된 시퀀스를 MP4 파일로 렌더링 합니다.

❶ Quick Export(🔾)를 클릭한 후 ❷ [File Name & Location]을 클릭하고 저장 경로와 파일명을 지정합니다. ❸ [Preset] 옵션에서 'Match Source-Adaptive High Bitrate'를 선택하고 ❹ [Export]를 클릭하여 렌더링합니다.

## ● Blend Mode

블렌드 모드(Blend Mode)란 영상을 합성할 때 각각의 색상이 어떤 방식으로 결합될 것인지를 결정하는 방식입니다. 이를 통한 영상 합성으로 다양한 시각적 효과를 만들 수 있습니다.

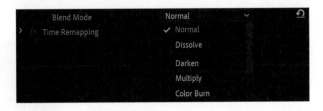

블렌드 모드의 드롭다운 버튼(🔽)을 클릭하면 다양한 블렌드 모드를 선택할 수 있습니다.

프리미어 프로 2023버전에는 27종의 블렌드 모드가 있으며, 각각 다른 계산식을 가지고 있습니다. 초급 단계에서는 모든 종류의 블렌드 모드 계산식을 이론적으로 학습하는 것보다는 유사한 블렌드 모드들을 몇 그룹으로 나누어 정리하고, 블렌드 모드를 직접 적용해 보면서 익히는 것을 추천합니다.

Darken 그룹(어두운 색상을 강조하는 블렌드 모드)

Lighten 그룹(밝은 색상을 강조하는 블렌드 모드)

Overlay 그룹(색상 대비를 강조하는 블렌드 모드)

---

**NOTE**                                                 **알아두어야 하는 블렌드 모드**

- **Darken**: 두 색상 중 어두운 색상이 선택되며, 밝은 색상은 표현되지 않습니다.
- **Multiply**: 두 색상의 RGB값을 곱하여 합성합니다(RGB값을 검은색=0, 흰색=1로 환산). 전체적으로 영상이 어두워집니다.
- **Lighten**: 두 색상 중 밝은 색상이 선택되며, 어두운 색상은 표현되지 않습니다.
- **Screen**: 두 색상의 RGB값을 곱하여 합성합니다(RGB값을 검은색=1, 흰색=0으로 환산). 전체적으로 영상이 밝아집니다.
- **Overlay**: 밝은 색상 영역에서는 Screen 방식, 어두운 색상 영역에서는 Multiply 방식으로 합성하는 블렌드 모드입니다. 영상의 밝은 부분은 더 밝게, 어두운 부분은 더 어두워집니다.

# Blend Mode로 합성하기

◎ **준비 파일**: part1/chapter3/fire.mp4, fire.jpg
◎ **완성 파일**: part1/chapter3/blend.mp4

01 Ctrl+Alt+N을 눌러 새 프로젝트를 만들고, Ctrl+I를 눌러 준비 파일 'fire.mp4', 'fire.jpg'를 임포트합니다. [Project] 패널에서 'fire.mp4' 클립을 Timeline으로 드래그하여 시퀀스를 생성합니다.

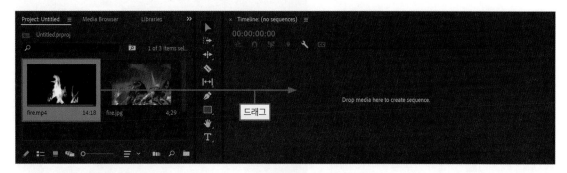

02 'fire.mp4' 클립을 드래그하여 2번 비디오 트랙으로 이동합니다.

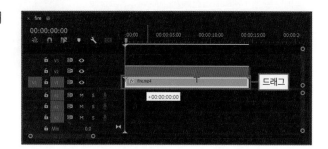

03 ❶ 'fire.jpg' 클립을 Timeline으로 드래그하여 1번 비디오 트랙에 배치하고, ❷ 'fire.jpg' 클립의 오른쪽 끝 부분을 드래그하여 'fire.mp4' 클립과 동일한 길이로 맞춘 후 ❸ 'fire.mp4' 클립을 클릭하여 선택하고 속성을 [Effect Controls] 패널에 띄웁니다.

04 'fire.mp4' 클립의 [Position], [Scale] 속성과 [Blend Mode]를 변경합니다. Home 을 눌러 인디케이터를 시퀀스 시작 지점으로 이동하고 Spacebar 를 눌러 작업 결과를 확인합니다.

❶ [Position]은 '1000', '110', ❷ [Scale]은 '200'을 입력하고 ❸ [Blend Mode] 속성을 클릭하고 ❹ 'Screen'을 선택합니다.

05 제작된 시퀀스를 MP4 파일로 렌더링합니다.

❶ Quick Export(▥)를 클릭한 후 ❷ [File Name & Location]을 클릭하고 저장 경로와 파일명을 지정합니다. ❸ [Preset] 옵션에서 'Match Source-Adaptive High Bitrate'를 선택하고 ❹ [Export]를 클릭하여 렌더링합니다.

● Mask

Mask는 영역을 선택하여 클립의 전체 모습이 아니라 일부분만 보여주어야 할 때 사용하는 기능입니다. Mask는 선택된 영역을 제외한 나머지 영역을 투명한 상태로 만듭니다.

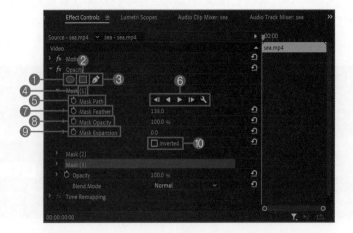

① **원형 마스크**

② **사각형 마스크**

③ **베지어를 이용한 프리드로 마스크**: 이 마스크를 활용하여 2개 이상의 Mask 영역을 선택할 수 있습니다.

④ **Mask 번호**: 여러 개의 마스크 구분을 위한 번호입니다.

⑤ **Mask Path**: 마스크 영역의 모양으로 모양은 [Program] 패널에서 이동 및 수정이 가능합니다.

⑥ **Track Mask**: 영상 클립의 움직이는 물체를 마스크 추적하는 기능입니다.

⑦ **Mask Feather**: 마스크 선택 영역의 경계선을 흐리게 만듭니다.

⑧ **Mask Opacity**: 마스크 선택 영역의 불투명도를 조절합니다.

⑨ **Mask Expansion**: 마스크 선택 영역을 확장 및 축소하는 기능입니다.

⑩ **Inverted**: 마스크 선택 영역을 반전시킵니다.

---

**3** · 기능 예제 ·             **Mask로 합성하기**

◎ **준비 파일**: part1/chapter3/sea.mp4, tv2.mp4
◎ **완성 파일**: part1/chapter3/tv_sea.mp4

01 Ctrl + Alt + N 을 눌러 새 프로젝트를 만들고, Ctrl + I 를 눌러 준비 파일 'sea.mp4', 'tv2.mp4'를 임포트합니다. [Project] 패널에서 'tv2.mp4' 클립을 Timeline으로 드래그하여 시퀀스를 생성합니다.

02 ❶ 'sea.mp4' 클립을 Timeline으로 드래그하여 2번 비디오 트랙에 배치하고, ❷ 'sea.mp4' 클립을 클릭하여 선택하고 속성을 [Effect Controls] 패널에 띄웁니다.

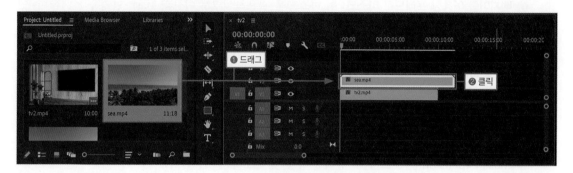

03 [Effect Controls] 패널에서 'sea.mp4' 클립의 [Video]-[Motion] 속성을 변경하고 '프리드로 마스크'를 설정합니다.
❶ [Opacity]는 '30%(아래쪽 영상을 확인하기 위해 반투명 상태로 설정)', ❷ [Position]은 '1320', '410', ❸ [Scale]은 '60'을 입력하고 ❹ 펜 툴 모양의 프리드로 마스크(🖊)를 클릭합니다.

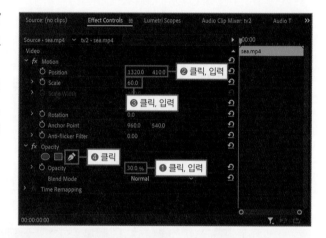

04 ❶ [Program] 패널을 클릭하고 ❷ 반투명한 영상 아래로 보이는 TV의 꼭짓점을 Ⓐ, Ⓑ, Ⓒ, Ⓓ, Ⓐ 순서대로 클릭합니다. 위치가 정확하지 않은 경우 해당 포인트를 클릭하여 키보드 방향키로 조금씩 수정합니다.

05   [Opacity]를 다시 '100'으로 설정합니다.

06   Timeline에서 ❶ 인디케이터를 10초 0프레임 지점으로 이동한 후 ❷ 'sea.mp4' 클립을 클릭하여 선택하고 Ctrl+K를 눌러 클립을 자르기합니다. ❸ 잘린 클립 뒷부분을 클릭하여 선택하고 Delete를 눌러 삭제합니다.

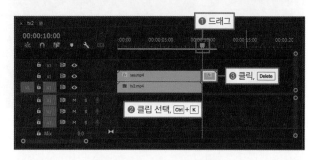

07   Home을 눌러 인디케이터를 시퀀스 시작지점으로 이동하고 Spacebar를 눌러 작업 결과를 확인합니다.

08   제작된 시퀀스를 MP4 파일로 렌더링합니다.
❶ Quick Export(📤)를 클릭한 후 ❷ [File Name & Location]을 클릭하고 저장 경로와 파일명을 지정합니다. ❸ [Preset] 옵션에서 'Match Source-Adaptive High Bitrate'를 선택하고 ❹ [Export]를 클릭하여 렌더링합니다.

# Mask 추적 합성하기

◎ **준비 파일**: part1/chapter3/earth.mp4, space.mp4
◎ **완성 파일**: part1/chapter3/earth_star.mp4

01 Ctrl+Alt+N을 눌러 새 프로젝트를 만들고, Ctrl+I를 눌러 준비 파일 'earth.mp4', 'space.mp4'를 임포트합니다. [Project] 패널에서 'space.mp4' 클립을 Timeline으로 드래그하여 시퀀스를 생성합니다.

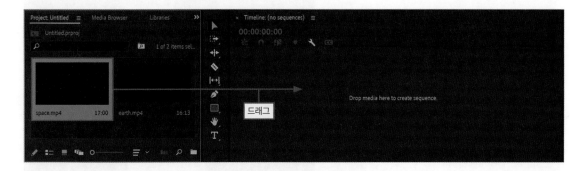

02 ❶ 'earth.mp4' 클립을 Timeline으로 드래그하여 2번 비디오 트랙에 배치하고, ❷ 'earth.mp4' 클립을 클릭하여 선택하고 속성을 [Effect Controls] 패널에 띄웁니다.

03 인디케이터를 지구의 모습을 온전히 볼 수 있는 8초 0프레임 지점으로 이동합니다.

04 [Effect Controls] 패널에서 'earth.
mp4' 클립의 아랫면이 잘리지 않도록 이동
하고 '원형 마스크'를 설정합니다.
❶ [Position]은 '960', '600'을 입력하고 ❷ Create
Ellipse Mask(◉)를 클릭하여 원형 마스크를 설정
하고 ❸ [Mask Expansion]은 '120'으로 설정합니다.

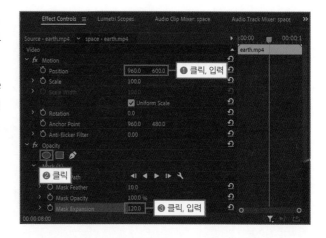

05 [Program] 패널에서 Mask를 드래그
하여 지구와 위치가 같도록 이동합니다.

06 [Effect Controls] 패널에서 'Track
selected mask forward(▶)'를 클릭하면 원
형 마스크가 지구의 움직임을 따라갑니다.
추적이 끝날 때까지 기다립니다.

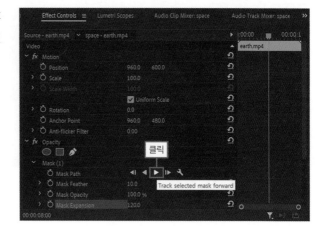

07 중간 시점부터 추적했기 때문에 'Track selected mask backward(◀)'를 클릭하여 클립 시작점까지 다시 한 번 마스크를 추적합니다. 추적이 끝날 때까지 기다립니다.

08 [Home]을 눌러 인디케이터를 시퀀스 시작 지점으로 이동하고 [Spacebar]를 눌러 작업 결과를 확인합니다.

09 제작된 시퀀스를 MP4 파일로 렌더링합니다.
❶ Quick Export(圖)를 클릭한 후 ❷ [File Name & Location]을 클릭하고 저장 경로와 파일명을 지정합니다. ❸ [Preset] 옵션에서 'Match Source- Adaptive High Bitrate'를 선택하고 ❹ [Export]를 클릭하여 렌더링합니다.

# 재생 속도 조절하기

재생 속도를 조절하는 [Speed/Duration] 기능과 정지 프레임을 만드는 [Frame Hold] 기능을 배워봅니다.

```
Speed/Duration...
Scene Edit Detection...

Frame Hold Options...
Add Frame Hold
Insert Frame Hold Segment
```

## ● Speed/Duration

Timeline의 클립에 마우스 오른쪽 버튼을 클릭하여 [Speed/Duration] 메뉴에서 클립의 재생 속도를 조절할 수 있습니다.

❶ **Speed**: 재생 속도를 퍼센티지로 조절합니다
   (예: 200% - 2배속).

❷ **Duration**: 클립의 길이에 맞추어 속도를 조절
   합니다.

❸ **Reverse Speed**: 거꾸로 재생합니다.

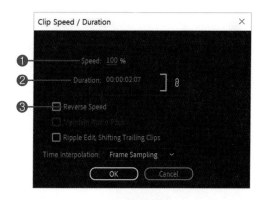

Rate Stretch 툴(▦)을 이용한 재생 속도 조절도 가능합니다.

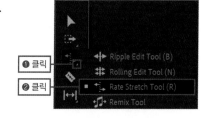

Rate Stretch 툴(▦)을 선택하고 Timeline의 클립 앞
과뒤 끝 부분을 드래그하여 클립 길이에 맞추어 재생
속도를 조절할 수 있습니다.

**· 기능 예제 ·**

불꽃놀이 고속 재생 영상을 제작해 보겠습니다.

◎ **준비 파일**: part1/chapter3/fireworks.mp4
◎ **완성 파일**: part1/chapter3/timelapse.mp4

01 Ctrl+Alt+N을 눌러 새 프로젝트를 만들고, Ctrl+I를 눌러 준비 파일 'fireworks.mp4'를 임포트합니다. [Project] 패널에서 'fireworks.mp4' 클립을 Timeline으로 드래그하여 시퀀스를 생성합니다.

02 ❶ 단축키 R을 눌러 Rate Stretch 툴(🔲)을 선택하고 ❷ 인디케이터를 5초 0프레임 지점으로 이동합니다. ❸ 'fireworks.mp4' 클립의 오른쪽 끝 부분을 드래그하여 인디케이터 지점에 스냅하여 클립 길이를 조절합니다.

03 '+'를 눌러 Timeline을 확대합니다. 클립 재생 속도가 924%로 증가한 것을 확인할 수 있습니다. Home을 눌러 인디케이터를 시퀀스 시작 지점으로 이동하고 Spacebar를 눌러 작업 결과를 확인합니다.

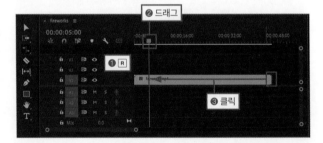

04　제작된 시퀀스를 MP4 파일로 렌더링
합니다.
❶ Quick Export(■)를 클릭한 후 ❷ [File Name &
Location]을 클릭하고 저장 경로와 파일명을 지정
합니다. ❸ [Preset] 옵션에서 'Match Source-
Adaptive High Bitrate'를 선택하고 ❹ [Export]를
클릭하여 렌더링합니다.

**2** ・기능 예제・ **Slow Motion 영상 만들기 1(30FPS → 10FPS)**

1초당 30프레임 재생 영상을 3분의 1배속(느리게 재생)하여 1초당 10프레임 재생 영상으로 제작해 보겠습니다.

◎ **준비 파일**: part1/chapter3/honeybee_30F.mp4
◎ **완성 파일**: part1/chapter3/slow_30F.mp4

01　Ctrl+Alt+N을 눌러 새 프로젝트를 만들고, Ctrl+I를 눌러 준비 파일 'honeybee_30F.mp4'를 임
포트합니다. [Project] 패널에서 'honeybee_30F.mp4' 클립을 Timeline으로 드래그하여 시퀀스를 생성합
니다.

02　[Timeline] 패널의 'honeybee_30F.mp4'
클립에서 ❶ 마우스 오른쪽 버튼을 클릭하여 ❷ 메
뉴에서 [Speed/Duration]을 선택합니다.

**03** [Clip Speed/Duration] 창에서 ❶ [Speed]를 '33.34%'로 설정하고 ❷ [OK]를 클릭합니다.

**04** **Home** 을 눌러 인디케이터를 시퀀스 시작 지점으로 이동하고 **Spacebar** 를 눌러 작업 결과를 확인합니다. 같은 장면이 3프레임 동안 반복되는 모습을 확인할 수 있습니다. 3프레임마다 한 번씩 장면이 바뀌기 때문에 부자연스러워 보일 수 있습니다. 제작된 시퀀스를 MP4 파일로 렌더링합니다.

❶ Quick Export(□)를 클릭한 후 ❷ [File Name & Location]을 클릭하고 저장 경로와 파일명을 지정합니다. ❸ [Preset] 옵션에서 'Match Source-Adaptive High Bitrate'를 선택하고 ❹ [Export]를 클릭하여 렌더링합니다.

---

**3** • 기능 예제 • **Slow Motion 영상 만들기 2(90FPS → 30FPS)**

1초당 90프레임 재생 영상을 3분의 1배속(느리게 재생)하여 1초당 30프레임 재생 영상으로 제작해 보겠습니다.

◉ **준비 파일**: part1/chapter3/honeybee_90F.mp4
◉ **완성 파일**: part1/chapter3/slow_90F.mp4

**01** **Ctrl**+**Alt**+**N** 을 눌러 새 프로젝트를 만들고, **Ctrl**+**I** 를 눌러 준비 파일 'honeybee_90F.mp4'를 임포트합니다. **Ctrl**+**N** 을 눌러 새 시퀀스를 생성합니다.

❶ [Settings] 탭을 클릭한 후 ❷ Timebase는 '30FPS', ❸ Frame Size는 '1920×1080', ❹ Pixel Aspect Ratio는 'Square Pixels(1.0)'으로 설정하고 ❺ [OK]를 클릭합니다.

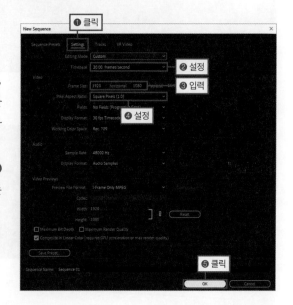

02 [Project] 패널에서 'honeybee_90F.mp4' 클립을 Timeline으로 드래그하여 1번 비디오 트랙에 배치합니다.

03 앞서 설정한 시퀀스 포맷과 비디오 클립의 포맷이 일치하지 않기 때문에 경고창이 뜹니다. 여기서 [Keep existing settings]를 클릭하여 기존 포맷을 유지합니다.

04 [Timeline] 패널의 ❶ 'honeybee_90F. mp4' 클립에서 마우스 오른쪽 버튼을 클릭하여 메뉴에서 ❷ [Speed/Duration]을 선택합니다.

05 [Clip Speed/Duration] 창에서 ❶ [Speed]를 '33.34%'로 설정하고 ❷ [OK]를 클릭합니다.

06 Home 을 눌러 인디케이터를 시퀀스
시작 지점으로 이동하고 Spacebar 를 눌러 작
업 결과를 확인합니다. 같은 장면의 반복 없
이 매 프레임마다 자연스럽게 장면이 바뀌
는 것을 확인할 수 있습니다. 제작된 시퀀스
를 MP4 파일로 렌더링합니다.

❶ Quick Export(🔲)를 클릭한 후 ❷ [File Name
& Location]을 클릭하고 저장 경로와 파일명을 지
정합니다. ❸ [Preset] 옵션에서 'Match Source-Adaptive High Bitrate'를 선택하고 ❹ [Export]를 클릭하여 렌더링합
니다.

## ● Frame Hold

Timeline의 클립에 마우스 오른쪽 버튼을 클릭하여 세 가지 [Frame Hold] 메뉴에서 정지 Frame을
만들 수 있습니다.

❶ **[Frame Hold Options]**: 인디케이터 지점
또는 작업자가 지정한 지점에서 클립을 멈
추어 정지 Frame을 만듭니다.

❷ **[Add Frame Hold]**: 인디케이터 지점까지
는 정상 재생, 인디케이터 지점부터는 클
립을 멈추어 정지 Frame을 만듭니다. 클립
이 2개로 나누어집니다.

❸ **[Insert Frame Hold Segment]**: 인디케이
터 지점에서 클립을 앞뒤로 나누고 사이에
정지 Frame을 삽입합니다. 클립이 3개로
나누어집니다.

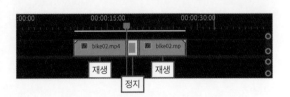

◎ **준비 파일**: part1/chapter3/bike01.mp4, bike02.mp4, screen01.mp4
◎ **완성 파일**: part1/chapter3/playscreen.mp4

**01** [Ctrl]+[Alt]+[N]을 눌러 새 프로젝트를 만들고, [Ctrl]+[I]를 눌러 준비 파일 'bike01.mp4', 'bike02. mp4', 'screen01.mp4'를 임포트합니다. [Project] 패널에서 'screen01.mp4' 클립을 Timeline으로 드래그하여 시퀀스를 생성합니다.

**02** ❶ 'bike01.mp4' 클립을 Timeline으로 드래그하여 2번 비디오 트랙에 배치하고, ❷ 'bike01.mp4' 클립을 클릭하여 선택하고 속성을 [Effect Controls] 패널에 띄웁니다.

**03** [Effect Controls] 패널에서 'bike01. mp4' 클립의 [Video]-[Motion] 속성을 변경합니다.
❶ [Position]은 '484', '538', ❷ [Scale]은 '48'을 입력합니다.

04 ❶ 'bike02.mp4' 클립을 Timeline으로 드래그하여 3번 비디오 트랙에 배치하고, ❷ 'bike02.mp4' 클립을 클릭하여 선택하고 속성을 [Effect Controls] 패널에 띄웁니다.

05 [Effect Controls] 패널에서 'bike02.mp4' 클립의 [Video]-[Motion] 속성을 변경합니다.
❶ [Position]은 '1432', '538', ❷ [Scale]은 '48'을 입력합니다.

06 [Timeline] 패널에서 ❶ 1번 비디오 트랙과 ❷ 3번 비디오 트랙의 'Toggle Track Lock'을 설정합니다. ❸ 'bike01.mp4' 클립에서 마우스 오른쪽 버튼을 클릭하여 메뉴에서 ❹ [Insert Frame Hold Segment]를 선택합니다.

07 ❶ 인디케이터를 10초 0프레임 지점으로 이동하고 ❷ 'bike01.mp4' 클립에서 마우스 오른쪽 버튼을 클릭하여 메뉴에서 ❸ [Add Frame Hold]를 선택합니다.

08 'bike01.mp4' 클립의 오른쪽 끝 부분을 드래그하여 'screen.mp4' 클립과 길이를 동일하게 맞춥니다.

09 ❶ Home 을 눌러 인디케이터를 시작 지점으로 이동한 후 ❷ 1번 비디오 트랙과 ❸ 2번 비디오 트랙의 'Toggle Track Lock'은 설정하고 ❹ 3번 비디오 트랙의 'Toggle Track Lock'은 해제합니다. ❺ 'bike02.mp4' 클립에서 마우스 오른쪽 버튼을 클릭하여 메뉴에서 ❻ [Insert Frame Hold Segment]를 선택합니다.

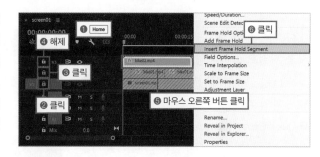

10 ❶ 인디케이터를 11초 0프레임 지점으로 이동하고 ❷ 'bike02.mp4' 클립의 오른쪽을 드래그하여 11초 0프레임 지점으로 이동합니다.

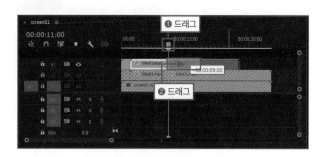

11 ❶ 인디케이터를 19초 0프레임 지점으로 이동하고 ❷ 'bike02.mp4' 클립에서 마우스 오른쪽 버튼을 클릭하여 메뉴에서 ❸ [Add Frame Hold]를 선택합니다.

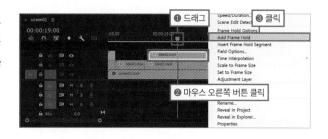

12 가장 왼쪽 'bike02.mp4' 클립의 끝 부분을 드래그하여 클립 사이 빈 공간이 없도록 길이를 조절합니다.

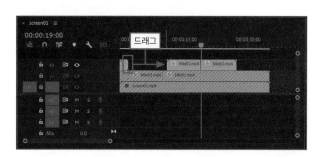

**13** ❶ 모든 비디오 트랙의 'Toggle Track Lock'을 해제하고 ❷ 모든 비디오 트랙의 'Toggle Track Targeting'을 설정합니다. ❸ 인디케이터를 20초 0프레임 지점으로 이동하고 ❹ Ctrl + K 를 눌러 세 클립을 모두 자르기를 합니다. ❺ 잘린 20초 0프레임 이후의 클립들을 드래그하여 모두 선택하고 Delete 를 눌러 삭제합니다.

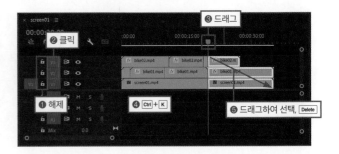

**14** Home 을 눌러 인디케이터를 시퀀스 시작 지점으로 이동하고 Spacebar 를 눌러 작업 결과를 확인합니다. 제작된 시퀀스를 MP4 파일로 렌더링합니다.
❶ Quick Export( )를 클릭한 후 ❷ [File Name & Location]을 클릭하고 저장 경로와 파일명을 지정합니다. ❸ [Preset] 옵션에서 'Match Source-Adaptive High Bitrate'를 선택하고 ❹ [Export]를 클릭하여 렌더링합니다.

# Effects 활용하기

Effects 활용을 통한 색상 보정과 장면 전환, Track Matte Key 등을 알아봅니다.

# Lumetri Color 색상 보정하기

루메트리 컬러(Lumetri Color)는 색조, 밝기, 채도, 대비 등 색의 속성을 보정하여 영상의 전반적인 느낌을 바꿀 수 있는 기능이며, 키프레임과 함께 적용하면 분위기가 계속해서 전환되도록 연출할 수 있습니다. 루메트리 컬러로 색상을 보정해 봅니다.

LESSON

루메트리 컬러 기능을 적용하려면 Timeline에서 효과를 적용하고자 하는 클립을 클릭하여 선택하고 [Effects] 패널의 ❶ [Video Effect] - ❷ [Color Correction]에서 ❸ [Lumetri Color]를 더블 클릭하면 [Effect Controls] 패널에서 색상 보정 및 키프레임을 적용할 수 있습니다.

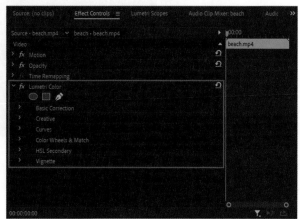

[Lumetri Color] 패널에서도 같은 기능과 속성을 적용할 수 있습니다. 하지만, [Lumetri Color] 패널에서는 컬러 속성을 조정할 수는 있지만, 키프레임은 생성할 수 없으므로 [Effect Controls] 패널에서 키프레임을 생성해야 합니다.

## ● Basic Correction

Basic Correction은 영상의 밝기, 명암비, 색조, 채도, 색온도 등을 조정할 수 있으며, 사전 설정된 색상 변환 테이블(LUT, Look-up Table)을 이용하여 간편하게 색상을 변환할 수 있습니다.

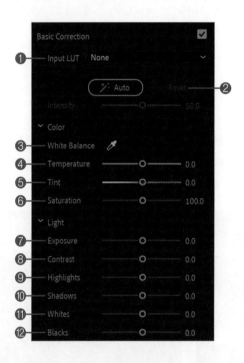

① **Input LUT**: 사전 설정된 색상 변환 테이블을 선택할 수 있습니다.

② **Reset**: 설정을 초깃값으로 되돌립니다.

③ **White Balance**: 반사된 빛이나 조명의 영향으로 색상이 변형된 경우 원래 색상을 찾는 기능입니다. 흰색이지만 변색으로 인해 그렇게 보이지 않는 물체를 스포이트로 선택합니다.

④ **Temperature**: 색온도를 나타내며, 차가운(파란색 계열) 톤의 색상 또는 따뜻한(빨간색 계열) 톤의 색상으로 변환할 수 있습니다.

⑤ **Tint**: 초록색과 자주색 사이의 색상 톤으로 색조를 변환할 수 있습니다.

⑥ **Saturation**: 채도를 조절합니다.

⑦ **Exposure**: 노출 조정으로 영상의 밝기를 조절합니다.

⑧ **Contrast**: 영상의 명암비를 조절합니다.

⑨ **Highlights**: 영상의 하이라이트 부분의 밝기를 조절합니다.

⑩ **Shadows**: 영상의 새도 부분의 밝기를 조절합니다.

⑪ **Whites**: 영상의 밝은 부분의 밝기를 조절합니다.

⑫ **Blacks**: 영상의 어두운 부분의 밝기를 조절합니다.

## ● Creative

Creative는 창의적인 색상 변환을 통해 특별한 분위기나 시각적 스타일을 부여하는 기능입니다. 사전 설정된 컬러 맵핑(Look)을 활용하여 간편하게 색상을 변환할 수 있습니다.

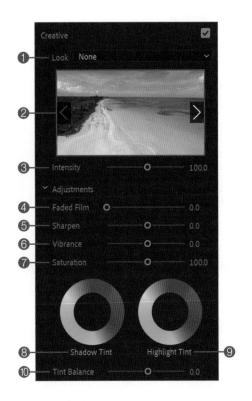

❶ **Look**: 사전 설정된 컬러 맵핑을 선택할 수 있습니다.

❷ **Preview**: 선택된 컬러 맵핑을 미리보기 합니다.

❸ **Intensity**: 선택된 컬러 맵핑의 강도를 조절합니다.

❹ **Faded Film**: 오래된 필름의 효과를 적용하여 색감을 희미하게 만듭니다.

❺ **Sharpen**: 이미지의 경계를 강조하거나 흐리게 하여 영상 선명도를 변환하는 효과입니다.

❻ **Vibrance**: 색조의 다양성을 조절하는 효과입니다. 채도에 변화가 생깁니다.

❼ **Saturation**: 채도를 조절합니다.

❽ **Shadow Tint**: 섀도 부분의 색조를 조절합니다.

❾ **Highlight Tint**: 하이라이트 부분의 색조를 조절합니다.

❿ **Tint Balance**: Shadow Tint와 Highlight Tint의 밸런스를 조절합니다.

## ● Curves

**❶ RGB Curves**: 각 채널별 어두운 영역과 밝은 영역의 밝기를 조절하는 기능입니다.

ⓐ Master 채널의 밝기를 조절합니다.

ⓑ Red 채널의 밝기를 조절합니다.

ⓒ Green 채널의 밝기를 조절합니다.

ⓓ Blue 채널의 밝기를 조절합니다.

ⓔ **Curves**: 오른쪽 위 지점은 밝은 영역, 왼쪽 아래 지점은 어두운 영역입니다. 포인트를 추가하려면 곡선 위 지점에 마우스를 클릭하고, 포인트를 삭제하려면 Ctrl을 누르고 클릭합니다. 포인트가 오른쪽 아래로 내려가면 어두워지고, 왼쪽 위로 올라가면 밝아집니다.

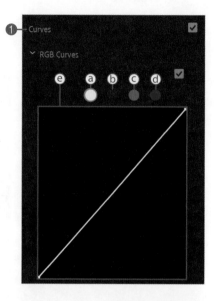

**❷ Hue Saturation Curves**: 색조, 채도, 명도 사이의 각 관계를 조절하여 색상 보정하는 기능입니다.

ⓐ **Hue vs Sat**: 그래프상에서 선택한 색조의 채도를 조절합니다.

ⓑ **Hue vs Hue**: 그래프상에서 선택한 색조를 다른 색조로 조절합니다.

ⓒ **Hue vs Luma**: 그래프상에서 선택한 색조의 밝기를 조절합니다.

ⓓ **Luma vs Sat**: 그래프상에서 선택한 밝기의 채도를 조절합니다.

ⓔ **Sat vs Sat**: 그래프상에서 선택한 채도를 다른 채도로 조절합니다.

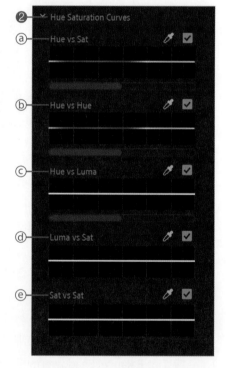

## ● Color Wheels & Match

❶ **Comparison View**: 시퀀스의 다른 지점(Reference)과 비교하며 현재 지점(Current) 색상을 조절합니다.

❷ **Face Detection**: 얼굴 부분이 인식되면 색상 조절 시 부자연스럽지 않도록 보정됩니다.

❸ **Apply Match**: 시퀀스의 다른 지점(Reference)의 클립 색상에 맞추어 현재 지점(Current)의 클립 색상을 자동 보정합니다. 같은 클립 간에는 효과가 없습니다.

❹ 중간 영역의 밝기를 조절하는 슬라이더입니다.

❺ 중간 영역의 색조를 조절하는 휠입니다.

❻ 어두운 영역의 밝기를 조절하는 슬라이더입니다.

❼ 어두운 영역의 색조를 조절하는 휠입니다.

❽ 밝은 영역의 밝기를 조절하는 슬라이더입니다.

❾ 밝은 영역의 색조를 조절하는 휠입니다.

## ● HSL Secondary

HSL Secondary는 선택된 특정 색상 범위에서만 보정하는 기능입니다.

❶ **Key**: 색상 범위를 선택합니다.
ⓐ 색상 범위를 스포이트를 이용하여 선택합니다.
+/- 스포이트를 통해 색상을 추가 및 제외합니다.
ⓑ 색상 버튼을 클릭하여 범위를 선택합니다.
ⓒ 선택 색조 범위를 조절합니다.
ⓓ 선택 채도 범위를 조절합니다.
ⓔ 선택 명도 범위를 조절합니다.
ⓕ 선택된 영역을 확인할 수 있습니다.

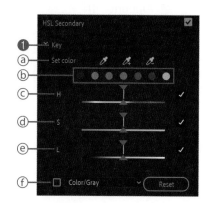

❷ **Refine**: 선택 범위를 조정합니다.

　ⓐ 선택 영역을 초기화합니다.

　ⓑ 선택 영역 경계의 노이즈를 제거합니다.

　ⓒ 선택 영역의 경계를 흐리게 조절합니다.

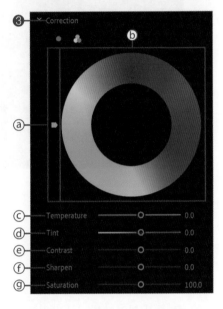

❸ **Correction**: 선택된 색상을 보정합니다.

　ⓐ 밝기 조절 슬라이더입니다.

　ⓑ 색조 및 채도 조절 휠입니다.

　ⓒ **Temperature**: 색온도입니다. 차가운(파란색 계열) 톤의 색상 또는 따뜻한(빨간색 계열) 톤의 색상으로 변환할 수 있습니다.

　ⓓ **Tint**: 초록색과 자주색 사이의 색상 톤으로 색조를 변환할 수 있습니다.

　ⓔ **Contrast**: 명암비를 조절합니다.

　ⓕ **Sharpen**: 영상 선명도를 조절합니다.

　ⓖ **Saturation**: 채도를 조절합니다.

● **Vignette**

Vignette는 비디오 가장자리 부분을 어둡게 처리하는 비네팅 효과를 만드는 기능입니다.

❶ **Amount**: 비네팅 효과의 강도를 조절합니다.

❷ **Midpoint**: 비네팅 영역의 크기를 조절합니다.

❸ **Roundness**: 비네팅 모양의 둥글기를 조절합니다.

❹ **Feather**: 비네팅 영역의 경계를 흐리게 조절합니다.

◎ **준비 파일**: part1/chapter4/beach.mp4
◎ **완성 파일**: part1/chapter4/curves.mp4

**01** Ctrl+Alt+N을 눌러 새 프로젝트를 만들고, Ctrl+I를 눌러 준비 파일 'beach.mp4'를 임포트합니다. [Project] 패널에서 'beach.mp4' 클립을 Timeline으로 드래그하여 시퀀스를 생성합니다.

**02** 작업 화면 오른쪽 패널 그룹들 중에서 ❶ [Lumetri Color] 패널을 펼치고 [Lumetri Color] 패널에서 ❷ [Curves]-[RGB Curves]를 펼칩니다. ❸, ❹ Curves 그래프에서 포인트를 2개 추가합니다.

**03** Curves 그래프 포인트를 드래그하여 모양을 변형합니다.

❶ 왼쪽 아래 포인트를 오른쪽 아래로 드래그하여 어두운 영역을 강조하고, ❷ 오른쪽 위 포인트를 왼쪽 위로 드래그하여 밝은 영역을 강조합니다. 대비가 어색하지 않도록 너무 과하지 않게 변형합니다.

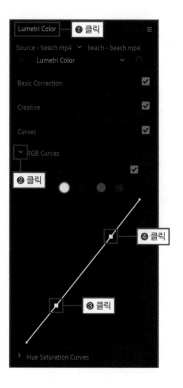

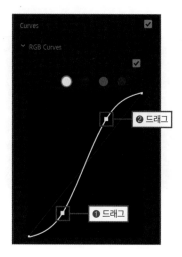

$04$ **Home**을 눌러 인디케이터를 시퀀스 시작 지점으로 이동하고 **Spacebar**를 눌러 작업 결과를 확인합니다. 제작된 시퀀스를 MP4 파일로 렌더링합니다.

❶ Quick Export(▣)를 클릭한 후 ❷ [File Name & Location]을 클릭하고 저장 경로와 파일명을 지정합니다. ❸ [Preset] 옵션에서 'Match Source-Adaptive High Bitrate'를 선택하고 ❹ [Export]를 클릭하여 렌더링합니다.

---

**2** • 기능 예제 •         Color Wheels & Match - 색상 매칭하기

◎ **준비 파일**: part1/chapter4/island.mp4, marina.mp4
◎ **완성 파일**: part1/chapter4/color_match.mp4

$01$ **Ctrl**+**Alt**+**N**을 눌러 새 프로젝트를 만들고, **Ctrl**+**I**를 눌러 준비 파일 'island.mp4', 'marina. mp4'를 임포트합니다. [Project] 패널에서 'marina.mp4' 클립을 Timeline으로 드래그하여 시퀀스를 생성합니다.

02   [Project] 패널에서 'island.mp4' 클립을 Timeline으로 드래그하여 'marina.mp4' 클립 뒤에 배치합니다.

03   작업 화면 오른쪽 패널 그룹들 중에서 ❶ [Lumetri Color] 패널을 펼치고 [Lumetri Color] 패널에서 ❷ [Color Wheels & Match]를 펼칩니다. ❸ [Comparison View]를 클릭하여 활성화하고 ❹ 인디케이터를 'island.mp4' 클립 위로 이동합니다. Reference 지점은 0초 0프레임 지점이고, Current 지점은 인디케이터 지점인 것이 확인됩니다. ❺ [Apply Match]를 클릭하여 자동 보정합니다.

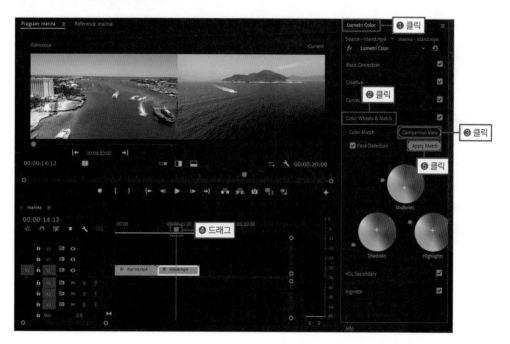

04 ❶ [Color Wheels & Match] 옆 체크 상자(☑)를 체크 및 해제를 반복하며 두 클립의 색상이 잘 매칭되었는지 변화를 확인합니다. ❷ [Comparison View]를 클릭하여 비활성화합니다.

05 Home 을 눌러 인디케이터를 시퀀스 시작 지점으로 이동하고 Spacebar 를 눌러 작업 결과를 확인합니다. 제작된 시퀀스를 MP4 파일로 렌더링합니다.

❶ Quick Export(■)를 클릭한 후 ❷ [File Name & Location]을 클릭하고 저장 경로와 파일명을 지정합니다. ❸ [Preset] 옵션에서 'Match Source-Adaptive High Bitrate'를 선택하고 ❹ [Export]를 클릭하여 렌더링합니다.

# HSL Secondary - 꽃잎 색상 바꾸기

◎ **준비 파일**: part1/chapter4/red_flower.mp4
◎ **완성 파일**: part1/chapter4/HSL.mp4

01 Ctrl + Alt + N 을 눌러 새 프로젝트를 만들고, Ctrl + I 를 눌러 준비 파일 'red_flower.mp4'를 임포트합니다. [Project] 패널에서 'red_flower.mp4' 클립을 Timeline으로 드래그하여 시퀀스를 생성합니다.

02 작업 화면 오른쪽 패널 그룹들 중에서 ❶ [Lumetri Color] 패널을 펼치고 ❷ [Lumetri Color] 패널에서 [HSL Secondary]를 펼칩니다. ❸ Set color 스포이트(◢)로 ❹ 꽃의 붉은 부분을 클릭하여 영역을 선택한 후 ❺ 박스에 체크하여 선택된 영역을 확인할 수 있습니다.

03 ❶ Set color +스포이트(🖌)로 ❷ 꽃의 선택되지 않은 부분을 클릭하여 영역을 추가하고 ❸ 잘못 선택된 영역이 있다면 -스포이트(🖌)로 제외합니다.

04 슬라이더 조절을 통해 정교하게 영역을 조절합니다.
❶ S 슬라이더와 ❷ L 슬라이더의 범위를 넓혀주고, H 슬라이더(색조)는 너무 넓어지지 않도록 합니다. ❸ Blur 수치를 '5'로 입력하여 선택 영역의 경계를 약간 부드럽게 해줍니다.

05 [Effect Controls] 패널에서 ❶ [HSL Secondary] – ❷ [Correction]의 ❸ 초시계(⏱)를 클릭하여 키프레임을 생성합니다.

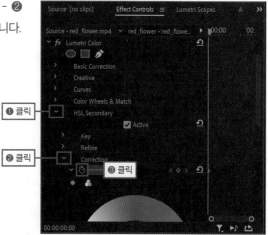

06 ❶ 인디케이터를 6초 0프레임 지점으로 이동하고 [Lumetri Color] 패널에서 [HSL Secondary] – ❷ [Correction]의 ❸ 색상 Wheel에서 원본 색상과 뚜렷한 차이를 낼 수 있는 방향으로 드래그합니다. 자동으로 키프레임이 추가 생성됩니다.

07 ❶ 인디케이터를 12초 0프레임 지점으로 이동하고 ❷ 앞서 선택한 색상 Wheel의 반대 방향으로 드래그하여 다시 한 번 뚜렷한 색상 차를 만들어 줍니다.

08 [Home]을 눌러 인디케이터를 시퀀스 시작 지점으로 이동하고 [Spacebar]를 눌러 작업 결과를 확인합니다. 제작된 시퀀스를 MP4 파일로 렌더링합니다.
❶ Quick Export(█)를 클릭한 후 ❷ [File Name & Location]을 클릭하고 저장 경로와 파일명을 지정합니다. ❸ [Preset] 옵션에서 'Match Source-Adaptive High Bitrate'를 선택하고 ❹ [Export]를 클릭하여 렌더링합니다.

# Transition 설정하기

Transition을 설정하기 위해 Cross Dissolve로 장면 전환을 해보고, Dip to Black을 활용하여
클립을 다듬어 봅니다.

LESSON

[Effects] 패널에서 'Video Transitions' 폴더 하위에 있는 여
러 가지 효과를 활용하여 손쉽게 클립들 사이의 장면 전환
을 연출할 수 있습니다.

Video Transitions 효과를 적용하려면 원하는 효과를 드래그하여 Timeline의 두 클립 사이 지점에
놓음으로써 자동으로 장면 전환이 적용됩니다.

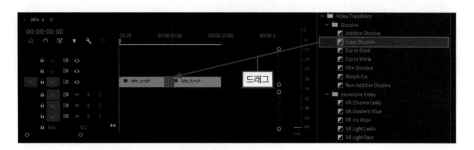

Video Transitions 효과가 적용되면 두 클립 사이에 회색 라
벨이 표시되며, 이 구간에서 장면 전환이 이루어집니다. 라
벨의 끝 부분을 드래그하여 길이를 조절함으로써 장면 전환
구간을 조절할 수 있습니다.

적용된 Video Transitions 라벨을 클릭하고 Delete 를 누르면 효과를 삭제할 수 있습니다.

· 기능 예제 ·

# Cross Dissolve 장면 전환하기

◎ **준비 파일**: part1/chapter4/lake_a.mp4, lake_b.mp4, lake_c.mp4
◎ **완성 파일**: part1/chapter4/trans_effect.mp4

01 Ctrl + Alt + N 을 눌러 새 프로젝트를 만들고, Ctrl + I 를 눌러 준비 파일 'lake_a.mp4', 'lake_b.mp4', 'lake_c.mp4'를 임포트합니다. [Project] 패널에서 'lake_a.mp4' 클립을 Timeline으로 드래그하여 시퀀스를 생성합니다.

02 [Project] 패널에서 ❶ 'lake_b.mp4', ❷ 'lake_c.mp4' 클립도 Timeline으로 드래그하여 'lake_a.mp4' 클립 뒤에 배치합니다.

03 ❶ 인디케이터를 6초 0프레임 지점으로 이동하고 ❷ Ctrl + K 를 눌러 'lake_a.mp4' 클립을 자르기를 합니다.

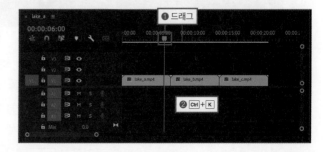

04 ❶ 인디케이터를 8초 0프레임 지점으로
이동하고 ❷ Ctrl + K 를 눌러 'lake_b.mp4' 클립을
자르기를 합니다.

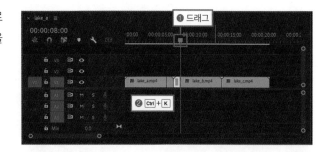

05 ❶ 인디케이터를 13초 0프레임 지점으로
이동하고 ❷ Ctrl + K 를 눌러 'lake_b.mp4' 클립을
자르기를 합니다.

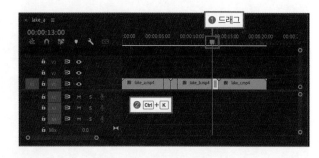

06 ❶ 인디케이터를 15초 0프레임 지점으로
이동하고 ❷ Ctrl + K 를 눌러 'lake_c.mp4' 클립을
자르기를 합니다.

07 ❶, ❷ 사이사이 잘린 클립들을 Shift +드
래그하여 동시에 선택하고 ❸ Shift + Delete 를 눌
러 삭제와 함께 공간을 당깁니다.

08 작업 화면 오른쪽 패널 그룹들 중에서 ❶ [Effects] 패널을 펼치고 ❷ [Video Transitions] - ❸ [Dissolve]를 펼칩니다. ❹ [Cross Dissolve]를 드래그하여 각 클립 사이에 적용합니다.

09 Home 을 눌러 인디케이터를 시퀀스 시작 지점으로 이동하고 Spacebar 를 눌러 작업 결과를 확인합니다. 제작된 시퀀스를 MP4 파일로 렌더링합니다.
❶ Quick Export(▣)를 클릭한 후 ❷ [File Name & Location]을 클릭하고 저장 경로와 파일명을 지정합니다. ❸ [Preset] 옵션에서 'Match Source-Adaptive High Bitrate'를 선택하고 ❹ [Export]를 클릭하여 렌더링합니다.

**2** • 기능 예제 •

# Dip to Black 활용하여 클립 시작/끝 다듬기

클립 사이가 아니어도 [Effects] 패널의 Video Transitions 효과를 적용할 수 있습니다. 시퀀스 또는 클립의 시작과 끝 부분에 Video Transitions를 적용하여 자연스럽게 다듬을 수 있습니다.

◎ **준비 파일**: part1/chapter2/waterfall01.mp4

**01** Ctrl+Alt+N을 눌러 새 프로젝트를 만들고, Ctrl+I를 눌러 준비 파일 'waterfall01.mp4'를 임포트합니다. [Project] 패널에서 'waterfall01.mp4' 클립을 Timeline으로 드래그하여 시퀀스를 생성합니다.

**02** 작업 화면 오른쪽 패널 그룹들 중에서 ❶ [Effects] 패널을 펼치고 ❷ [Video Transitions] – ❸ [Dissolve]를 펼칩니다. [Dip to Black]을 드래그하여 ❹ 클립의 시작 지점과 ❺ 끝 지점에 적용합니다.

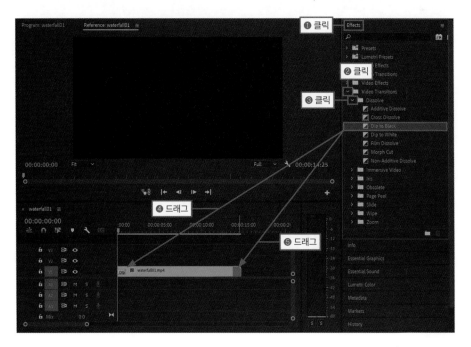

03 Home 을 눌러 인디케이터를 시퀀스 시작 지점으로 이동하고 Spacebar 를 눌러 작업 결과를 확인합니다. 제작된 시퀀스를 MP4 파일로 렌더링합니다.

❶ Quick Export(■)를 클릭한 후 ❷ [File Name & Location]을 클릭하고 저장 경로와 파일명을 지정합니다. ❸ [Preset] 옵션에서 'Match Source-Adaptive High Bitrate'를 선택하고 ❹ [Export]를 클릭하여 렌더링합니다.

# Track Matte Key 설정하기

Track Matte Key를 설정하기 위해 In 지점 매트 및 Out 지점 매트 설정하는 방법을 배워봅니다.

트랙 매트(Track Matte)란 한 트랙의 영상을 다른 트랙의 알파 채널 또는 명암에 따라 자르거나 가리는 기능입니다. 즉, 클립을 전체적으로 보여주는 것이 아니라 부분적으로 보여주는 상황에서 활용되며, 이를 통해 합성이나 장면 전환 등을 연출할 수 있습니다.

트랙 매트를 적용하려면 시퀀스에서 출력되는 클립과 매트 영역 클립이 쌍으로 있어야 합니다. [Effects] 패널의 [Video Effects]-[Keying]에서 [Track Matte Key]를 드래그하여 시퀀스에서 출력되는 Video 클립에 효과를 적용합니다.

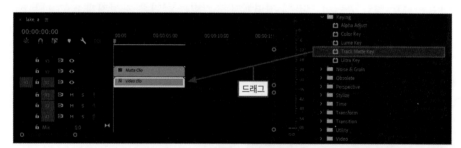

[Track Matte Key]를 적용하면 [Effect Controls] 패널에 [Track Matte Key] 설정 항목이 추가됩니다.

❶ **Matte**: 매트 영역이 되는 트랙을 선택합니다.

❷ **Composite Using**: 매트 방식을 선택합니다.

❸ **Reverse**: 매트 영역을 반전시킵니다.

## ● Alpha Matte

알파 매트(Alpha Matte)란 매트 영역 클립이 가지고 있는 알파 채널을 활용하여 클립을 가리거나 자르는 기능입니다. 매트 영역 클립의 투명한 영역에서 출력되는 클립도 가려지게 됩니다. Opacity를 활용하여 반투명하게 표현할 수 있습니다.

## ● Luma Matte

루마 매트(Luma Matte)란 매트 영역 클립이 가지고 있는 명암을 활용하여 클립을 가리거나 자르는 기능입니다. 매트 영역 클립의 검은색 영역에서 출력되는 클립은 가려지게 되고, 매트 영역 클립의 흰색 영역에서 출력되는 클립은 보이게 됩니다. 회색 영역에서는 반투명하게 표현됩니다.

| 루마 매트 영역 | | 출력 비디오 클립 |
| --- | --- | --- |

명암   100%               50%           0%

흰색                              검은색

**1** · 기능 예제 ·　　　　　　　　　　　　　　　　　　매트 설정하기 - In 지점

◎ **준비 파일**: part1/chapter4/transition01.mp4, tree.mp4, wind.mp4
◎ **완성 파일**: part1/chapter4/luma01.mp4

**01** Ctrl+Alt+N을 눌러 새 프로젝트를 만들고, Ctrl+I를 눌러 준비 파일 'transition01.mp4', 'tree. mp4', 'wind.mp4'를 임포트합니다. [Project] 패널에서 'tree.mp4' 클립을 Timeline으로 드래그하여 시퀀스를 생성합니다.

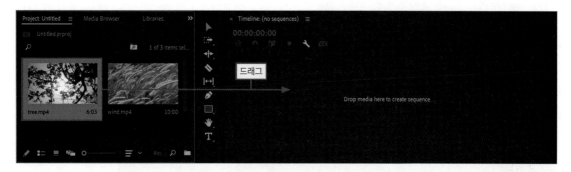

**02** 'tree.mp4' 클립의 끝 부분에서부터 장면 전환 시간 2초만큼 앞으로 이동하여 나머지 클립들을 배치합니다.
❶ 인디케이터를 4초 4프레임 지점으로 이동한 후 ❷ 스냅 기능을 이용하여 'wind.mp4' 클립을 2번 비디오 트랙의 4초 4프레임 지점에 배치하고, ❸ 'transition01.mp4' 클립을 3번 비디오 트랙의 4초 4프레임 지점에 배치합니다.

03 ❶ 인디케이터를 6초 3프레임 지점으로 이동한 후 ❷ 'wind.mp4' 클립을 클릭하여 선택하고 Ctrl + K 를 눌러 자르기를 합니다.

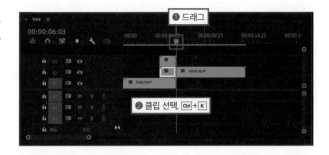

04 ❶ 잘린 'wind.mp4' 클립 중 앞쪽 클립을 클릭하여 선택하고 ❷ [Effects] 패널을 펼칩니다. ❸ [Video Effects] – ❹ [Keying]을 펼친 후 ❺ [Track Matte Key]를 더블 클릭합니다.

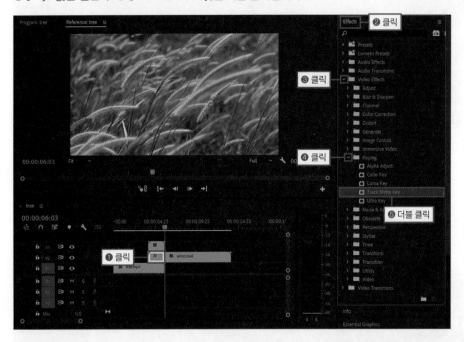

05 ❶ [Effect Controls] 패널을 클릭하여 선택하고 [Track Matte Key]에서 ❷ Matte는 'Video 3', ❸ Composite Using은 'Matte Luma'로 설정합니다.

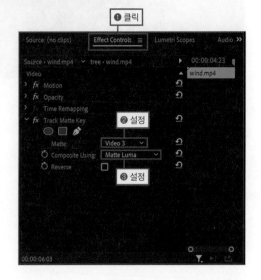

06 　 Home 을 눌러 인디케이터를 시퀀스 시작 지점으로 이동하고 Spacebar 를 눌러 작업 결과를 확인합니다. 제작된 시퀀스를 MP4 파일로 렌더링합니다.

❶ Quick Export(■)를 클릭한 후 ❷ [File Name & Location]을 클릭하고 저장 경로와 파일명을 지정합니다. ❸ [Preset] 옵션에서 'Match Source-Adaptive High Bitrate'를 선택하고 ❹ [Export]를 클릭하여 렌더링합니다.

## 2 ・ 기능 예제 ・            매트 설정하기 - Out 지점

◎ **준비 파일**: part1/chapter4/sail.mp4, transition01.mp4, wave.mp4
◎ **완성 파일**: part1/chapter4/luma02.mp4

01 　 Ctrl + Alt + N 을 눌러 새 프로젝트를 만들고, Ctrl + I 를 눌러 준비 파일 'sail.mp4', 'transition01.mp4', 'wave.mp4'를 임포트합니다.

❶ [Project] 패널에서 'wave.mp4' 클립을 Timeline으로 드래그하여 시퀀스를 생성하고 ❷ 'wave.mp4' 클립을 2번 비디오 트랙으로 이동합니다.

02 'wave.mp4' 클립의 끝 부분에서부터 장면 전환 시간 2초만큼 앞으로 이동하여 나머지 클립들을
배치합니다.

❶ 인디케이터를 8초 0프레임 지점으로 이동한 후 ❷ 스냅 기능을 이용하여 'sail.mp4' 클립을 1번 비디오 트랙의 8초 0
프레임 지점에 배치하고, ❸ 'transition01.mp4' 클립을 3번 비디오 트랙의 8초 0프레임 지점에 배치합니다.

03 ❶ 'wave.mp4' 클립을 클릭하여 선택한 후 ❷ [Effects] 패널을 펼칩니다. ❸ [Video Effects] - ❹ [Keying]을 펼
치고 ❺[Track Matte Key]를 더블 클릭합니다.

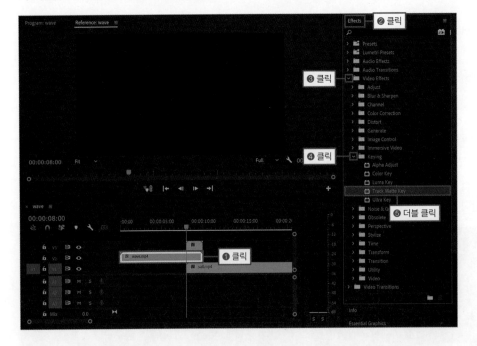

04 ❶ [Effect Controls] 패널을 클릭하여 선택하고 [Track Matte Key]에서 ❷ Matte는 'Video 3', ❸ Composite Using은 'Matte Luma'로 설정한 후 ❹ 'Reverse'를 체크하여 매트 영역을 반전시킵니다.

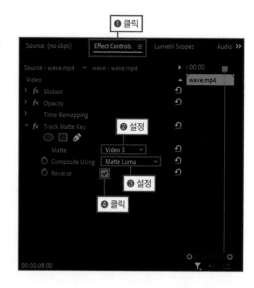

05 `Home`을 눌러 인디케이터를 시퀀스 시작 지점으로 이동하고 `Spacebar`를 눌러 작업 결과를 확인합니다. 제작된 시퀀스를 MP4 파일로 렌더링합니다.

❶ Quick Export(▓)를 클릭한 후 ❷ [File Name & Location]을 클릭하고 저장 경로와 파일명을 지정합니다. ❸ [Preset] 옵션에서 'Match Source-Adaptive High Bitrate'를 선택하고 ❹ [Export]를 클릭하여 렌더링합니다.

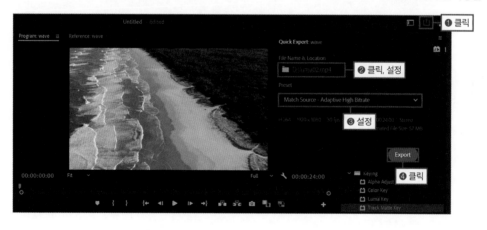

# 자막 만들기

영상에 자막을 추가하고 스타일과 모션 적용하기를 알아봅니다.

# Type 툴/Text Style

Type 툴과 Text Style에 대해 배워봅니다.

LESSON

## ● Type 툴

도구 상자의 Type 툴(■)을 이용하여 [Program] 패널에서 텍스트를 추가할 수 있습니다. 텍스트 추가 방법에는 [Program] 패널 위에 Type 툴을 클릭하여 추가하는 방법과 Type 툴을 드래그하여 추가하는 방법이 있습니다.

❶, ❷ **Type 툴(■)을 [Program] 패널 위에 클릭**: 클릭한 지점에서부터 문자를 작성할 수 있으며, Enter 를 활용하여 줄바꿈을 합니다. 작성된 내용만큼 텍스트 상자의 크기가 넓어집니다.

❸ **Type 툴(■)을 [Program] 패널 위에 드래그**: 드래그하여 텍스트 상자의 크기를 지정하여 문자를 작성합니다. 문자 내용이 텍스트 상자의 오른쪽 경계선을 넘어가면 자동 줄바꿈되며, 텍스트 상자 안에서만 문자를 작성할 수 있습니다.

❹ Esc 를 눌러 작성을 마무리합니다.

문자를 작성하면 Timeline에 텍스트 클립이 생성되며, 클립 길이만큼 자막이 유지됩니다.

❶ [Timeline] 패널에 텍스트 클립이 선택된 상태로 문자를 작성하면 ❷ 선택된 클립에 문자가 추가됩니다.

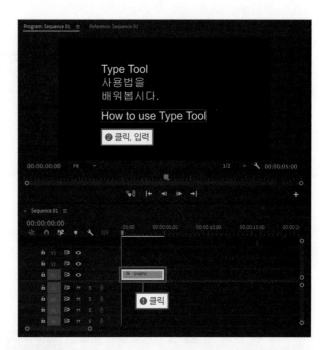

[Timeline] 패널에 텍스트 클립이 아무것도 선택되어 있지 않거나 현재 인디케이터 위치에 텍스트 클립이 없는 경우에 문자를 작성하면 새로운 텍스트 클립이 생성됩니다.

텍스트 내용을 수정하려면 ❶
Type 툴(T)로 ❷ [Program] 패
널의 텍스트를 클릭하여 ❸ 수정
할 수 있습니다.

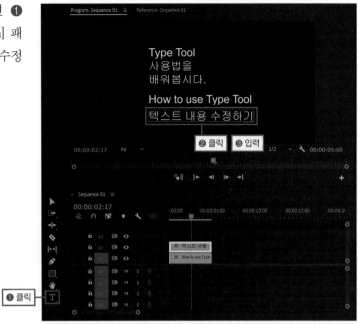

텍스트 클립의 위치를 변경하려면
❶ Selection 툴(▶)로 ❷ [Program]
패널의 텍스트를 클릭&드래그하여
이동할 수 있습니다.

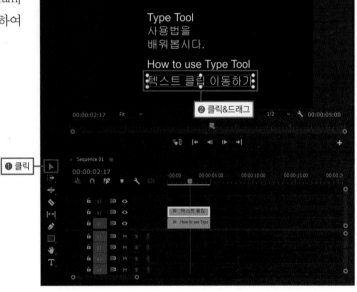

## ● Text Style

[Timeline] 패널에서 텍스트 클립을 선택하고 [Essential Graphics] 패널에서 [Edit] 탭을 보면 선택된 클립에 포함되어 있는 자막 목록이 보입니다.

스타일을 수정하려는 텍스트를 클릭하여 선택하면 패널 아래쪽에 수정할 수 있는 스타일 항목들이 표시됩니다.

- **Responsive Design**: 말풍선 등 반응형 디자인 제작 시 대상을 지정합니다.

- **Align and Transform**: 시퀀스 화면에서 텍스트 클립의 정렬과 위치, 앵커 포인트, 크기, 회전, 불투명도를 조절합니다.

- **Styles**: 설정된 Text Style을 저장하거나 불러옵니다.

- **Text**: 폰트와 정렬, 스타일 등을 설정합니다.

- **Appearance**: 폰트 색상과 외곽선, 배경색, 그림자 등을 설정합니다.

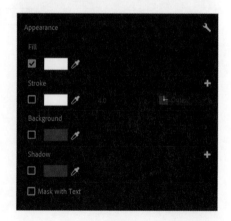

# 새 Text Style 만들기

01 [Ctrl]+[Alt]+[N]을 눌러 새 프로젝트를 만들고,
[Ctrl]+[N]을 눌러 새 시퀀스를 생성합니다.
❶ [Settings] 탭을 클릭하여 선택한 후 ❷ Timebase는
'30FPS', ❸ Frame Size는 '1920×1080', ❹ Pixel Aspect
Ratio는 'Square Pixels(1.0)'으로 설정하고 ❺ [OK]를 클릭
합니다.

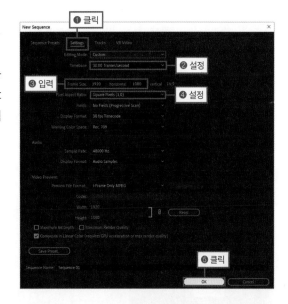

02 새 텍스트 클립을 생성하고 ❶ 단축키 [T]
를 눌러 Type 툴(T)을 선택합니다. [Program] 패
널에서 ❷ 화면에 클릭하여 텍스트를 작성한 후 ❸
[Esc]를 눌러 마무리합니다.

03 [Essential Graphics] 패널의 ❶ [Edit] 탭에
서 ❷ 작성한 텍스트를 클릭하여 선택합니다.

04 스크롤을 내려 Text Style을 설정합니다.
❶ 폰트를 'Freestyle Script'로 선택하고 ❷ 폰트 크기를 '140'으로 설정한 후 ❸ 가운데 정렬합니다. ❹ [Fill] 색상을 '노란색(R: 255, G: 200, B: 0)', ❺ Shadow에 체크하고 ❻ [Shadow] 색상을 '검은색(R: 0, G: 0, B: 0)', ❼ [Shadow] 불투명도를 '100%'로 설정합니다.

05 ❶ Styles 드롭다운 버튼을 클릭하고 ❷ 'Create Style'을 클릭하여 현재 Text Style을 저장합니다.

06 [New Text Style] 창에서 ❶ Text Style 이름을 입력하고 ❷ [OK]를 클릭합니다.

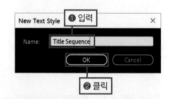

07 ❶ [Project] 패널에서 생성된 [Text Style]에서 마우스 오른쪽 버튼을 클릭하여 메뉴에서 ❷ [Export Text Style]을 클릭하여 '.prtextstyle' 파일로 내보내기를 합니다.

# Text Style 적용하기

◎ **준비 파일**: part1/chapter5/title.prproj, Title Sequence.prtextstyle
◎ **완성 파일**: part1/chapter5/title_sequence.mp4

**01** Ctrl + Alt + N 을 눌러 새 프로젝트를 만들고, Ctrl + I 를 눌러 앞서의 '[기능 예제] 새 Text Style 만들기'에서 제작한 '.prtextstyle' 파일 또는 준비 파일 'Title Sequence. prtextstyle'을 임포트합니다.
❶ Spacebar 를 눌러 현재 시퀀스를 재생합니다. 시퀀스를 확인한 후에는 ❷ 인디케이터를 자막의 스타일을 확인할 수 있는 중간 지점으로 이동합니다.

**02** ❶ [Timeline] 패널에서 텍스트 클립을 모두 드래그하여 선택하고 ❷ [Project] 패널에서 임포트한 '.prtextstyle' 파일을 드래그하여 Timeline의 텍스트 클립에 스타일을 적용합니다.

**03** Home 을 눌러 인디케이터를 시퀀스 시작 지점으로 이동하고 Spacebar 를 눌러 자막에 Text Style이 적용되었는지 결과를 확인합니다. 제작된 시퀀스를 MP4 파일로 렌더링합니다.
❶ Quick Export(◼)를 클릭한 후 ❷ [File Name & Location]을 클릭하고 저장 경로와 파일명을 지정합니다. ❸ [Preset] 옵션에서 'Match Source - Adaptive High Bitrate'를 선택하고 ❹ [Export]를 클릭하여 렌더링합니다.

# 모션(Motion) 프리셋 활용하기

자막 모션 프리셋을 만드는 방법을 익히고 자막 모션 프리셋을 적용해 봅니다.

**LESSON**

클립에 적용된 키프레임 모션은 프리셋으로 제작하여 [Effects] 패널에 저장할 수 있으며, 저장된 프리셋을 새로운 클립에 간편하게 적용하여 모션을 표현할 수 있습니다.

모션 프리셋을 저장하려면 ❶ [Effect Controls] 패널의 ❷ 키프레임이 적용된 속성의 [Effect] 그룹에서 마우스 오른쪽 버튼을 클릭하여 메뉴에서 ❸ [Save Preset]을 선택하여 [Save Preset] 창을 엽니다.

[Save Preset] 창에서 ❶ 프리셋 이름과 ❷ 유형(Type)을 설정하고 ❸ [OK]를 클릭합니다.

**Type 선택**

ⓐ **Scale**: 모션 키프레임 구간이 전체 클립 길이에 비례하여 적용됩니다.

ⓑ **Anchor to In Point**: 모션 키프레임 구간이 클립 시작 지점을 기준으로 적용됩니다.

ⓒ **Anchor to Out Point**: 모션 키프레임 구간이 클립 끝 지점을 기준으로 적용됩니다.

생성된 모션 프리셋은 [Effects] 패널의
[Presets] 폴더에 저장되며 Timeline의
새로운 클립에 드래그하여 적용할 수
있습니다.

저장된 모션 프리셋에서 마우스 오른쪽 버튼을 클릭하여 메뉴에서
[Export]를 선택하여 다른 사용자와 공유하거나 옵션을 수정할 수
있습니다.

❶ **New Presets Bin**: 프리셋 폴더를 만듭니다.
❷ **Delete**: 프리셋을 삭제합니다.
❸ **Import Presets**: .prfpset 프리셋 파일을 불러옵니다.
❹ **Export Presets**: .prfpset 프리셋 파일을 저장합니다.
❺ **Preset Properties**: 프리셋 옵션을 변경합니다.

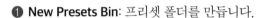

# 1 · 기능 예제 ·　　　　　　　　　　자막 모션 프리셋 만들기

01 Ctrl + Alt + N 을 눌러 새 프로젝트를 만들고,
Ctrl + N 을 눌러 새 시퀀스를 생성합니다.
❶ [Settings] 탭을 클릭한 후 ❷ Timebase는 '30FPS', ❸
Frame Size는 '1920×1080', ❹ Pixel Aspect Ratio는
'Square Pixels(1.0)'으로 설정하고 ❺ [OK]를 클릭합니다.

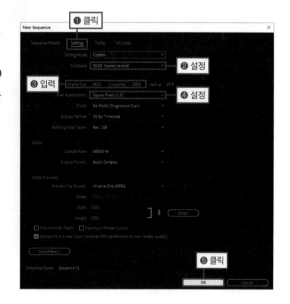

02 새 텍스트 클립을 생성하고 ❶ 단축키 [T] 를 눌러 Type 툴(T) 선택합니다. [Program] 패널 에서 ❷ 화면에 클릭하여 텍스트를 작성한 후 ❸ [Esc]를 눌러 마무리합니다.

03 [Effect Controls] 패널에서 텍스트 클립의 Vector Motion 하위 속성에 키프레임을 작성합니다.
❶ [Effect Controls] 패널을 클릭하여 선택하고 ❷ [Vector Motion] - ❸ [Scale] 속성에 '0'을 입력한 후 ❹ [Scale] 속성의 초시계(◷)를 클릭하여 키프레임을 활성화합니다.

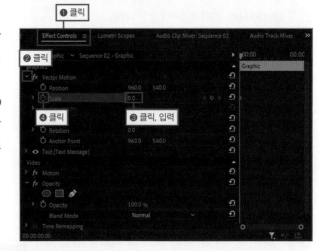

04 ❶ 타임코드 입력창에 '10'을 입력하여 인디케이터를 10프레임 지점으로 이동하고 ❷ [Scale] 속성에 '100'을 입력합니다.

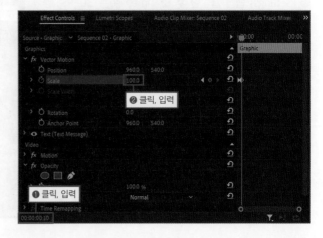

05  ❶ [Vector Motion]에서 마우스 오른쪽 버튼을 클릭하여 메뉴에서 ❷ [Save Preset]을 선택하여 모션 프리셋을 저장합니다.

06  [Save Preset] 창에서 ❶ 모션 프리셋 이름을 입력하고 ❷ [Type]은 'Anchor to In Point'를 선택한 후 ❸ [OK]를 클릭합니다.

07  [Effects] 패널에서 ❶ [Presets] 폴더를 클릭하여 펼칩니다. ❷ 저장된 모션 프리셋에서 마우스 오른쪽 버튼을 클릭하여 메뉴에서 ❸ [Export Presets]를 선택하여 '.prfpset' 파일로 내보내기를 합니다.

# 자막 모션 프리셋 적용하기

◎ **준비 파일**: part1/chapter5/messenger.mp4, message.prfpset
◎ **완성 파일**: part1/chapter5/lunchtime.mp4

01 Ctrl+Alt+N을 눌러 새 프로젝트를 만
들고, Ctrl+I를 눌러 준비 파일 'messenger.
mp4'를 임포트합니다. [Project] 패널에서
'messenger.mp4' 클립을 Timeline으로 드래그
하여 시퀀스를 생성합니다.
새 텍스트 클립을 생성하고 ❶ 단축키 T를 눌러
Type 툴(T)을 선택합니다. [Program] 패널에서
❷ 시퀀스 화면에 클릭하여 텍스트를 작성한 후 ❸
Esc를 눌러 마무리합니다.

02 [Essential Graphics] 패널의 ❶ [Edit] 탭에서 ❷ 작성한 텍스트를 클릭
하여 선택하고 ❸ [Position]을 '1450', '250'으로 입력합니다.

## 03 스크롤을 내려 Text Style을 설정합니다.

❶ 폰트를 '맑은 고딕'으로 선택하고 ❷ 폰트 크기를 '80'으로 설정합니다. ❸ [Fill] 색상을 '검은색(R: 0, G: 0, B: 0)', ❹ Shadow에 체크하고 ❺ [Background] 색상을 '노란색(R: 255, G: 200, B: 0)', ❻ [Background] 불투명도를 '100%', [Background] 크기를 '40', [Background] 코너를 '50'으로 설정합니다.

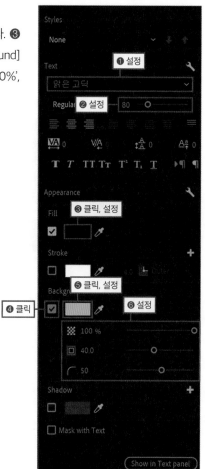

## 04 [Timeline] 패널에서 ❶ 인디케이터를 20프레임 지점으로 이동하고 ❷ Ctrl + Shift + A 를 눌러 모두 선택 해제합니다.

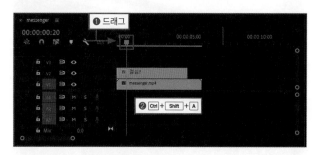

## 05 새 텍스트 클립을 생성하고 ❶ 단축키 T 를 눌러 Type 툴(T)을 선택합니다. [Program] 패널에서 ❷ 시퀀스 화면에 클릭하여 텍스트를 작성한 후 ❸ Esc 를 눌러 마무리합니다.

06 [Essential Graphics] 패널의 ❶ [Edit] 탭에서 ❷ 작성한 텍스트를 클릭하여 선택하고 ❸ [Position]을 '150', '450'으로 입력합니다.

07 [Timeline] 패널에서 ❶ 인디케이터를 1초 10프레임 지점으로 이동하고 ❷ Ctrl + Shift + A 를 눌러 모두 선택 해제합니다.

08 새 텍스트 클립을 생성하고 ❶ 단축키 T 를 눌러 Type 툴(T)을 선택합니다. [Program] 패널에서 ❷ 시퀀스 화면에 클릭하여 텍스트를 작성한 후 ❸ Esc 를 눌러 마무리합니다.

09 [Essential Graphics] 패널의 ❶ [Edit] 탭에서 ❷ 작성한 텍스트를 클릭하여 선택하고 ❸ [Position]을 '1450', '650'으로 입력합니다.

10 [Timeline] 패널에서 ❶ 인디케이터를 6초 0프레임 지점으로 이동하고 ❷ 텍스트 클립 3개의 끝 지점을 드래그하여 'messenger.mp4' 클립과 동일하게 맞추어 줍니다.

**11** [Effects] 패널에서 ❶ [Presets] 폴더를 클릭하여 펼친 후 ❷ 마우스 오른쪽 버튼을 클릭하여 메뉴에서 ❸ [Import Presets]를 선택합니다. 앞서 '[기능 예제] 자막 모션 프리셋 만들기'에서 내보내기를 하였던 '.prfpset' 파일 또는 준비 파일 'message.prfpset'을 임포트합니다.

**12** [Effects] 패널에서 임포트한 모션 프리셋을 드래그하여 Timeline의 텍스트 클립 3곳에 모두 적용합니다.

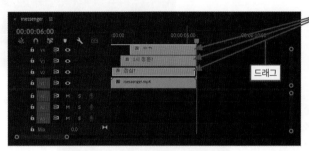

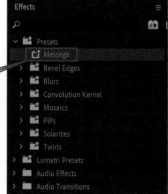

**13** Home 을 눌러 인디케이터를 시퀀스 시작 지점으로 이동하고 Spacebar 를 눌러 작업 결과를 확인합니다. 제작된 시퀀스를 MP4 파일로 렌더링합니다.
❶ Quick Export(🖫)를 클릭한 후 ❷ [File Name & Location]을 클릭하고 저장 경로와 파일명을 지정합니다. ❸ [Preset] 옵션에서 'Match Source-Adaptive High Bitrate'를 선택하고 ❹ [Export]를 클릭하여 렌더링합니다.

# 모션 그래픽 템플릿 활용하기

모션 그래픽 템플릿을 만들고 적용해 봅니다.

그래픽 요소와 함께 모션이 적용된 템플릿을 제작하여 [Essential Graphics] 패널에 저장할 수 있으며, 저장된 템플릿은 Timeline으로 불러오기를 하여 활용할 수 있습니다.

모션(Motion) 그래픽 템플릿을 저장하려면 Timeline의 그래픽 요소나 모션이 적용된 클립에서 ❶ 마우스 오른쪽 버튼을 클릭하여 메뉴에서 ❷ [Export As Motion Graphics Template]을 선택하여 모션 그래픽 템플릿 저장창을 엽니다.

[Export As Motion Graphics Template] 창에서 ❶ 템플릿 이름과 ❷ 저장 경로를 설정하고 ❸ [OK]를 클릭합니다.

### Destination 옵션

- **Local Templates Folder**: 프리미어 프로 템플릿 폴더에 '.mogrt' 파일로 저장되며, [Essential Graphics] 패널의 [Browse] 탭에 자동 등록됩니다.
- **Local Drive**: 지정된 폴더에 '.mogrt' 파일로 저장되며, [Essential Graphics] 패널에 수동으로 등록해야 합니다.

수동으로 템플릿을 등록할 경우 [Essential Graphics] 패널의 [Browse] 탭 오른쪽 하단의 🖾을 클릭하여 .mogrt 파일을 등록할 수 있습니다.

등록된 모션 그래픽 템플릿은 [Essential Graphics] 패널의 [Browse] 탭에서 Timeline으로 드래그하여 활용할 수 있습니다.

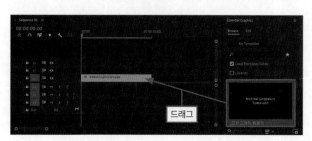

---

## 1 · 기능 예제 ·  모션 그래픽 템플릿 만들기

01 `Ctrl`+`Alt`+`N`을 눌러 새 프로젝트를 만들고, `Ctrl`+`N`을 눌러 새 시퀀스를 생성합니다.
❶ [Settings] 탭을 클릭한 후 ❷ Timebase는 '30FPS', ❸ Frame Size는 '1920×1080', ❹ Pixel Aspect Ratio는 'Square Pixels(1.0)'으로 설정하고 ❺ [OK]를 클릭합니다.

02 새 텍스트 클립을 생성합니다.
❶ 단축키 T를 눌러 Type 툴(T)을 선택하고
[Program] 패널에서 ❷ 화면에 클릭하여 텍스트를
작성한 후 ❸ Esc를 눌러 마무리합니다.

03 ❶ 도구 상자에서 Ellipse 툴(▣)
을 선택하고 [Program] 패널에서 ❷ 화
면에 드래그하여 말풍선을 그립니다.

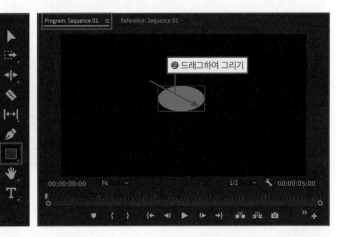

04 [Essential Graphics] 패널의 ❶ [Edit] 탭에서 ❷ 텍스트를 클릭&드래그
하여 Shape와 순서를 바꾼 후 ❸ 텍스트를 클릭하여 선택하고 ❹ [Align]에서
좌우 중앙 정렬, ❺ 상하 중앙 정렬합니다.

## 05 스크롤을 아래로 내려 Text Style을 설정합니다.

❶ Font를 'HY엽서M'으로 선택하고 ❷ [Fill] 색상을 '노란색(R: 255, G: 200, B: 0)', ❸ [Stroke] 색상을 '흰색(R: 255, G: 255, B: 255)', ❹ [Stroke] Width를 '5', ❺ Shadow에 체크하고 ❻ [Shadow] 색상을 '검은색(R: 0, G: 0, B: 0)', ❼ [Shadow] 불투명도를 '100%', ❽ [Shadow] 거리를 '12', [Shadow] Blur를 '0'으로 설정합니다.

## 06 스크롤을 위로 올려 ❶ [Shape]를 클릭하여 선택하고 ❷ Pin To 대상을 텍스트로 선택한 후 ❸ 오른쪽 기준점에서 가운데 사각형을 클릭하고 ❹ [Align]에서 좌우 중앙 정렬, ❺ 상하 중앙 정렬합니다.

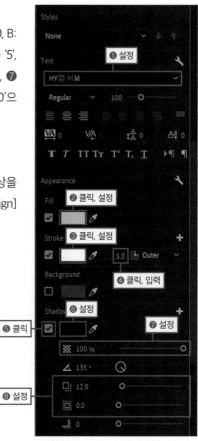

## 07 스크롤을 아래로 내려 'Appearance' 항목을 설정합니다.

❶ [Fill] 색상을 '하늘색(R: 110, G: 190, B: 255)', ❷ [Stroke] 색상을 '흰색(R: 255, G: 255, B: 255)', ❸ [Stroke] Width를 '10', ❹ Shadow에 체크하고 ❺ [Shadow] 색상을 '검은색(R: 0, G: 0, B: 0)', ❻ [Shadow] 불투명도를 '100%', ❼ [Shadow] 거리를 '12', [Shadow] Blur를 '0'으로 설정합니다.

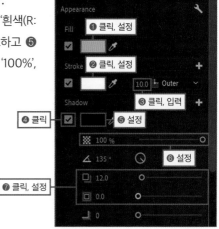

08 [Effect Controls] 패널에서 텍스트 클립의 [Vector Motion] 하위 속성에 키프레임을 작성합니다.

❶ [Vector Motion] – ❷ [Scale] 속성에 '0'을 입력하고 ❸ [Scale] 속성의 초시계(⏱)를 클릭하여 키프레임을 활성화합니다.

09 ❶ 타임코드 입력창에 '5'를 입력하여 인디케이터를 5프레임 지점으로 이동하고 ❷ [Scale] 속성에 '120'을 입력합니다.

10 ❶ 타임코드 입력창에 '7'을 입력하여 인디케이터를 7프레임 지점으로 이동하고 ❷ [Scale] 속성에 '100'을 입력합니다.

11 ❶ 타임코드 입력창에 '2'을 입력하여 인디
케이터를 2초 0프레임 지점으로 이동하고 ❷
[Scale] 속성의 키프레임 수동 생성(◎)을 클릭합
니다.

12 ❶ 타임코드 입력창에 '2.2'를 입력하여 인
디케이터를 2초 2프레임 지점으로 이동하고 ❷
[Scale] 속성에 '120'을 입력합니다.

13 ❶ 타임코드 입력창에 '2.7'을 입력하여 인
디케이터를 2초 7프레임 지점으로 이동하고 ❷
[Scale] 속성에 '0'을 입력합니다.

**14** [Timeline] 패널에서 ❶ 텍스트 클립을 마우스 오른쪽 버튼을 클릭하여 메뉴에서 ❷ [Export As Motion Graphics Template]을 선택하여 모션 그래픽 템플릿 저장창을 엽니다.

**15** [Export As Motion Graphics Template] 창에서 ❶ 템플릿 이름을 입력합니다. ❷ [Destination]을 'Local Drive'로 선택한 후 ❸ [Browse]를 클릭하여 저장 경로를 설정하고 ❹ [OK]를 클릭합니다.

---

**2** • 기능 예제 •  　　　　　　　　　　　　　　**모션 그래픽 템플릿 적용하기**

◎ **준비 파일**: part1/chapter5/pool.mp4, 모션그래픽템플릿.mogrt
◎ **완성 파일**: part1/chapter5/dive.mp4

**01** Ctrl + Alt + N 을 눌러 새 프로젝트를 만들고, Ctrl + I 를 눌러 준비 파일 'pool.mp4'를 임포트합니다. [Project] 패널에서 'pool.mp4' 클립을 Timeline으로 드래그하여 시퀀스를 생성합니다.

02 [Essential Graphics] 패널의 [Browse] 탭 오른쪽 하단의 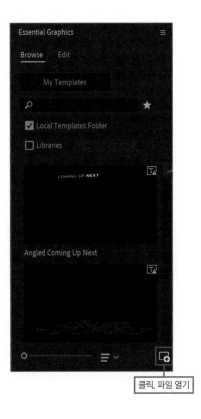을 클릭하여 앞서 '[기능 예제] 모션 그래픽 템플릿 만들기'에서 제작한 '.mogrt' 파일 또는 준비 파일 '모션그래픽템플릿.mogrt'를 임포트합니다.

03 ❶ 인디케이터를 1초 20프레임 지점으로 이동하고 ❷ [Essential Graphics] 패널의 [Browse] 탭에서 임포트한 템플릿을 ❸ Timeline으로 드래그하여 1초 20프레임 지점에 배치합니다.

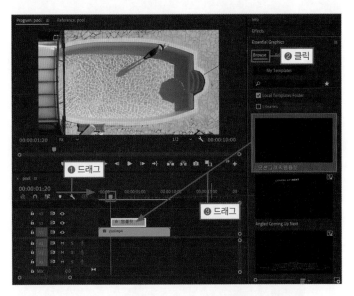

04 ❶ 인디케이터를 5초 0프레임 지점으로 이동하고 ❷ [Essential Graphics] 패널의 [Browse ] 탭에서 임포트한 템플릿을 Timeline으로 드래그하여 5초 0프레임 지점에 배치합니다.

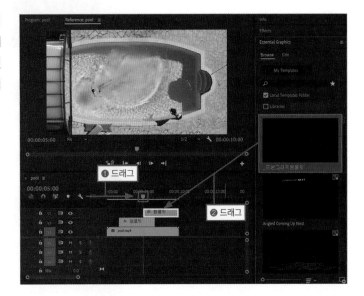

05 ❶ 인디케이터를 3초 0프레임 지점으로 이동하고 ❷ 첫 번째 텍스트 클립을 클릭하여 선택한 후 [Essential Graphics] 패널의 ❸ [Edit] 탭에서 ❹ 텍스트를 더블 클릭하고 내용을 수정 입력합니다.

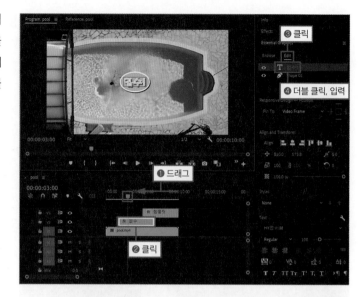

06 ❶ [Effect Controls] 패널에서 첫 번째 텍스트 클립의 ❷ [Vector Motion] - ❸ [Position] 속성에 수치 값 '800', '300'을 입력합니다.

07 ❶ 인디케이터를 6초 0프레임 지점으로 이동하고 ❷ 두 번째 텍스트 클립을 클릭하여 선택한 후 [Essential Graphics] 패널의 [Edit] 탭에서 ❸ 텍스트를 더블 클릭하고 내용을 수정 입력합니다.

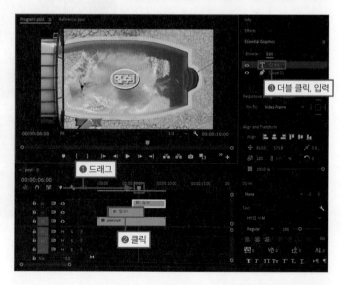

08 [Effect Controls] 패널에서 두 번째 텍스트 클립의 ❶ [Vector Motion] - ❷ [Position] 속성에 수치 값 '1400', '600'을 입력합니다.

09 Home 을 눌러 인디케이터를 시퀀스 시작 지점으로 이동하고 Spacebar 를 눌러 작업 결과를 확인합니다. 제작된 시퀀스를 MP4 파일로 렌더링합니다.
❶ Quick Export(■)를 클릭한 후 ❷ [File Name & Location]을 클릭하고 저장 경로와 파일명을 지정합니다. ❸ [Preset] 옵션에서 'Match Source-Adaptive High Bitrate'를 선택하고 ❹ [Export]를 클릭하여 렌더링합니다.

# 캡션 트랙-자동 자막 활용하기

오디오 트랙에 맞추어 자동으로 자막을 만들어 봅니다.

LESSON

[Text] 패널의 'Transcript' 기능을 이용하여 오디오 클립의 음성과 일치하는 자막을 자동으로 생성할 수 있습니다.

시퀀스의 Timeline에 음성이 있는 클립을 배치하고, [Text] 패널의 [Transcript] 탭에서 [Transcribe sequence]를 클릭하여 [Create transcript] 창을 엽니다. [Create transcript] 창에서 인식 언어와 음성 클립의 트랙을 선택합니다.

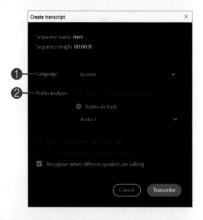

❶ **Language**: 인식할 음성의 언어를 선택합니다.
❷ **Audio analysis**: 인식할 음성의 트랙을 선택합니다.

음성 클립을 분석한 후 [Text] 패널의 [Transcript] 탭의 ⬛을 클릭하여 [Create captions] 창을 엽니다.

[Create captions] 창에서 스타일과 길이 등을 설정합니다.

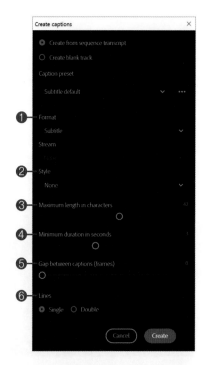

❶ **Format**: 캡션 트랙으로 자막을 생성할 것인지, 파일로 내보낼 것인지 선택합니다.

❷ **Style**: 생성된 자막에 적용할 스타일을 선택합니다.

❸ **Maximum length in characters**: 자막 최대 글자 수를 지정합니다.

❹ **Maximum duration in seconds**: 자막 최장 시간을 설정합니다.

❺ **Gap between captions**: 자막 사이 간격을 설정합니다.

❻ **Lines**: 한 줄 자막 또는 두 줄 자막을 선택합니다.

자막이 생성되면 자동으로 캡션 트랙에 배치되는데 캡션 클립을 선택하고 [Essential Graphics] 패널에서 스타일을 변경할 수 있습니다.

• 기능 예제 •

# 오디오 트랙에 맞추어 자동으로 자막 만들기

◎ **준비 파일**: part1/chapter5/river.mp4
◎ **완성 파일**: part1/chapter5/transcript.mp4

01 Ctrl+Alt+N을 눌러 새 프로젝트를 만들고, Ctrl+I를 눌러 준비 파일 'river.mp4'를 임포트합니다.
❶ [Project] 패널에서 'river.mp4' 클립을 Timeline으로 드래그하여 시퀀스를 생성하고 ❷ [Timeline] 패널의 'river.mp4'
클립을 클릭하여 선택합니다.

02 ❶ [Effect Controls] 패널 그룹 옆의 ≫을
클릭하여 ❷ [Text] 패널을 선택합니다.

03 [Text] 패널의 ❶ [Transcript] 또는
[Captions] 탭에서 ❷ [Transcribe sequence]를 클
릭하여 [Create transcript] 창을 엽니다.

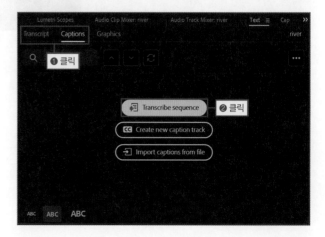

**04** [Create transcript] 창에서 ❶ Language를 'Korean(한국어)'으로 선택하고 Audio analysis의 ❷ 'Audio on track'을 ❸ 'Audio1'로 선택한 후 ❹ [Transcribe]를 클릭합니다.

**05** [Text] 패널의 ❶ [Transcript] 탭에서 ❷ CC을 클릭합니다.

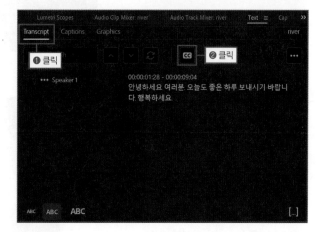

**06** [Create captions] 창에서 ❶ [Caption preset]을 'Subtitle default', ❷ [Lines]를 'Single'로 선택하고 ❸ [Create]를 클릭합니다.

07 Timeline에서 ❶ 캡션 트랙에 생성
된 클립을 드래그하여 선택하고 [Essential
Graphics] 패널의 ❷ [Edit] 탭에서 ❸ 캡션
스타일을 설정합니다.

08 Home 을 눌러 인디케이터를 시퀀스
시작 지점으로 이동하고 Spacebar 를 눌러 작
업 결과를 확인합니다. 제작된 시퀀스를
MP4 파일로 렌더링합니다.
❶ Quick Export(🖺)를 클릭한 후 ❷ [File Name
& Location]을 클릭하고 저장 경로와 파일명을 지
정합니다. ❸ [Preset] 옵션에서 'Match Source-
Adaptive High Bitrate'를 선택하고 ❹ [Export]를
클릭하여 렌더링합니다.

# 오디오 편집하기

영상 편집의 마지막 요소인 오디오를 편집하고 조절하는 기능을 알아봅니다.

# 오디오 편집하기

볼륨 및 피치 조절, 길이 조절, 오디오 트랜지션에 대해 배워봅니다.

## ● 볼륨 조절하기

오디오 작업 시 녹음된 기기의 성능이나 편집 후 렌더링 설정에 따라 클립들은 각각 다른 크기의 출력 레벨을 가질 수 있습니다. 이 경우 소리가 너무 크거나 작게 들리는 부분이 있을 수 있으며, 소리가 큰 다른 클립에 영향을 받아 잘 들리지 않을 수도 있습니다. 따라서 여러 오디오 클립들의 소리 크기를 표준 레벨로 맞춘 후 영상 제작에 사용하는 것이 바람직합니다.

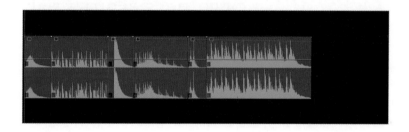

프리미어 프로에서 소리의 크기를 조절하는 단위로는 dB(데시벨)을 사용합니다. 데시벨은 오디오 출력에 사용되는 전력량이나 전압의 수준을 나타내는 단위지만, 이를 기준으로 들리는 소리의 크기를 조절할 수 있습니다.

Timeline에서 오디오 클립을 선택하고 단축키 G 를 누르면 [Audio Gain] 창이 열립니다.

❶ **Set Gain to**: 원본 클립의 레벨을 기준으로 상대 값 dB로 조정합니다.
❷ **Adjust Gain by**: 조정된 현재 레벨을 기준으로 상대 값 dB로 재조정합니다.
❸ **Normalize Max Peak to**: 선택된 클립들 중 최대 최고점이 설정된 절댓값 dB로 조정합니다.
❹ **Normalize All Peaks to**: 선택된 각 클립들의 최고점이 모두 설정된 절댓값 dB로 조정합니다.

❶ Set Gain to/❷ Adjust Gain by(상대 값으로 dB 조정) 옵션에서 다음을 참고할 수 있습니다.

| | 50% | 100% | 200% | 400% | 800% |
|---|---|---|---|---|---|
| 전력(Power) | -3dB | 0dB | +3dB | +6dB | +9dB |
| 전압, 음압 | -6dB | 0dB | +6dB | +12dB | +18dB |
| 들리는 소리(Loudness) | -10dB | 0dB | +10dB | +20dB | +30dB |

들리는 소리 크기를 기준으로 10dB이 증가하면 두 배가 되고, 10dB이 감소하면 절반이 됩니다.

❸ Normalize Max Peak to/❹ Normalize All Peaks to(절댓값으로 dB을 조정) 옵션에서 조정할 때에는 오디오 신호가 최대 출력 한계를 넘어 왜곡되거나 신호가 유실되지 않도록 -2~-6dB 범위 안에서 설정해 주는 것이 좋습니다.

**1** · 기능 예제 ·

# 오디오 클립 음량 일괄 조정하기 1

◎ **준비 파일**: part1/chapter6/bgm01.mp3, bgm02.mp3, bgm03.mp3, sound01.mp3, sound02.mp3, sound03.mp3

01 `Ctrl`+`Alt`+`N`을 눌러 새 프로젝트를 만들고, `Ctrl`+`I`를 눌러 준비 파일 'bgm01.mp3', 'bgm02. mp3', 'bgm03.mp3', 'sound01.mp3', 'sound02.mp3', 'sound03.mp3'를 임포트합니다. [Project] 패널에서 준비 파일을 모두 Timeline으로 드래그하여 시퀀스를 생성합니다.

02 ❶ `Spacebar`를 눌러 재생하면서 각 클립들의 소리 크기를 확인하고 ❷ 1번 오디오 트랙의 마이크 버튼 오른쪽 빈 곳을 더블 클릭하여 파형을 크게 볼 수 있도록 합니다.
각 클립들의 소리 크기가 모두 다른 것을 확인할 수 있습니다.

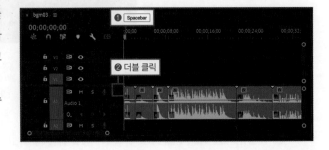

**03** [Timeline] 패널에서 `Ctrl`+`A`를 눌러 모든 클립들을 전체 선택
하고 단축키 `G`를 누릅니다.
❶ [Audio Gain] 창에서 [Normalize All Peaks to] 옵션을 선택한 후 ❷ '-5'를 입
력하고 ❸ [OK]를 클릭합니다.

**04** ❶ `Home` 을 눌러 인디케이터를 시퀀스 시
작 지점으로 이동하고 ❷ `Spacebar` 를 눌러 작업 결
과를 확인합니다. 모든 클립들의 소리가 어느 정도
일정하게 변환된 것을 확인할 수 있으며, 오디오 파
형의 크기도 유사하게 변환되었습니다.

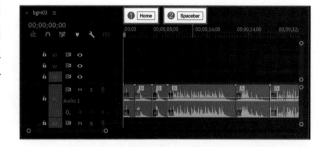

### ● 피치 조절하기

오디오 작업 시 피치(Pitch, 음의 높이)를 조절하여 비디오 클립
또는 다른 오디오 클립과 조화를 맞추어야 합니다. [Effects] 패
널에서 ❶ [Audio Effects] - ❷ [Time and Pitch] 폴더의 'Pitch
Shifter' 이펙트로 음의 높이를 조절할 수 있습니다.

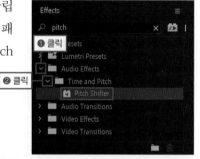

[Transpose Ratio]에서 퍼센티지로 피
치를 조절합니다.
1보다 높은 수치를 적용하면 음이 높
아지고, 1보다 낮은 수치를 적용하면
음이 낮아집니다.

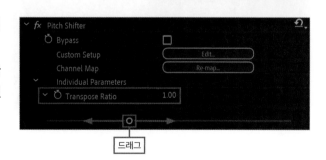

# 피치 조절하기

◎ **준비 파일**: part1/chapter6/goodday.mp3

01 Ctrl+Alt+N을 눌러 새 프로젝트를 만들고, Ctrl+I를 눌러 준비 파일 'goodday.mp3'를 임포트합니다. [Project] 패널에서 'goodday.mp3' 클립을 Timeline으로 드래그하여 시퀀스를 생성합니다.

02 Spacebar를 눌러 재생하여 성우 목소리의 현재 음의 높이를 확인합니다.
[Effects] 패널에서 ❶ [Audio Effects] – ❷ [Time and Pitch] 폴더의 ❸ 'Pitch Shifter' 이펙트를 드래그하여 Timeline의 'goodday.mp3' 클립에 적용합니다.

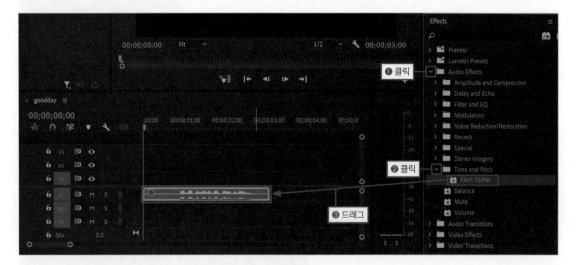

03 ❶ [Effect Controls] 패널의 ❷ 'Pitch Shifter' 효과에서 ❸ [Individual Parameters] 속성을 펼친 후 ❹ [Transpose Ratio] 속성을 펼칩니다. ❺ 'Transpose Ratio' 슬라이더를 드래그하여 '0.85'에 맞춥니다.

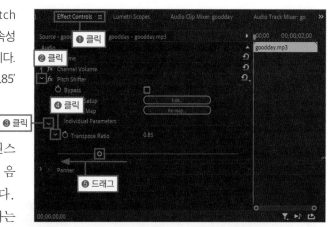

04 Home 을 눌러 인디케이터를 시퀀스 시작 지점으로 이동하고 Spacebar 를 눌러 음의 높이가 달라진 결과를 확인합니다. [Transpose Ratio]를 추가 조정하여 원하는 음의 높이를 찾습니다.

## ● 길이 조절하기

BGM의 재생 시간을 제작된 영상 시퀀스의 길이에 맞추어 조절해야 하는 경우 음악의 반복되는 구절에서 오디오 파형이 같은 지점을 찾아 편집합니다.

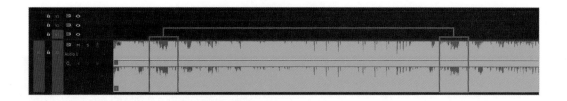

오디오 파형이 같은 두 지점에서 해당 구간을 삭제하여 길이를 줄이거나 구간이 반복되도록 편집하여 길이를 연장합니다.

직접 자르기와 붙이기로 편집하는 것이 까다로운 상황에서는 Remix 툴(🎵)의 활용을 고려해 볼 수 있습니다.
Remix 툴(🎵)를 사용하여 오디오 클립의 길이를 조절하면 오디오가 자연스럽게 연결될 수 있는 지점을 찾아 자동으로 편집이 이루어집니다.

# 오디오 클립 편집으로 BGM 시간 줄이기

◎ **준비 파일**: part1/chapter6/flying01.mp4, heart_beat.mp3
◎ **완성 파일**: part1/chapter6/waveform.mp4

01 `Ctrl`+`Alt`+`N`을 눌러 새 프로젝트를 만들고, `Ctrl`+`I`를 눌러 준비 파일 'flying01.mp4', 'heart_beat.mp3'를 임포트합니다. [Project] 패널에서 'flying01.mp4' 클립을 Timeline으로 드래그하여 시퀀스를 생성합니다.

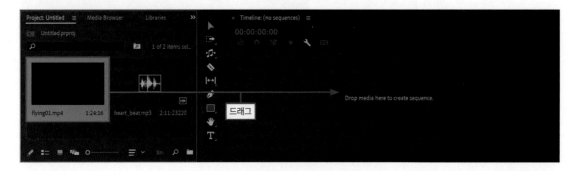

02 ❶ [Project] 패널에서 'heart_beat.mp3' 클립을 Timeline으로 드래그하여 1번 오디오 트랙에 배치하고, ❷ 1번 오디오 트랙의 마이크 버튼 오른쪽 빈 곳을 더블 클릭하여 파형을 크게 볼 수 있도록 합니다.

03 최대 피크가 너무 높으므로 낮게 조절합니다. Timeline에서 'heart_beat.mp3' 클립을 클릭하여 선택하고 단축키 `G`를 눌러 [Audio Gain] 창을 엽니다.

04 [Audio Gain] 창에서 ❶ [Normalize All Peaks to] 옵션을 선택한 후 ❷ '-5'를 입력하고 ❸ [OK]를 클릭합니다.

05 Spacebar 를 눌러 재생해 봅니다. 15초 12프레임 지점과 1분 0초 12프레임 지점에서 같은 오디오 파형을 볼 수 있고 재생되는 음악도 같은 것을 확인할 수 있습니다.

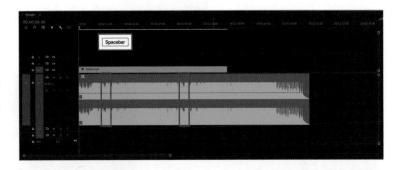

06 ❶ 인디케이터를 15초 12프레임 지점으로 이동하고 ❷ 1번 비디오 트랙의 'Toggle Track Targeting'을 해제합니다. ❸ Ctrl + K 를 눌러 오디오 클립을 자르기를 합니다.

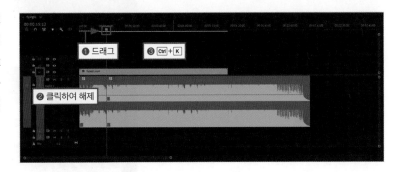

07 ❶ 인디케이터를 1분 0초 12프레임 지점으로 이동하고 ❷ Ctrl + K 를 눌러 오디오 클립을 자르기를 합니다.

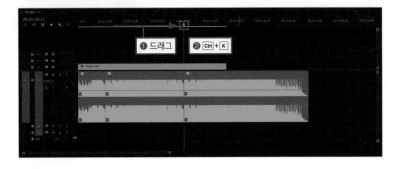

08 잘린 클립들 중 ❶ 15초 12
프레임~1분 0초 12프레임 구간에
있는 클립을 클릭하여 선택하고 ❷
Shift + Delete 를 눌러 삭제합니다.

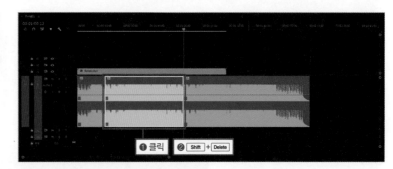

09 Home 을 눌러 인디케이터를 시퀀스
시작 지점으로 이동하고 Spacebar 를 눌러 작
업 결과를 확인합니다. 비디오 클립과 오디
오 클립의 끝 지점이 어울리도록 맞추어진
것을 확인할 수 있습니다.

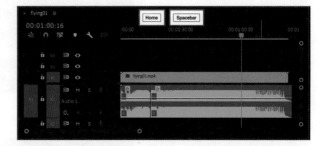

10 제작된 시퀀스를 MP4 파일로 렌더링
합니다.
❶ Quick Export(▣)를 클릭한 후 ❷ [File Name &
Location]을 클릭하고 저장 경로와 파일명을 지정
합니다. ❸ [Preset] 옵션에서 'Match Source-
Adaptive High Bitrate'를 선택하고 ❹ [Export]를
클릭하여 렌더링합니다.

# Remix 툴 사용하여 BGM 시간 줄이기

◎ **준비 파일**: part1/chapter6/paragliding.mp4, summer_pop.mp3
◎ **완성 파일**: part1/chapter6/remix.mp4

**01** Ctrl+Alt+N을 눌러 새로운 프로젝트를 생성합니다. Ctrl+I를 눌러 준비 파일 'paragliding. mp4', 'summer_pop.mp3'를 임포트합니다. [Project] 패널에서 'paragliding.mp4' 클립을 Timeline으로 드래그하여 시퀀스를 생성합니다.

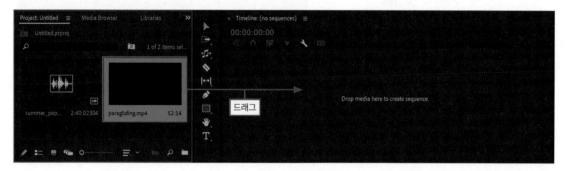

**02** ❶ [Project] 패널에서 'summer_pop.mp3' 클립을 Timeline으로 드래그하여 [오디오 트랙] 1번에 배치합니다. ❷ [오디오 트랙] 1번의 마이크 버튼 오른쪽 빈 곳을 더블클릭하여 파형을 크게 볼 수 있도록 합니다.

**03** 최대 피크가 너무 높으므로 낮게 조정합니다. Timeline에서 'summer_pop.mp3' 클립을 선택하고 G를 눌러 [Audio Gain]창을 엽니다.

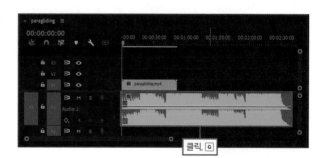

04 ❶ [Audio Gain] 설정 창에서 [Normalize All Peaks to] 옵션을 선택합니다. ❷ '-5' 수치를 입력하고 ❸ [OK]를 클릭합니다.

05 Spacebar 를 눌러 재생하여 배경음악 원곡을 확인합니다. Remix 툴(🎵)로 배경음악의 길이를 비디오 클립에 맞춰 줄입니다.
❶ 도구상자에서 Ripple Edit 툴을 길게 누릅니다. ❷ 4번째 Remix 툴(🎵)에서 마우스를 떼어 선택합니다. ❸ 'summer_pop.mp3' 클립의 오른쪽 끝부분을 드래그하여 비디오 클립과 길이를 맞춰줍니다.

06 Home 을 눌러 인디케이터를 시퀀스 시작 지점으로 이동하고 Spacebar 를 눌러 작업 결과를 확인합니다. 오디오 클립이 길이에 맞게 자동 편집된 것을 확인할 수 있습니다. 연결 지점과 박자가 자연스럽게 편집되었는지 확인합니다. 제작된 시퀀스를 MP4파일로 렌더링합니다.

❶ Quick Export(🔲)를 클릭한 후 ❷ [File name & Location]을 클릭하고 경로와 파일명을 지정합니다. ❸ [Preset] 옵션에서 [Match Source - Adaptive Hign Bitrate]를 선택합니다. ❹ [Export]를 클릭하여 렌더링합니다.

## ● 오디오 트랜지션

오디오 볼륨을 조절할 경우 점점 커지거나 점점 작아지도록 직접 키프레임을 잡지 않아도 [Effects] 패널의 [Audio Transitions]-[Crossfade] 폴더 하위의 효과를 적용하여 쉽게 연출할 수 있습니다.

❶ **Constant Gain**: 연결되는 두 오디오 클립의 증폭률을 유지하며 크로스 페이드됩니다.

❷ **Constant Power**: 연결되는 두 오디오 클립의 출력 세기를 유지하며 크로스 페이드됩니다.

❸ **Exponential Fade**: 연결되는 두 클립이 크로스되지 않고 완전히 페이드 아웃된 후 페이드 인됩니다.

---

## 5 ·기능 예제·             Fade in/out 효과 적용하기

◎ **준비 파일**: part1/chapter6/freshness.mp3, seagull.mp4
◎ **완성 파일**: part1/chapter6/fade.mp4

01 Ctrl+Alt+N을 눌러 새 프로젝트를 만들고, Ctrl+I를 눌러 준비 파일 'freshness.mp3', 'seagull. mp4'를 임포트합니다. [Project] 패널에서 'seagull.mp4' 클립을 Timeline으로 드래그하여 시퀀스를 생성합니다.

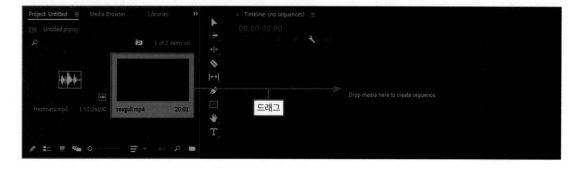

02 [Project] 패널에서 'freshness.mp3' 클립을 Timeline으로 드래그하여 1번 오디오 트랙에 배치합니다.

03 비디오 클립의 재생 시간 20초 1프레임 길이에 맞추어 오디오 클립을 자르기를 합니다.
❶ 인디케이터를 13초 0프레임 지점으로 이동하고 ❷ 'freshness.mp3' 클립을 클릭하여 선택한 후 Ctrl+K 를 눌러 클립을 자르고 ❸ Shift+Delete 를 눌러 앞부분을 삭제합니다.

04 ❶ 인디케이터를 20초 1프레임 지점으로 이동하고 ❷ 'freshness.mp3' 클립을 클릭하여 선택한 후 Ctrl+K 를 눌러 클립을 자르기를 합니다. ❸ 잘린 오른쪽 클립을 클릭하여 선택하고 Delete 를 눌러 삭제합니다.

05 [Effects] 패널의 ❶ [Audio Transitions] – ❷ [Crossfade] 폴더 하위의 ❸ 'Exponential Fade' 효과를 드래그하여 'freshness.mp3' 클립의 앞뒤 부분에 적용합니다.

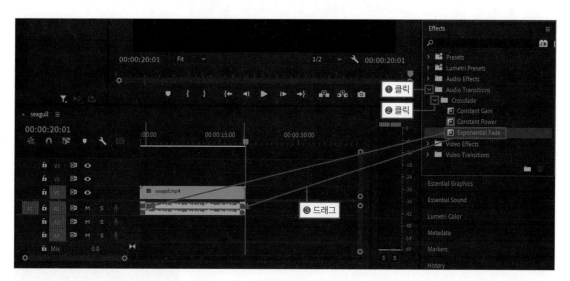

06 [Home]을 눌러 인디케이터를 시퀀스 시작 지점으로 이동하고 [Spacebar]를 눌러 Fade 효과가 적용된 작업 결과를 확인합니다. 제작된 시퀀스를 MP4 파일로 렌더링합니다.

❶ Quick Export(🗗)를 클릭한 후 ❷ [File Name & Location]을 클릭하고 저장 경로와 파일명을 지정합니다. ❸ [Preset] 옵션에서 'Match Source-Adaptive High Bitrate'를 선택하고 ❹ [Export]를 클릭하여 렌더링합니다.

# Essential Sound 패널

[Essential Sound] 패널에 대해 배워봅니다.

LESSON

앞서 살펴본 다양한 오디오 편집 방법은 정교하며 의도한 바와 일치하게 편집할 수 있지만, 오랜 작업 시간이 필요합니다. [Essential Sound] 패널을 활용하여 오디오 클립을 편집하면 퀄리티 높은 작업을 보다 쉽고 빠르게 수행할 수 있습니다.

[Essential Sound] 패널에서는 편집하기 전에 네 가지 오디오 클립의 유형 중 하나를 선택하게 됩니다.

❶ **Dialogue**: 출연자의 대사
❷ **Music**: 음악
❸ **SFX**: 효과음
❹ **Ambience**: 환경음

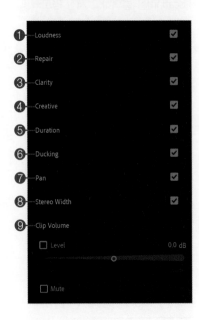

오디오 클립의 유형을 선택하면 유형에 따라 각기 다른 하위 옵션을 설정할 수 있습니다. 하위 옵션들은 다음과 같습니다.

❶ **Loudness**: 자동 매칭으로 소리의 크기를 표준화합니다.
❷ **Repair**: 오디오 잡음을 제거합니다.
❸ **Clarity**: 오디오 선명도 또는 이퀄라이저를 적용합니다.
❹ **Creative**: 프리셋을 적용합니다.
❺ **Duration**: 오디오 클립의 속도 및 길이를 조절합니다.
❻ **Ducking**: 대사 또는 내레이션이 진행되는 동안 배경 음악의 볼륨을 낮춥니다.
❼ **Pan**: 오디오 클립의 좌우 패닝을 조절합니다.
❽ **Stereo Width**: 스테레오 효과를 조절합니다.
❾ **Clip Volume**: 클립의 볼륨을 조절합니다.

◎ **준비 파일**: part1/chapter6/bgm01.mp3, bgm02.mp3, bgm03.mp3, sound01.mp3, sound02.mp3, sound03.mp3

01 　Ctrl+Alt+N 을 눌러 새 프로젝트를 만들고, Ctrl+I 를 눌러 준비 파일 'bgm01.mp3', 'bgm02. mp3', 'bgm03.mp3', 'sound01.mp3', 'sound02.mp3', 'sound03.mp3'를 임포트합니다. [Project] 패널에서 임포트된 모든 클립들을 Timeline으로 드래그하여 시퀀스를 생성합니다.

02 　❶ 1번 오디오 트랙의 마이크 버튼 오른쪽 빈 곳을 더블 클릭하여 파형을 크게 볼 수 있도록 하고 ❷ Spacebar 를 눌러 클립들의 소리 크기를 확 인합니다. 오디오 파형의 높낮이 차이가 눈에 띄며, 들리는 소리의 크기도 다른 것이 확인됩니다.

03 　❶ Ctrl+A 를 눌러 Timeline의 오디오 클립들을 전체 선택하고 ❷ [Essential Sound] 패널에서 오디오 유형을 'Music'으로 선택합니다.

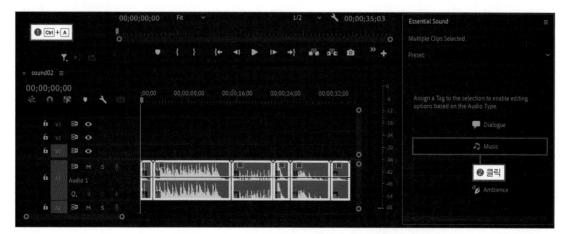

04 ❶ 설정 옵션 중 'Loudness'를 클릭하여 설정 메뉴를 펼치고 ❷ [Auto-Match]를 클릭합니다.

05 ❶, ❷ Home 을 눌러 인디케이터를 시퀀스 시작 지점으로 이동하고 ❸ Spacebar 를 눌러 작업 결과를 확인합니다. 모든 오디오 클립들의 소리 크기가 균일해졌습니다. 하지만, 아직 약간 작게 들리기 때문에 표준화 작업이 필요합니다.

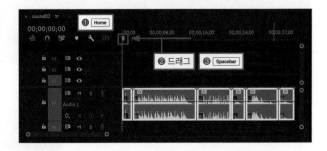

06 ❶ 단축키 G 를 눌러 [Audio Gain] 창에서 ❷ 'Adjust Gain by'를 선택하고 ❸ '4dB'을 입력한 후 ❹ [OK]를 클릭합니다.

T·I·P Home 을 눌러 인디케이터를 시퀀스 시작 지점으로 이동하고 Spacebar 를 눌러 작업 결과를 확인합니다.

◎ **준비 파일**: part1/chapter6/appreciate.mp3

01   Ctrl + Alt + N 을 눌러 새 프로젝트를 만들고, Ctrl + I 를 눌러 준비 파일 'appreciate.mp3'를 임포트합니다. [Project] 패널에서 'appreciate.mp3' 클립을 Timeline으로 드래그하여 시퀀스를 생성합니다.

02   Spacebar 를 눌러 재생하여 소리의 음의 높이와 속도를 확인합니다. 속도를 약간 빠르게 조정할 필요가 있습니다.

❶ Timeline의 'appreciate.mp3' 클립을 클릭하여 선택하고 ❷ [Essential Sound] 패널에서 오디오 유형을 'Music'으로 선택합니다(오디오 유형이 맞지 않지만, Duration 기능을 이용하기 위해 'Music'을 선택합니다).

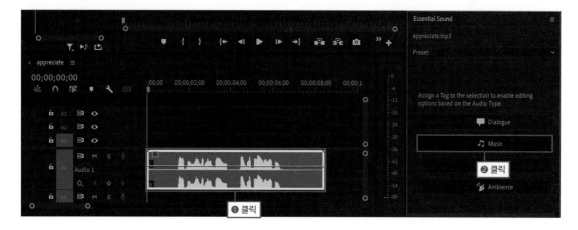

03 ❶ 설정 옵션 중 'Duration'을 클릭하여 설정 메뉴를 펼치고 ❷ 체크 박스에 체크하여 기능을 활성화합니다. ❸ 'Stretch'를 클릭하고 ❹ Duration에 길이를 '6초 0프레임'으로 입력합니다.

T·I·P Home을 눌러 인디케이터를 시퀀스 시작 지점으로 이동하고 Spacebar를 눌러 작업 결과를 확인합니다. 스트레치되어 속도와 길이가 달라졌지만, 음의 높이가 일정하게 유지되고 있는 것을 확인할 수 있습니다.

T·I·P 타임라인 패널에서 단축키 ~를 눌러 전체화면으로 작업하면 오디오 파형을 더 크게 확인할 수 있습니다.

PART

2

# 애프터 이펙트 배우기

AFTER EFFECTS

# 애프터 이펙트
# 기본 익히기

애프터 이펙트의 기본 기능에 대해 알아봅니다.

# 애프터 이펙트 시작 전에 알아두기

애프터 이펙트 시작 전에 알아둘 내용을 살펴봅니다.

## ● 키(Key)와 알파(Alpha) 채널

영상 제작 시 사용되는 이미지나 영상 소스의 모양이 직사각형이 아니거나 영상의 일부 영역에만 형태가 있는 경우 해당 소스 레이어에 투명한 영역이 생기게 됩니다.

키(Key) 작업을 통해 영상을 분리하거나 부분적으로 삭제하여 투명하게 활용할 수도 있고, 알파 채널을 통해 투명한 영역을 담고 있는 소스를 불러올 수도 있습니다. 애프터 이펙트에서 영상을 제작할 때는 이와 같은 유형의 작업이 자주 이루어집니다.

알파 채널(투명 영역)이 포함된 비디오 소스

### 1) 키잉 또는 키 작업(Keying)

영상 제작에서 키잉(Keying)이란 영상 합성 작업 중 하나로 특정 영역을 삭제하여 투명하게 만들거나 영상의 배경과 오브젝트를 분리하는 작업을 말합니다.

키잉의 목적은 배경을 수정하거나 새로운 배경을 삽입하여 대체하는 것과 오브젝트 요소에 효과를 적용하거나 애니메이션 적용을 통해 변화를 주는 데 있습니다. 일반적으로 키 작업을 위해 다음과 같은 방법들이 자주 사용됩니다.

### 스크린 키

그린 스크린이나 블루 스크린 등 단색으로 된 특수 배경을 사용하여 영상을 촬영한 후 영상에서 Key 컬러 설정을 통해 배경을 투명으로 처리하는 작업입니다.

스크린 색상을 활용한 키잉

### 마스크

영역을 선택하는 마스크 도구를 이용하여 선택된 영역을 남겨두고 나머지 부분을 투명 배경으로 처리하는 작업입니다.

마스크 영역을 활용한 키잉

### 알파 매트

알파 채널을 가지고 있는 매트 소스의 불투명도 정보를 활용하여 매트 소스와 같은 영역에 투명 배경을 처리하는 작업입니다.

매트 레이어의 알파 채널을 활용한 키잉

**루마 매트**

매트 소스가 가지고 있는 밝기 정보를 기반으로 어두운 영역을 배경으로 인식하여 투명 처리하는
작업입니다.

매트 레이어의 밝기 정보를 활용한 키잉

### 2) 알파 채널

영상 파일에서는 일반적으로 파일의 포맷과 작업 방식에 따라 RGB 채널을 사용하는 경우와
RGBA 채널을 사용하는 경우가 있습니다. RGB 채널을 사용하는 경우에는 각각 R: 빨강, G: 초록,
B: 파랑의 색상 채널을 나타내고, RGBA 채널을 사용하는 경우에는 A: 알파 채널에서 픽셀의 투명
도에 대한 정보를 저장할 수 있습니다.

알파 채널은 영상의 투명한 부분이 어디인지에 대한 정보와 어느 만큼 투명한지 투명도에 대한 정
보를 담고 있는 특수 채널입니다. 알파 채널에는 영상을 구성하는 각각의 픽셀들이 가지고 있는 투
명도 값이 저장되어 있습니다. 하지만, 동영상 파일의 경우에는 알파 채널이 가지고 있는 정보가
계속 변화할 수 있으므로 영상이 재생되는 동안 투명한 영역과 투명도가 계속 달라질 수 있습니다.

비디오를 구성하는 RGBA 채널

알파 채널은 창의적이고 흥미로운 시각적 효과를 내기 위해 필수적인 요소로 알파 채널을 포함하고 있는 영상 소스는 이를 이용하여 다른 영상과 합성하거나 다른 영상 소스를 위한 매트 소스로 활용하는 데 매우 용이합니다.

자주 활용되는 파일 포맷 중 영상 파일인 MP4 포맷과 그림 파일인 JPG 포맷은 알파 채널을 저장할 수 없으므로 동영상 제작 시 알파 채널을 활용하기 위해서는 이미지 소스는 PNG를 사용하고, 동영상 소스는 MOV 또는 PNG 시퀀스를 사용하는 것이 일반적입니다.

| 포맷 | 알파 채널 지원 여부 | 파일 유형 |
| --- | --- | --- |
| JPEG | 지원 안 함 | 이미지 |
| PNG | 지원 | 이미지 |
| TIFF | 지원 | 이미지 |
| BMP | 지원 안 함 | 이미지 |
| WebP | 지원 | 이미지 |
| AVI | 지원 | 동영상 |
| MP4 | 지원 안 함 | 동영상 |
| MOV | 지원 | 동영상 |
| WebM | 지원 | 동영상 |
| MKV | 지원 안 함 | 동영상 |

주요 그림 및 동영상 포맷과 알파 채널 지원 여부


## ● 그래프와 애니메이션

애니메이션 작업을 위해 키프레임을 생성하면 기본적으로 모션이 시작되는 지점과 끝나는 지점 사이에서 2개 이상의 키프레임이 생성됩니다.
키프레임이 생성되면 시작 지점 A와 끝 지점 B 사이의 모션을 그래프로 표현할 수 있는데 애프터 이펙트에서는 이 그래프를 컨트롤하여 모션을 더 자연스럽게 연출할 수 있습니다. 모션을 나타내는 그래프에는 Speed 그래프와 Value 그래프가 있습니다.

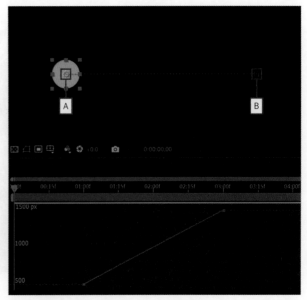

Position 키프레임과 그래프

### 1) Value 그래프

Value 그래프는 모션이 시작되는 A지점과 끝나는 B지점 사이에서 변화하는 속성의 수치를 그래프로 나타낸 것입니다. 예를 들어, 왼쪽에서 오른쪽으로 이동하는 오브젝트의 Position X의 속성값이 어떻게 변화하는지 그림과 같이 표현할 수 있습니다.

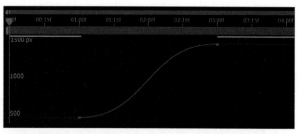

Value 그래프

### 2) Speed 그래프

Speed 그래프는 모션이 시작되는 A지점과 끝나는 B지점 사이에서 속성 수치가 변화하는 속도를 그래프로 나타낸 것입니다. 예를 들어, 왼쪽에서 오른쪽으로 이동하는 오브젝트의 Position X의 속성값의 프레임마다 변화하는 속도를 그림과 같이 표현할 수 있습니다.

Speed 그래프

### 3) 등속도 모션

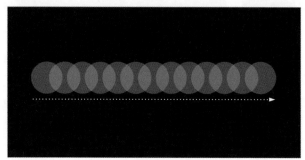

등속도 키프레임 오브젝트의 움직임

만일 움직이는 오브젝트가 시작 지점부터 끝 지점까지 같은 속도로 움직인다면 그래프는 그림과 같이 표현됩니다.

등속도 모션의 Value 그래프

등속도 모션의 Speed 그래프

수치의 변화량이 일정하다면 Value 그래프는 직선으로 표현되고, Speed 그래프는 모션의 시작 지점과 끝 지점에서 순간적으로 속도가 달라집니다. 이러한 형태의 그래프 모양을 참고하여 애니메이션 키프레임 작업 시 적용하면 등속도 운동 모션을 만들 수 있습니다.

### 4) 가속 및 감속 모션

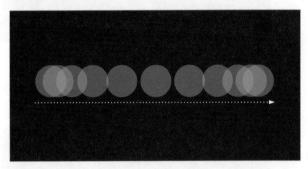

가속 및 감속 키프레임 오브젝트의 움직임

만일 움직이는 오브젝트의 속도가 시작 지점에서 점점 증가하고 끝 지점에서 서서히 줄어든다면 그래프는 그림과 같이 표현됩니다.

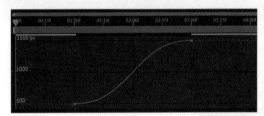

가속 및 감속 모션의 Value 그래프

가속 및 감속 모션의 Speed 그래프

수치의 변화량이 매 프레임마다 다르기 때문에 Value 그래프는 곡선으로 표현되고, Speed 그래프는 속도 0에서 증가하였다가 다시 감소하여 0이 되기 때문에 봉우리 모양으로 표현됩니다. 이러한 형태의 그래프 모양을 참고하여 애니메이션 키프레임 작업 시 적용하면 가속 및 감속 운동 모션을 제작할 때 더 자연스럽게 표현할 수 있습니다.

### 5) 직선 및 곡선 모션

그래프를 이용하여 속도뿐만 아니라 경로에도 변화를 줄 수 있습니다. 경로 A-B-C로 이동하는 오브젝트의 상하 좌표, 즉 [Position Y] 속성을 예로 들어 보겠습니다.

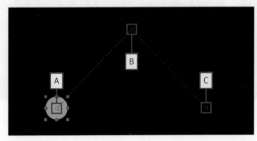

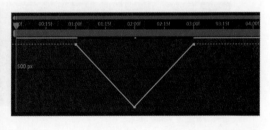

오브젝트의 직선 이동과 Value 그래프

오브젝트가 A-B-C지점을 직선으로 이동하면 [Position Y] 속성의 그래프 모양도 직선으로 표현됩니다.

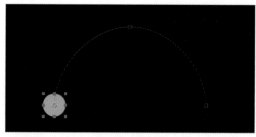 

오브젝트의 곡선 이동과 Value 그래프

오브젝트가 A-B-C지점을 곡선으로 이동하면 [Position Y] 속성의 그래프 모양도 곡선으로 표현됩니다.

위 두 그래프의 모양을 참고하여 애니메이션 키프레임 작업 시 적용하면 직선 및 곡선 운동 모션을 제작할 때 더 자연스럽게 표현할 수 있습니다.

이와 같이 등속도 모션, 가속 및 감속 모션이나 직선 및 곡선 모션 표현 외에도 예비 및 후속 동작이나 관성 표현 등 그래프를 컨트롤하는 과정은 시청자의 시선 유도를 위해 모션을 과장하거나 더 사실적이고 자연스러운 표현을 위한 필수적인 과정이라고 할 수 있습니다.

## ● 애프터 이펙트 프로젝트 구성

애프터 이펙트의 프로젝트는 '컴포지션-레이어-이펙트'로 구성되어 있습니다.

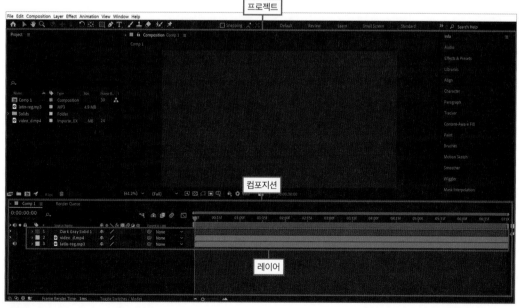

애프터 이펙트 인터페이스와 프로젝트 구성

프로젝트를 구성하는 기본 단위는 '컴포지션(Composition)'입니다. 컴포지션은 비디오, 오디오, 이미지 등의 미디어 소스를 시간 순서에 따라 배치하여 타임라인을 구성하거나 구도에 맞추어 화면을 구성하는 핵심적인 요소입니다. 컴포지션은 다수의 레이어를 포함할 수 있으며, 컴포지션이 다른 컴포지션 구성을 위한 소스로 활용될 수도 있습니다.

각 컴포지션은 하나 이상의 '레이어(Layer)'로 구성됩니다. 영상을 구성하는 모든 텍스트, 이미지, 비디오, 오디오 요소들은 레이어 형태로 배치되며, 각 레이어는 독립적으로 편집되고 키프레임 애니메이션이 적용될 수 있습니다. 레이어는 타임라인에서 시간 순서나 위 또는 아래 우선순위에 따라 배치되며, 각 레이어에는 다수의 애니메이션 키프레임과 이펙트가 적용될 수 있습니다.

애프터 이펙트에서 다루는 이펙트는 각각의 비디오 및 오디소 소스 레이어에 개별적으로 적용되고, 다양한 이펙트 적용을 통해 보정, 왜곡, 추적, 필터링 적용에서부터 애니메이션 효과 생성 및 다른 레이어 또는 배경과 합성 작업을 할 수 있으며, 비주얼 및 오디오 이펙트와 특수 효과를 표현할 수 있습니다.

# 화면 구성 살펴보기

화면 구성을 살펴보고 워크스페이스 설정을 통해 작업하기에 편리한 환경을 만들어 봅니다.

LESSON

## ● 홈(Home) 화면

애프터 이펙트 프로그램을 실행하면 첫 화면으로 나오는 'Home' 화면입니다.

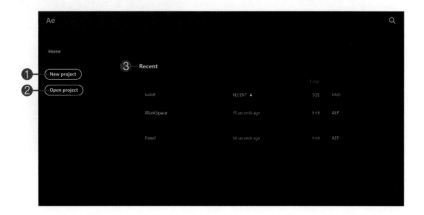

❶ 새로운 프로젝트 만들기

❷ 기존 프로젝트 열기

❸ 최근 작업 프로젝트 열기

## ● 워크스페이스 변경 및 저장하기

상단 메뉴 [Window]-[Workspace] 하위에서 다양한 작업 용도에 맞게 사전 설정된 워크스페이스를 선택할 수 있습니다.

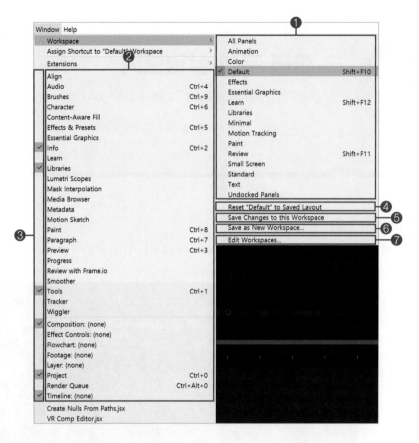

❶ 선택할 수 있는 워크스페이스 목록

❷ 열 수 있는 모든 패널 목록

❸ 현재 워크스페이스에서 열려 있는 패널 표시

❹ 저장된 워크스페이스로 초기화하기

❺ 변경된 워크스페이스 저장하기

❻ 변경된 워크스페이스를 새 이름으로 저장하기

❼ 상단 바의 빠른 선택 워크스페이스 변경하기

모든 패널을 열어둔 상태에서는 패널을 펼칠 공간이 부족하므로 [Default] 워크스페이스를 선택하여 필수적인 패널만 열어두고 상황에 따라 필요한 패널을 추가적으로 열어서 사용하는 것이 바람직합니다.

# 패널 추가/제외하고 워크스페이스 저장하기

사전 설정된 워크스페이스에서 패널을 추가 및 삭제한 후 새 워크스페이스로 저장해 보겠습니다.

◎ **준비 파일**: part2/chapter1/excavator(step1).aep
◎ **완성 파일**: part2/chapter1/excavator(step2).aep

01　단축키 Ctrl+Alt+N을 눌러 새로운 프로젝트를 생성한 후 상단 메뉴 ❶ [Window] - ❷ [Workspace] - ❸ [Default]를 클릭하여 선택합니다.

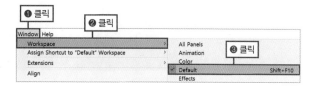

02　상단 메뉴 [Window]-[Workspace]-[Reset "Default" to Saved Layout]을 클릭하여 초기 상태로 세팅합니다.

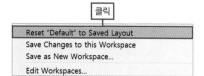

03　오른쪽 패널 모음들 중에서 ❶ [Content-Aware Fill] 패널의 ☰을 클릭하고 ❷ 팝업 메뉴에서 [Close Panel]을 클릭하여 닫습니다.

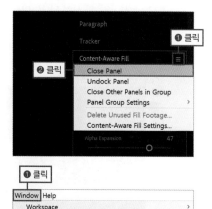

04　상단 메뉴 ❶ [Window] - ❷ [Align]을 클릭하여 선택하고 패널을 추가하면 오른쪽 패널 모음에 추가됩니다.

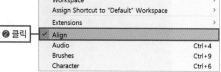

05　상단 메뉴 [Window]-[Workspace]-[Save as New Workspace]를 클릭하여 선택합니다.

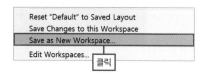

06　[New Workspace] 창에서 ❶ 새로운 워크스페이스 이름을 입력하고 ❷ [OK]를 클릭합니다.

07 상단 메뉴 [Window]-[Workspace]에 새로 설정한 워크스페이스가 등록되었습니다.

**NOTE**       **공간이 부족하여 패널 탭이 보이지 않는 경우**

패널 그룹에서 오른쪽 (≫)을 클릭하면 표시되지 않은 패널들을 확인할 수 있습니다.

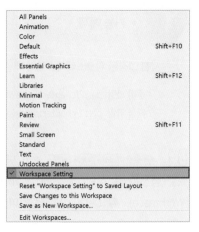

## ● 패널 살펴보기

주요 패널들의 배치와 기능을 살펴보도록 하겠습니다.

◎ **준비 파일**: part2/chapter1/panel.aep

모든 패널을 활성화하기 위해 프로젝트를 열겠습니다. 단축키 Ctrl+O를 눌러 준비 파일 'panel. aep'를 불러옵니다.

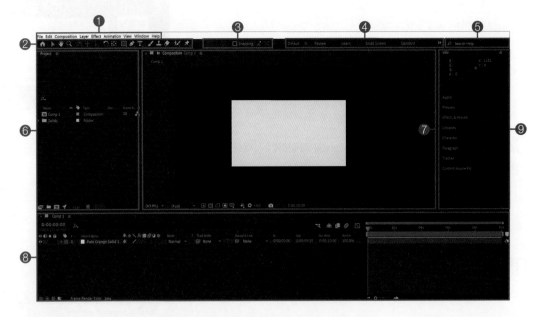

❶ **Menu Bar**: 메뉴 바는 프로젝트 저장 및 불러오기, 구성 요소 생성 등과 패널 설정 및 워크스페이스 관련 기능을 제공합니다.

❷ **Tool Bar**: 프로그램에서 사용할 수 있는 모든 도구가 표시됩니다.

❸ **Tool 및 레이어 옵션**: 선택된 도구와 레이어의 옵션을 설정합니다.

❹ **워크스페이스 전환**: 빠른 워크스페이스 전환 기능입니다.

    

❺ **도움말 검색 기능**: 검색을 통해 Adobe 공식 Help 사이트에서 도움을 받을 수 있습니다.

❻ **[Project] 패널**: Composition(컴포지션) 구성을 위한 비디오, 오디오, 이미지 등의 파일을 불러오거나 관리하는 작업 공간입니다. 이곳에서 파일을 선택하여 Timeline으로 옮겨와 작업을 수행합니다.

❼ **[Composition] 패널**: 사용자가 현재 작업 중인 Composition의 작업 결과를 실시간으로 보여주는 화면입니다. 이곳에서는 미리보기를 보며 작업하고 Composition의 구도와 레이어의 크기, 위치 등을 조작합니다.

❽ **[Timeline] 패널**: Composition에서 활용되는 비디오 및 오디오 소스들을 레이어로 관리하며 시간 순서에 따라 배치하고 속성 변경이나 키프레임 적용 등의 작업이 이루어지는 공간입니다.

❾ **패널 모음**: 레이어를 보정하고 효과를 적용하며 합성, 그리기, 트래킹 등 여러 가지 기능을 활용하기 위한 패널들이 모여 있습니다.

## 1) Tool Bar

❶ **Selection Tool(V)**: 레이어 및 요소를 선택하는 도구입니다.

❷ **Hand Tool(H)**: 작업 화면을 이동하는 도구입니다.

❸ **Zoom Tool(Z)**: 작업 화면을 확대 및 축소하는 도구입니다.

❹ **Orbit Around Cursor Tool**: 카메라 회전 도구입니다.

❺ **Pan Under Cursor Tool**: 카메라 이동 도구입니다.

❻ **Dolly Towards Cursor Tool**: 카메라 확대 및 축소 도구입니다.

❼ **Rotation Tool**: 레이어 회전 도구입니다.

❽ **Pan Behind Tool(Y)**: 레이어의 기준점을 이동하는 도구입니다.

❾ **Shape Tool(Q)**: 셰이프(도형)를 생성하는 도구입니다.

❿ **Pen Tool(G)**: 베지어 셰이프(도형), 마스크 및 경로를 생성하는 도구입니다.

⓫ **Type Tool**: 텍스트를 입력하고 편집하는 도구입니다.

⓬ **Brush Tool**: 페인팅 및 그림 그리기 도구입니다.

⓭ **Clone Stamp Tool**: 특정 영역을 복제하여 다른 영역에 적용하는 도구입니다.

⓮ **Eraser Tool**: 레이어의 특정 영역을 삭제하는 도구입니다.

⓯ **Roto Brush Tool**: 영상에서 움직이는 대상을 추출하는 도구입니다.

⓰ **Puppet Pin Tool**: 이미지나 도형의 일부를 움직이게 만드는 도구입니다.

## 2) [Project] 패널

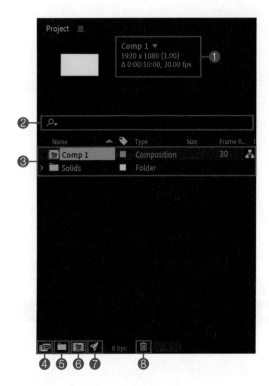

❶ 선택된 소스의 해상도, FPS, 길이 등의 정보를 표시합니다.

❷ Import된 소스들을 검색하는 기능입니다.

❸ 프로젝트에서 사용이 가능한 소스 목록을 표시합니다.

❹ **Interpret Footage**: 소스의 알파 채널, FPS, 타임코드 등을 설정합니다.

❺ **Create a New Folder**: 소스 폴더를 생성합니다.

❻ **Create a New Composition**: 새 Composition을 생성합니다.

❼ **Project Setting**: 프로젝트의 Render 가속 모드, 컬러 채널, 오디오 샘플링 등을 설정합니다.

❽ **Delete**: 선택된 소스를 삭제합니다.

## 3) [Composition] 패널

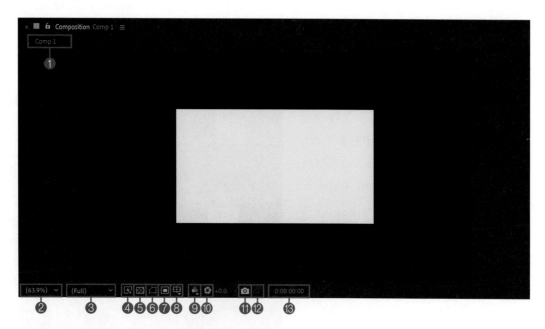

❶ 현재 작업 중인 Composition 이름이 표시됩니다.

❷ **Magnification Ratio**: Composition 작업 화면의 확대 및 축소 비율을 조절할 수 있습니다.

❸ **Resolution**: Composition 미리보기 해상도를 설정합니다.

❹ **Fast Preview**: 빠른 미리보기 기능을 설정합니다.

❺ **Transparency Grid**: 투명한 영역의 표현을 Composition 배경색과 체크 무늬 중 선택합니다.

❻ **Mask and Shape Path**: 패스와 마스크 표현 여부를 선택합니다.

❼ **Region of Interest**: 관심 영역을 설정하고 해당 영역만을 미리보기 합니다.

❽ **Grid and Guide Option**: 그리드 또는 가이드를 사용하여 정렬 또는 배치를 도와줍니다.

❾ **Show Channel**: 표시할 채널을 선택할 수 있습니다.

❿ **Exposure**: 노출을 조정하는 버튼으로 Composition의 밝기와 대비를 조절할 수 있습니다.

⓫ **Take Snapshot**: 현재 Composition의 이미지를 스냅샷으로 저장합니다.

⓬ **Show Snapshot**: 저장된 스냅샷을 표시합니다.

⓭ **Preview Time**: 타임코드를 입력하여 탐색 시점을 이동합니다.

◎ **준비 파일**: part2/chapter1/dawn.mp4

**01** 단축키 Ctrl+Alt+N 을 눌러 새로운 프로젝트를 생성한 후 Ctrl+I 를 눌러 준비 파일 'dawn.mp4'를 임포트합니다. [Project] 패널에서 'dawn.mp4'를 Composition 생성 아이콘(▣)으로 드래그하여 소스와 동일한 포맷의 Composition을 생성합니다.

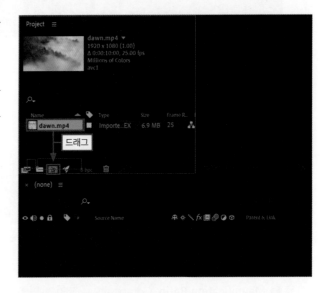

**02** [Composition] 패널에서 ❶ Magnification Ratio를 클릭하여 ❷ '200% 이상'으로 확대합니다.

**03** [Composition] 패널 위에서 마우스 휠을 상하좌우로 움직여 Composition을 이동하며 영상을 확인할 수 있습니다.

04 [Composition] 패널 위에 커서를 올려놓고 마우스 휠을 위나 아래로 움직여 '50% 이하'의 배율로 축소합니다.

05 [Composition] 패널에서 ❶ Magnification Ratio를 ❷ 'Fit'으로 설정하면 [Composition] 패널에 맞추어 영상의 크기가 조절됩니다.

T·I·P 단축키 Shift + / 를 누르면 [Composition] 패널에 맞추어 'Fit'으로 설정됩니다.

## 4) [Timeline] 패널

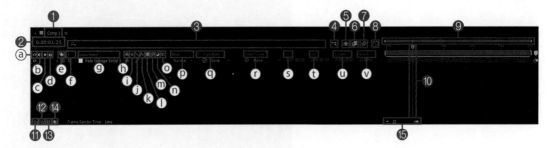

❶ 현재 작업 중인 Composition 이름이 표시됩니다.

❷ 현재 인디케이터 시점을 표시하고 Timecode 입력으로 시점을 이동합니다.

❸ 레이어를 검색합니다.

❹ Composition 트리 구조를 표시합니다.

❺ Shy 기능을 활성화합니다.

❻ Frame Blending 기능을 활성화합니다.

❼ Motion Blur 기능을 활성화합니다.

❽ Graph Editor 모드로 전환됩니다.

❾ **Timeline Ruler**: 탐색 중인 지점을 확인하고 소스의 길이를 측정할 수 있는 시간 표시 영역입니다.

❿ **CT Indicator**: 현재 시점을 나타내는 플레이헤드의 역할을 하며 인디케이터라고 불립니다.

⓫ **Layer Switches Pane**: 레이어 스위치 버튼과 속성 수치 입력창의 On/Off 기능입니다. 항상 On 상태로 두는 것이 좋습니다.

⓬ **Transfer Controls Pane**: 블렌딩 모드와 매트 설정창의 On/Off 기능입니다. 평소 Off 상태로 두어도 무관합니다.

⓭ **Duration/Stretch Pane**: 길이와 속도 조절창의 On/Off 기능입니다. 평소 Off 상태로 두어도 무관합니다.

⓮ **Render Time Pane**: 각 레이어의 현재 프레임 렌더 시간창의 On/Off 기능입니다. 평소 Off 상태로 두어도 무관합니다.

⓯ **Zoom Level**: Timeline의 확대 및 축소 수준을 조정합니다.


ⓐ Video Hide: 비디오 레이어를 보이지 않도록 숨깁니다.

ⓑ Audio Mute: 오디오 레이어를 음소거합니다.

ⓒ Solo: 솔로 설정된 레이어 외 나머지를 감추거나 음소거합니다.

ⓓ Lock: 레이어를 잠급니다. 선택이나 수정이 되지 않습니다.

ⓔ Label: 레이어를 식별하는 색상을 선택 및 표시합니다.

ⓕ #: 레이어 순서를 표시합니다.

ⓖ Source/Layer Name: 소스 또는 레이어 이름을 표시합니다.

ⓗ Shy: 레이어를 Timeline에서 감추는 기능입니다. 너무 많은 레이어가 있을 때 작업을 더 효율적으로 관리할 수 있습니다.

ⓘ Collapse/Rasterize: 레이어를 픽셀화하는 기능입니다.

ⓙ Quality and Sampling: 미리보기에서 소스 품질과 이미지 샘플링 방식을 조정할 수 있습니다.

ⓚ Effect: 레이어에 적용된 모든 이펙트를 On/Off하는 기능입니다.

ⓛ Frame Blending: 프레임 드롭이 있을 경우 중간 프레임을 자동으로 생성하여 부드러운 전환을 만들어 주는 기능입니다.

ⓜ Motion Blur: 키프레임이 적용되어 움직이는 오브젝트에 모션 블러를 적용합니다.

ⓝ Adjustment Layer: 하위 레이어에 영향을 미치는 조정 레이어를 추가할 수 있습니다.

ⓞ 3D Layer: 3D 오브젝트로 변환합니다.

ⓟ Blending Mode: 레이어 간의 합성 모드를 변경하여 다양한 시각적 효과를 낼 수 있는 블렌딩 모드를 설정합니다.

ⓠ Track Matte: 다른 레이어의 알파 채널 또는 밝기를 이용하여 레이어를 가리거나 표시할 수 있습니다.

ⓡ Parent&Link: 부모나 자녀 레이어 설정을 통해 레이어 간의 계층 구조를 만들거나 서로 연결할 수 있습니다.

ⓢ In: 레이어의 시작 포인트를 조정할 수 있습니다.

ⓣ Out: 레이어의 종료 포인트를 조정할 수 있습니다.

ⓤ Duration: 레이어의 재생 시간을 조정할 수 있습니다.

ⓥ Stretch: 레이어의 재생 속도를 조정할 수 있습니다.

**01** 단축키 Ctrl+Alt+N을 눌러 새로운 프로젝트를 생성한 후 Ctrl+N을 눌러 새로운 Composition을 생성합니다. Composition 설정은 변경하지 않고 [OK]를 클릭합니다.

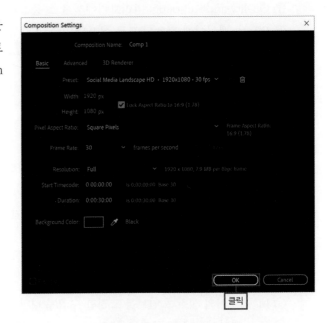

**02** ❶ 단축키 Ctrl+Y를 눌러 단색 레이어를 생성합니다. ❷ Solid 레이어 설정은 변경하지 않고 [OK]를 클릭합니다.

03 Timeline에서 생성된 Solid 레이어를 클릭하여 선택하고 단축키 [Ctrl]+[D]를 눌러 레이어를 15개 이상 복제합니다.

04 Timeline 위에서 마우스 휠을 위나 아래 방향으로 움직여 Timeline 작업 화면을 이동할 수 있습니다. 아래쪽으로 화면을 내리고 복제된 레이어 수를 확인합니다.

05 키보드의 [+] 또는 [-]를 눌러 Timeline을 확대 또는 축소할 수 있습니다. [+]를 두세 번 눌러 확대합니다.
❶ 확대된 Timeline에서 마우스 휠을 상하좌우로 움직이면 Timeline 작업 화면을 이동할 수 있습니다. ❷[Timeline] 패널의 좌우 스크롤 바와 ❸ 상하 스크롤 바를 드래그하여 이동할 수도 있습니다.

**T·I·P** Timeline 아래의 ▬▬◦▬▬⚠에서도 슬라이드를 조절하여 확대 또는 축소할 수 있습니다.

◎ **준비 파일**: part2/chapter1/background.mp4, title.mov

**01** 단축키 Ctrl + Alt + N 을 눌러 새로운 프로젝트를 생성한 후 Ctrl + I 를 눌러 준비 파일 'background.mp4', 'title.mov'를 임포트 합니다. [Project] 패널에서 'background. mp4'를 Composition 생성 아이콘(📷)으로 드래그하여 소스와 동일한 포맷의 Composition을 생성합니다.

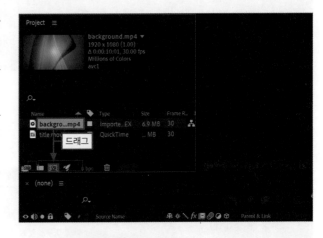

**02** [Project] 패널에서 ❶, ❷ 'title.mov'를 Timeline으로 드래그하여 배치합니다.

**03** 두 레이어의 라벨 색상을 변경해 봅 니다.
Timeline에서 ❶ 'title.mov' 레이어의 라벨을 클릭 하고 팝업 메뉴에서 ❷ 다른 색상을 클릭합니다.

# 04 title.mov 레이어의 이름을 변경해 봅니다.

❶ 'title.mov' 레이어를 클릭하여 선택하고 키보드 가운데의 `Enter`를 누릅니다. ❷ 새 레이어 이름을 입력하고 다시 한 번 키보드 가운데의 `Enter`를 누릅니다.

**T·I·P** 넘버패드 옆의 `Enter`는 이름 변경을 할 수 없으며, 이는 다른 기능입니다.

# 05 background.mp4 레이어의 Lock(🔒)을 클릭하여 레이어를 잠급니다. Lock 설정된 레이어는 선택할 수 없습니다.

# 06 background.mp4 레이어를 Timeline에서 보이지 않도록 감추어 봅니다.

❶ 'background.mp4' 레이어의 Shy(▲)를 클릭합니다. ❷ Hide Shy(▲)를 클릭하여 Shy 설정된 레이어를 감춥니다.

**T·I·P** 다시 Hide Shy(▲)를 클릭하면 감추어진 레이어들이 나타납니다.

# 프로젝트 생성하기

애프터 이펙트 프로젝트 시작을 위한 Composition 생성, 소스 불러오기 및 배치하기, 영상 재생 및 확인하기를 배워봅니다.

LESSON

## ● Composition(컴포지션) 설정

상단 메뉴 [Composition]-[New Composition]을 클릭하거나 단축키 Ctrl+N 을 누르면 새 Composition 을 생성할 수 있습니다. 현재 작업 중인 Composition 설정을 변경하려면 [Composition]-[Composition Settings]를 클릭하거나 단축키 Ctrl+K 를 눌러 Composition 설정 화면을 열 수 있습니다.

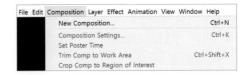

Composition 설정 옵션을 살펴보겠습니다.

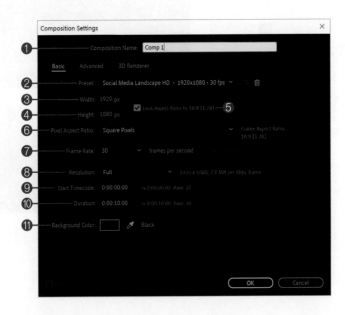

❶ **Composition Name**: Composition 이름을 입력합니다.

❷ **Preset**: 많이 사용하는 포맷을 Preset을 통해 빠르게 설정할 수 있습니다.

❸ **Width**: Composition 화면의 너비를 설정합니다.

❹ **Height**: Composition 화면의 높이를 설정합니다.

❺ **Lock Aspect Ratio**: 높이와 너비 비율을 고정할 경우 체크합니다.

**⑥ Pixel Aspect Ratio**: 픽셀의 가로 및 세로 비율을 설정할 수 있습니다. Square Pixels를 사용합니다.

**⑦ Frame Rate**: 1초에 몇 장의 프레임을 보여줄 것인지 설정합니다. 초당 30프레임 이상을 설정하는 것이 부드럽습니다.

**⑧ Resolution**: 미리보기 해상도를 설정합니다.

**⑨ Start Timecode**: Composition 시작 기준 시간을 설정합니다.

**⑩ Duration**: Composition의 길이(시간)를 설정합니다.

**⑪ Background Color**: Composition 배경 색상을 설정합니다. 최종 출력되는 영상의 배경색과는 다른 개념이며, 검은색으로 설정해 두는 것이 좋습니다.

---

 **· 기능 예제 ·**     **30FPS Full HD 사이즈 Composition 생성하기**

---

**01** 단축키 Ctrl + Alt + N 을 눌러 새로운 프로젝트를 생성한 후 Ctrl + N 을 눌러 새로운 Composition을 생성합니다.

❶ [Preset]에서 'Social Media Landscape HD· 1920×1080·30fps'를 선택합니다. ❷ [Duration]에 '10.'을 입력하여 Composition 길이를 10초, ❸ [Background Color]를 '검은색'으로 설정합니다. ❹ [OK]를 클릭합니다.

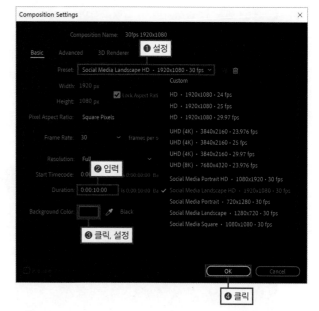

## ● 소스 불러오기 및 배치하기

소스를 불러오기 위해 상단 메뉴 ❶
[File] - ❷ [Import] - ❸ [File]을 클릭하
거나 단축키 Ctrl + I 를 눌러 [Import
File] 창을 엽니다.

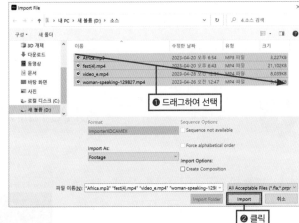

[Import File] 창에서 경로를 선택하고
불러올 파일들을 클릭하거나 ❶ 드래
그하여 선택한 후 ❷ [Import]를 클릭
하면 불러오기가 완료됩니다.

T·I·P 윈도우 탐색기에서 드래그하여
[Project] 패널로 드롭하여 불러올 수도 있습니다.

Import된 소스들과 생성된 Composition은 모두 [Project] 패널에서 확인할 수 있습니다.
Composition에 사용할 소스를 Timeline에 배치하려면 [Timeline] 패널로 드래그&드롭하여 배치할
수 있으며, Composition 생성 아이콘(⬛) 위로 드롭하면 소스와 동일한 포맷으로 Composition이
자동 생성되며 소스가 배치됩니다.

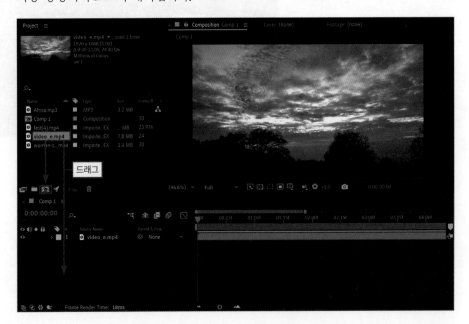

## ● 영상 재생 및 확인하기

[Composition] 패널에서 제작 중인 동영상을 재생하여 확인할 수 있습니다.

영상을 재생하지 않아도 Timeline 위에서 ❶ 원하는 지점을 클릭하거나 ❷ 인디케이터를 드래그하여 이동 및 탐색할 수 있습니다. 드래그하는 도중에 `Shift`를 누르면 레이어의 시작 및 끝 부분에 인디케이터가 스냅됩니다.

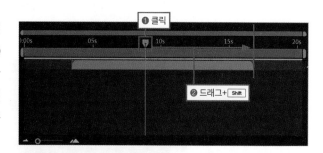

특정 Timeline 지점으로 인디케이터를 이동하려면 Timecode를 클릭하고 이동하고자 하는 지점을 입력하여 이동할 수 있습니다.

예를 들어, Timecode에 '5.20.10'이라고 입력하면 5분 20초 10프레임 지점으로 이동합니다.

시간 형식 전체를 입력하지 않아도 가능합니다.

10 → 10프레임　　　　　　　　　20. → 20초 0프레임　　　　　　　　5.. → 5분 0초 0프레임

인디케이터를 이동하지 않고 Timeline만 이동하려면 Timeline 위에서 마우스 휠을 움직이거나 스크롤 바를 이용하여 이동할 수 있습니다.

### ● 오브젝트 생성하기

도구와 메뉴를 이용하여 오브젝트를 생성하는 방법을 알아보겠습니다.

### 1) Solid(솔리드) 레이어

Solid 레이어는 단일 색상을 표현하는 레이어로 주로 배경 색상을 대신하여 사용합니다. 단축키 Ctrl+Y를 눌러 Solid 레이어 설정창을 열 수 있습니다.

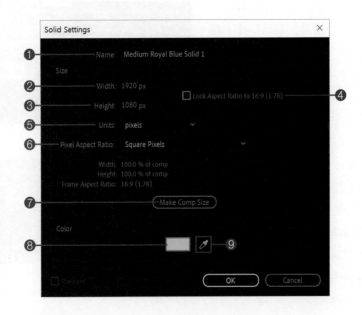

❶ **Name**: 레이어 이름을 입력합니다.

❷ **Width**: Solid(솔리드) 레이어의 너비를 설정합니다.

❸ **Height**: 솔리드 레이어의 높이를 설정합니다.

❹ **Lock Aspect Ratio**: 솔리드 레이어의 너비 및 높이 비율을 고정합니다.

❺ **Units**: 단위를 설정합니다. 주로 pixels를 사용합니다.

❻ **Pixel Aspect Ratio**: 픽셀 비율을 설정합니다. 주로 Square Pixels를 사용합니다.

❼ **Make Comp Size**: 작업 중인 Composition과 동일한 사이즈로 솔리드 레이어를 만듭니다.

❽ **Color**: 색상을 설정합니다.

❾ 다른 오브젝트와 같은 색상을 가져올 때 스포이트를 이용합니다.

### 2) Shape(셰이프) 레이어

Shape 레이어는 Path를 이용하여 다양한 모양을 표현하는 오브젝트입니다.

Shape 레이어를 생성할 때는 `Ctrl`+`Shift`+`A`를 눌러 기존 오브젝트들에 대한 선택을 모두 해제한 후 새로운 Shape 레이어를 생성해야 합니다. Shape 레이어를 생성하고 난 후에는 `Ctrl`+`Alt`+`Home`을 눌러 기준점을 오브젝트 중심으로 옮겨두는 것이 좋습니다.

예외 상황이 있지만, 오류를 방지하기 위해 위 두 과정을 수행해 주는 경우가 일반적입니다.

Shape 레이어를 생성하려면 도구 상자에서 Shape 툴(▧)을 길게 눌러 다섯 가지 중 하나를 선택합니다. 또는 단축키 `Q`를 눌러 Shape 툴(▧)을 선택한 후 다시 단축키 `Q`를 누르면 다른 Shape 툴(▧)로 전환됩니다.

❶ Shape 툴(▧)을 선택하고 ❷ `Ctrl`+`Shift`+`A`를 눌러 기존 오브젝트들에 대한 선택을 모두 해제한 후 ❸ [Composition] 패널에 드래그하여 생성합니다.

드래그+`Shift`를 이용하면 가로 및 세로 비율 또는 수평이 유지되고, 드래그+`Ctrl`을 이용하면 첫 클릭 지점을 중심으로 생성됩니다.

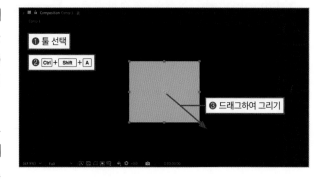

Timeline에서 생성된 Shape 레이어를 확인할 수 있으며, 해당 레이어를 클릭하면 상단 옵션 바에서 색상과 테두리를 설정할 수 있습니다(*레이어 생성 직후에는 해당 오브젝트가 선택되어 있습니다).

## 3) 상단 옵션 바

① **Fill**: 채우기 유형을 선택합니다(색 없음, 단색, 그래디언트, 원형 그래디언트).

② **Fill Color**: 채우기 색상을 지정합니다.

③ **Stroke**: 테두리 유형을 선택합니다(색 없음, 단색, 그래디언트, 원형 그래디언트).

④ **Stroke Color**: 테두리 색상을 지정합니다.

⑤ **Stroke Width**: 테두리 두께를 지정합니다.

Timeline에서 ① Shape 레이어의 ▶ 을 클릭하여 속성을 펼치면 ② [Contents]-[Shape type 1]-[Shape type Path 1]에서 각 Shape 유형마다 다른 Path 옵션으로 모양을 수정할 수 있습니다.
[Shape Path] 옵션을 설정하려면 Layer Switches pane이 활성화되어 있어야 합니다.

각 Shape 유형별 Path 옵션을 살펴보겠습니다.

### Rectangle/Rounded Rectangle

① 사각형의 가로 및 세로 크기를 설정합니다.

② 레이어 내에서 Shape의 위치를 설정합니다.

③ 사각형의 꼭짓점 라운드 수치를 설정합니다.

### Ellipse

❶ 원의 가로 및 세로 지름을 설정합니다.

❷ 레이어 내에서 Shape의 위치를 설정합니다.

### Polygon/Star

❶ 유형을 Polygon과 Star 중 선택합니다.

❷ 꼭짓점 수를 설정합니다.

❸ 레이어 내에서 Shape의 위치를 설정합니다.

❹ Shape의 회전 및 기울기를 설정합니다.

❺ 안쪽 꼭짓점의 반지름을 설정합니다.

❻ 바깥쪽 꼭짓점의 반지름을 설정합니다.

❼ 안쪽 꼭짓점의 라운드 수치를 설정합니다.

❽ 바깥쪽 꼭짓점의 라운드 수치를 설정합니다.

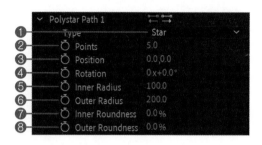

### 4) Bezier Path Shape 레이어

Shape 레이어의 Path 옵션은 ❶ 마우스 오른쪽 버튼을 클릭하여 메뉴에서 ❷ [Convert To Bezier Path]를 클릭하여 베지어 Path로 변경할 수 있습니다.

또는 도구 상자에서 Pen 툴(🖊)(단축키 [G])을 이용하여 패스를 그릴 수 있습니다. ❶ Pen 툴(🖊)을 클릭하여 선택합니다. ❷ [Ctrl]+[Shift]+[A]를 눌러 전체 선택 해제한 후 ❸ [Composition] 패널에서 클릭 또는 드래그합니다.

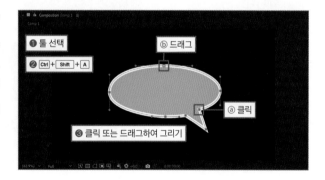

ⓐ 클릭하면 베지어가 없는 포인트가 생성되고, ⓑ 드래그하면 베지어 포인트가 생성됩니다.

시작 포인트 지점으로 돌아와서 클릭하면 닫힌 패스가 됩니다. 패스가 닫히기 전에 열린 패스로 작업을 종료하려면 컴포지션 화면의 빈공간에 [Alt]+클릭합니다.

- Alt + 드래그: 포인트 선택
- Alt + 포인트 클릭: 베지어 초기화
- Alt + 포인트 드래그: 베지어 생성

- Shift + 포인트 클릭: 포인트 선택 추가 및 제외
- Ctrl + 포인트 클릭: 포인트 삭제
- 패스 위 포인트가 없는 지점 클릭: 포인트 추가

### 5) Text 레이어

도구 상자에서 Type 툴(T)(단축키 Ctrl + T)을 선택하면 [Composition] 패널에서 텍스트를 생성할 수 있습니다.

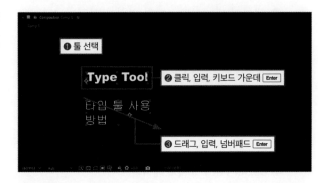

❶ Type 툴(T)을 선택한 후 ❷ [Composition] 패널 위에서 클릭하고 클릭한 지점에서부터 문자를 작성한 후 키보드 가운데의 Enter 를 활용하여 줄바꿈을 합니다. 작성된 내용만큼 텍스트 상자의 크기가 넓어집니다.

Type 툴(T)을 ❸ [Composition] 패널 위에서 드래그하여 텍스트 상자의 크기를 지정하여 문자를 작성합니다. 문자 내용이 텍스트 상자의 경계선을 넘어가면 자동 줄바꿈되며, 텍스트 상자 안에서만 문자를 작성할 수 있습니다. 키보드의 오른쪽 아래 넘버패드 옆의 Enter 를 눌러 작성을 마무리합니다.

텍스트 레이어를 Timeline에서 더블 클릭하면 텍스트 내용을 수정할 수 있습니다.

Timeline에서 텍스트 레이어를 클릭하여 선택하고 [Character] 패널에서 텍스트 스타일을 설정할 수 있습니다.

❶ 폰트                        ❷ Fill Color(채우기 색)
❸ Stroke Color(테두리 색)     ❹ 폰트 크기
❺ 줄 간격                     ❻ 자간
❼ Stroke Width(테두리 두께)   ❽ 채우기와 테두리의 우선순위
❾ 세로 크기                   ❿ 가로 크기
⓫ 폰트 스타일

Timeline에서 텍스트 레이어를 클릭하여 선택하고 [Paragraph] 패널에서 문단 정렬을 할 수 있습니다.

❶ 문단 정렬                   ❷ 왼쪽 여백
❸ 오른쪽 여백                 ❹ 위쪽 여백
❺ 아래쪽 여백                 ❻ 들여쓰기
❼ 쓰기 방향

## ● 소스 레이어 관리하기

Timeline에서 소스 레이어를 관리하는 방법을 배워보겠습니다.

### 1) 레이어 순서 변경하기

순서를 변경하고자 하는 레이어를 직접 드래그하여 위나 아래로 이동하여 순서를 변경할 수 있으며, 레이어를 클릭하여 선택하고 순서 변경 단축키를 활용할 수 있습니다.

> **NOTE**                                                      레이어 순서 변경 단축키
>
> • `Ctrl`+`[`: 선택된 레이어 순서 1단계 내리기        • `Shift`+`Ctrl`+`[`: 선택된 레이어 순서 가장 밑으로 내리기
> • `Ctrl`+`]`: 선택된 레이어 순서 1단계 올리기        • `Shift`+`Ctrl`+`]`: 선택된 레이어 순서 가장 위로 올리기

## 2) 레이어 In/Out 지점 수정하기

레이어의 In/Out 지점을 직접 드래그하여 새로운 In/Out 지점을 설정할 수 있으며, 레이어를 클릭하여 선택하고 단축키를 활용할 수 있습니다.

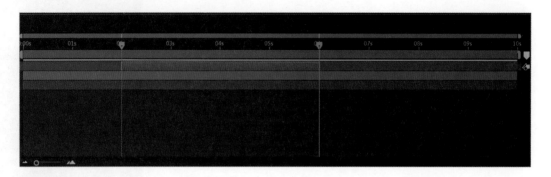

### 레이어 In/Out 지점 설정 단축키

- `Alt` + `[` : 인디케이터 지점을 선택된 레이어의 In 지점으로 설정
- `Alt` + `]` : 인디케이터 지점을 선택된 레이어의 Out 지점으로 설정

## 3) 레이어 시간 이동하기

시간을 이동하여 배치하고자 하는 레이어를 직접 드래그하여 이동할 수 있으며, 레이어를 클릭하여 선택하고 단축키를 활용할 수 있습니다.

### 레이어 이동 단축키

- `[` : 선택된 레이어를 이동하여 In 지점을 인디케이터와 맞추기
- `]` : 선택된 레이어를 이동하여 Out 지점을 인디케이터와 맞추기
- `Alt` + `Page Up` : 선택된 레이어를 1프레임 이전으로 이동
- `Alt` + `Page Down` : 선택된 레이어를 1프레임 이후로 이동
- `Alt` + `Shift` + `Page Up` : 선택된 레이어를 10프레임 이전으로 이동
- `Alt` + `Shift` + `Page Down` : 선택된 레이어를 10프레임 이후로 이동

## 4) 레이어 복제하기

❶ 레이어를 클릭하여 선택하고 ❷ Ctrl + D 를 눌러 복제할 수 있습니다.

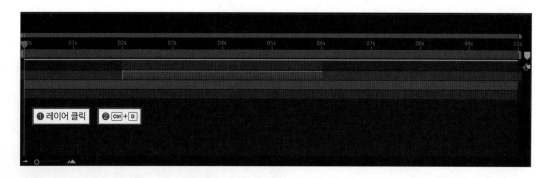

## 5) 레이어 나누기

❶ 레이어를 클릭하여 선택하고 ❷ Ctrl + Shift + D 를 눌러 인디케이터를 기준으로 나눌 수 있습니다.

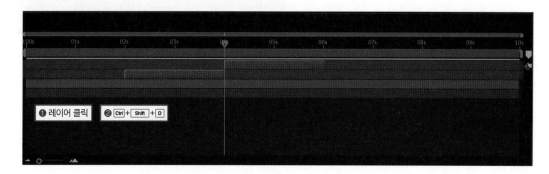

# Composition에 타이틀 소스 삽입하기

◎ **준비 파일**: part2/chapter1/source_layer.aep

**01** 단축키 Ctrl + O 를 눌러 준비 파일 'source_layer.aep'를 불러옵니다.
[Project] 패널에서 ❶, ❷ 'comp_title.mp4'를 Timeline으로 드래그하여 배치합니다.

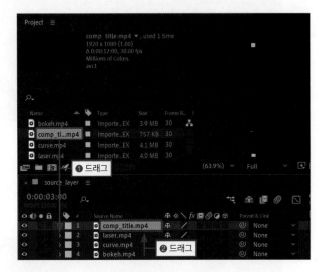

**02** Spacebar 를 눌러 Composition에 배치된 소스를 확인합니다. 'comp_title.mp4' 레이어의 3초 0프레임~4초 0프레임 구간, 7초 0프레임~8초 0프레임 구간, 11초 0프레임~12초 0프레임 구간에 블랙아웃 상태가 있습니다. 'comp_title.mp4' 레이어를 구간마다 배치할 수 있도록 3개로 나눕니다.
Timeline에서 ❶ 타임코드 입력창에 '3.'을 입력하여 인디케이터를 3초 0프레임 지점으로 이동합니다. ❷ 'comp_title.mp4' 레이어를 클릭하여 선택하고 단축키 Ctrl + Shift + D 를 눌러 레이어를 나눕니다.

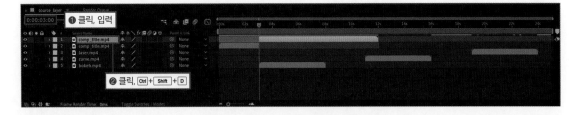

**03** ❶ 타임코드 입력창에 '4.'을 입력하여 인디케이터를 4초 0프레임 지점으로 이동합니다. ❷ 'comp_title.mp4' 레이어를 클릭하여 선택하고 단축키 Alt + [ 를 눌러 레이어 In 지점을 설정합니다.

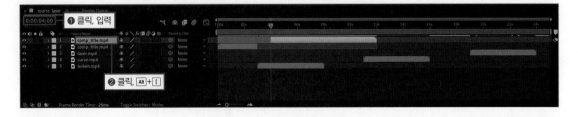

04 ❶ 타임코드 입력창에 '7.'을 입력하여 인디케이터를 7초 0프레임 지점으로 이동합니다. ❷ 'comp_title.mp4' 레이어를 클릭하여 선택하고 단축키 Ctrl + Shift + D 를 눌러 레이어를 나눕니다.

05 ❶ 타임코드 입력창에 '8.'을 입력하여 인디케이터를 8초 0프레임 지점으로 이동합니다. ❷ 'comp_title.mp4' 레이어를 클릭하여 선택하고 단축키 Alt + [ 를 눌러 레이어 In 지점을 설정합니다.

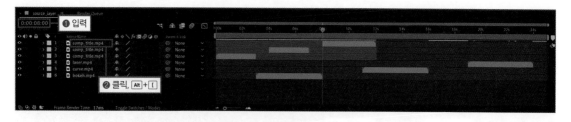

06 ❶ 타임코드 입력창에 '11.'을 입력하여 인디케이터를 11초 0프레임 지점으로 이동합니다. ❷ 'comp_title.mp4' 레이어를 클릭하여 선택하고 단축키 Alt + ] 를 눌러 레이어 Out 지점을 설정합니다.

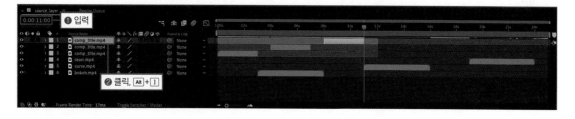

07 나누어진 comp_title.mp4 레이어들을 각 위치에 맞게 배치합니다.
❶ 타임코드 입력창에 '16.'을 입력하여 인디케이터를 16초 0프레임 지점으로 이동합니다. ❷ 'comp_title.mp4' 레이어를 클릭하여 선택하고 단축키 [ 를 눌러 레이어를 인디케이터 지점으로 이동합니다.

T·I·P 레이어를 드래그+ Shift 하면 스냅 기능을 활용하여 이동 배치할 수 있습니다.

# 08
❶ 타임코드 입력창에 '8.'을 입력하여 인디케이터를 8초 0프레임 지점으로 이동합니다. ❷ 'comp_title.mp4' 레이어를 클릭하여 선택하고 단축키 [ I ]를 눌러 인디케이터 지점으로 레이어를 이동합니다.

# 09
[Home]을 눌러 인디케이터를 Composition 시작 지점으로 이동하고 [Spacebar]를 눌러 작업 결과를 확인합니다. 단축키 [Ctrl]+[M]을 눌러 제작된 Composition을 MP4 파일로 렌더링합니다.

❶ [Output Module]의 빠른 포맷 설정에서 'H.264-Match Render Settings-15Mbps'를 선택합니다. ❷ [Output To]에서 렌더링 파일의 저장 경로와 파일 이름을 지정합니다. ❸ [Render]를 클릭하여 렌더링을 시작합니다.

# 프로젝트/영상 저장

작업 완료 후 프로젝트를 소스와 함께 저장하고 최종 결과를 동영상으로 렌더링하는 방법을
배워봅니다.

LESSON

## ● 프로젝트 및 소스 저장

애프터 이펙트 프로젝트를 저장하면 생성되는 '.AEP' 파일은 프로젝트에서 활용한 소스 파일들을
포함하지 않습니다. 다른 작업 환경에서 프로젝트 파일을 열어 작업을 이어가기 위해서는 소스들
을 모아 함께 저장해야 합니다.

작업 중인 프로젝트를 저장한 후 [File]-
[Dependencies]-[Collect Files]에서 쉽게 소
스 파일을 모을 수 있습니다.

❶ [Collect Source Files] 옵션을 'All'로 설정
하고 ❷ [Collect]를 클릭합니다.

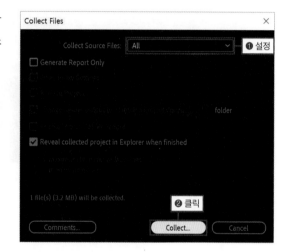

프로젝트 저장 경로와 같은 위치에 새
로운 프로젝트 폴더가 생성되어 '.AEP'
파일과 함께 사용된 모든 소스들이
'(Footage)' 폴더 안에 저장됩니다.

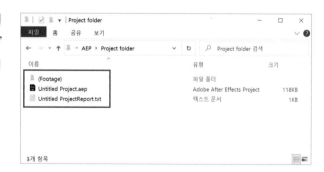

## ● 동영상 렌더링

동영상으로 렌더링하기 전에 Composition의 어느 구간을 렌더링할 것인지 Work Area 설정을 해주어야 합니다.

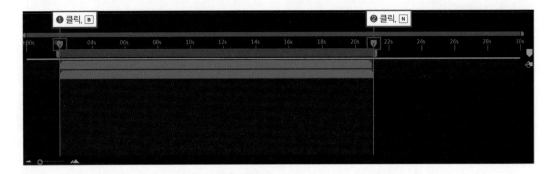

❶ 단축키 B를 누르면 인디케이터 지점이 렌더링 시작 지점으로 설정됩니다.
❷ 단축키 N을 누르면 인디케이터 지점이 렌더링 끝 지점으로 설정됩니다.

렌더링 구간 설정이 끝나면 단축키 Ctrl+M을 눌러 [Render Queue] 탭으로 이동합니다.

❶ [Output Module]: 렌더링 포맷을 설정합니다.
❷ [Output To]: 렌더링 파일의 저장 경로와 파일 이름을 지정합니다.
❸ [Render]: 렌더링을 시작합니다.

---

NOTE                                    Output Module ⌄ 버튼: 빠른 포맷 설정

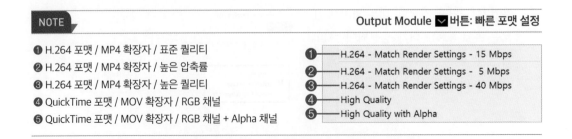

❶ H.264 포맷 / MP4 확장자 / 표준 퀄리티
❷ H.264 포맷 / MP4 확장자 / 높은 압축률
❸ H.264 포맷 / MP4 확장자 / 높은 퀄리티
❹ QuickTime 포맷 / MOV 확장자 / RGB 채널
❺ QuickTime 포맷 / MOV 확장자 / RGB 채널 + Alpha 채널

❶ —— H.264 - Match Render Settings - 15 Mbps
❷ —— H.264 - Match Render Settings -  5 Mbps
❸ —— H.264 - Match Render Settings - 40 Mbps
❹ —— High Quality
❺ —— High Quality with Alpha

# 렌더링 구간 설정/MP4 렌더링하기

◎ **준비 파일**: part2/chapter1/festival.mp4, festival.mp3
◎ **완성 파일**: part2/chapter1/rendering.mp4

**01** 단축키 `Ctrl`+`Alt`+`N`을 눌러 새로운 프로젝트를 생성한 후 `Ctrl`+`I`를 눌러 준비 파일 'festival.mp4', 'festival.mp3'를 임포트합니다. [Project] 패널에서 'festival.mp4'를 Composition 생성 아이콘으로 드래그하여 소스와 동일한 포맷의 Composition을 생성합니다.

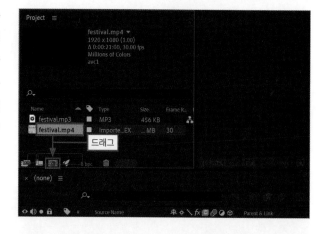

**02** [Project] 패널에서 'festival.mp3'를 Timeline으로 드래그하여 배치합니다.

**03** `Spacebar`를 눌러 Composition에 배치된 소스를 확인합니다. 비디오 소스의 In/Out 파트에 공백이 있어 오디오 소스와 타이밍이 맞지 않습니다. Timeline에서 ❶ 'festival.mp3' 레이어를 클릭하여 선택하고 ❷ 단축키 `Shift`+`Alt`+`Page Down`을 3번 눌러 30프레임 뒤로 이동시킵니다.

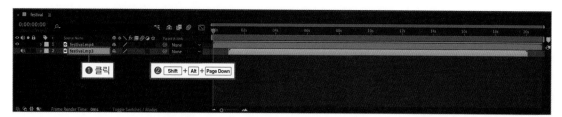

## 04 렌더링 시작 지점을 설정합니다.

❶ 타임코드 입력창에 '20'을 입력하여 인디케이터를 20프레임 지점으로 이동합니다. ❷ B를 눌러 Work Area 시작 지점을 설정합니다.

## 05 렌더링 끝 지점을 설정합니다.

❶ 타임코드 입력창에 '20.10'을 입력하여 인디케이터를 20초 10프레임 지점으로 이동합니다. ❷ N을 눌러 Work Area 끝 지점을 설정합니다.

## 06 단축키 Shift + Home 을 눌러 인디케이터를 Work Area 시작 지점으로 이동하고 Spacebar 를 눌러 작업 결과를 확인합니다. 단축키 Ctrl + M 을 눌러 제작된 Composition을 MP4 파일로 렌더링합니다.

❶ [Output Module]의 빠른 포맷 설정에서 'H.264 – Match Render Settings-15Mbps'를 선택합니다. ❷ [Output To]에서 렌더링 파일의 저장 경로와 파일 이름을 지정합니다. ❸ [Render]를 클릭하여 렌더링을 시작합니다.

# 애니메이션 제작하기

오브젝트의 기본 속성에 키프레임을 적용하여 애니메이션을 제작하는 방법을 알아
봅니다.

# 트랜스폼 속성

오브젝트의 위치, 크기, 회전, 불투명도를 조정할 수 있는 트랜스폼(Transform) 속성에 대해 배워봅니다.

LESSON

오디오를 제외한 모든 소스들은 Timeline에 레이어로 배치되면 위치, 크기, 회전, 불투명도를 조정할 수 있는 다섯 가지 트랜스폼 속성을 활용할 수 있습니다.

❶ Timeline에서 레이어를 클릭하여 선택하고 ❷ ▶ 버튼을 클릭하여 속성을 연 후 ❸ [Transform] 속성을 열면 [Anchor Point], [Position], [Scale], [Rotation], [Opacity]가 있습니다.

수치를 변경하려면 변경하려는 속성의 ❹ 수치 값을 좌우로 드래그하거나 클릭하여 직접 입력할 수 있습니다. ❺ [Reset]을 클릭하면 수치를 초기화할 수 있습니다.

## ● Anchor Point

[Anchor Point]는 [Position], [Scale], [Rotation]의 기준점이 됩니다. [Anchor Point]의 초기 위치는 Composition의 정가운데이며, 새로운 오브젝트 생성 시 단축키 Ctrl + Alt + Home 을 눌러 선택된 오브젝트의 가운데로 옮겨두는 것이 좋습니다.

## ● Position

[Position] 속성은 Composition 화면에서 오브젝트의 위치를 좌표로 나타내며, 수치를 변경하여 오브젝트를 이동할 수 있습니다. 좌표는 픽셀 단위로 표시되며, [Anchor Point]의 위치가 Position X, Y의 수치가 됩니다.
[X Position]은 Composition 화면 왼쪽 끝이 기준점 0이고, [Y Position]은 Composition 화면 위쪽 끝이 기준점 0입니다.

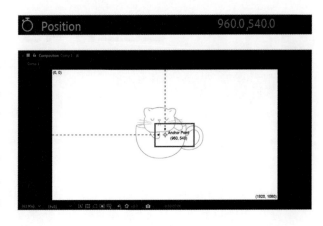

## ● Scale

[Scale] 속성은 오브젝트의 크기를 퍼센티지(%)로 나타내며, 수치를 변경하여 확대나 축소를 할 수 있습니다. 오브젝트 생성 사이즈나 임포트된 소스의 원본 사이즈가 기준인 100%입니다. [Scale] 속성의 수치를 변경할 때는 [Anchor Point]가 크기 변화의 중심점이 됩니다.

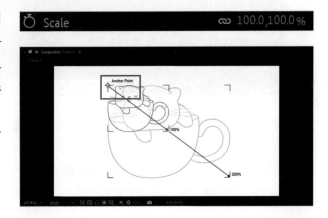

## ● Rotation

[Rotation] 속성은 오브젝트의 기울기 각도를 나타내며, 수치를 변경하여 오브젝트를 회전시킬 수 있습니다. 360도 이상 회전할 경우 회전 바퀴 수가 앞자리에 표시되며, 각도는 다시 0부터 카운트됩니다(예: 400 → 1×+40).
[Rotation] 속성의 수치를 변경할 때는 [Anchor Point]가 회전의 중심축이 됩니다.

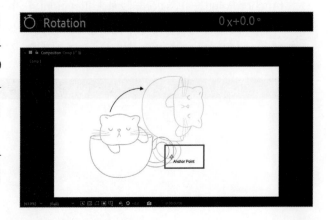

## ● Opacity

[Opacity] 속성은 오브젝트의 불투명
도를 퍼센티지(%)로 나타내며, 수치를
조절하여 아래쪽 레이어나 배경과 합
성할 수 있습니다. 일반적으로 Opacity
100%는 하위 레이어의 내용이 보이지
않는 완전히 불투명한 상태이고,
Opacity 0%에서는 해당 레이어가 보
이지 않는 완전히 투명한 상태입니다
(임포트된 소스는 원본 상태에 따라
100%가 완전히 불투명하지 않을 수도
있습니다).

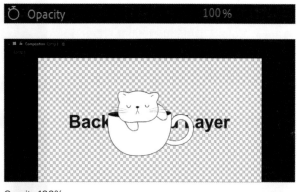

Opacity 100%

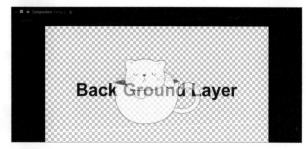

Opacity 50%

---

## 1 · 기능 예제 · 레이어를 조립하여 포크레인 완성하기

◎ **준비 파일**: part2/chapter2/excavator(step1).aep

**01** 단축키 `Ctrl`+`O`를 눌러 준비 파일
'excavator (step1).aep'를 불러옵니다.
Timeline에서 body 레이어의 위치를 설정합
니다.
❶ 'body' 레이어를 클릭하여 선택하고 단축키 `P`
를 눌러 [Position] 속성을 엽니다. ❷ 수치 값에
'960, 540'을 입력하고 ❸ `Enter` 를 누릅니다.

**T·I·P** 수치를 키보드로 입력하지 않고 마우스로 수치
를 드래그하여 조절할 수 있습니다.

## 02 front 레이어의 위치와 크기를 설정합니다.

❶ 'front' 레이어를 클릭하여 선택하고 단축키 P를 눌러 [Position] 속성을 엽니다. ❷ 수치 값에 '850, 700'을 입력하고 Enter를 누릅니다. ❸ 단축키 S를 눌러 [Scale] 속성을 엽니다. ❹ 수치 값에 '50'을 입력하고 Enter를 누릅니다.

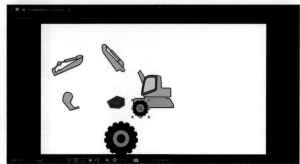

## 03 rear 레이어의 위치와 크기를 설정합니다.

❶ 'rear' 레이어를 클릭하여 선택하고 단축키 P를 눌러 [Position] 속성을 엽니다. ❷ 수치 값에 '1050, 700'을 입력하고 Enter를 누릅니다. ❸ 단축키 S를 눌러 [Scale] 속성을 엽니다. ❹ 수치 값에 '50'을 입력하고 Enter를 누릅니다.

**04** arm1 레이어의 위치와 기울기를 설정합니다.

❶ 'arm1' 레이어를 클릭하여 선택하고 단축키 P 를 눌러 [Position] 속성을 엽니다. ❷ 수치 값에 '730, 330'을 입력하고 Enter 를 누릅니다. ❸ 단축키 R 을 눌러 [Rotation] 속성을 엽니다. ❹ 수치 값에 '-20'을 입력하고 Enter 를 누릅니다.

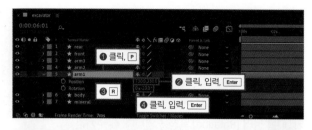

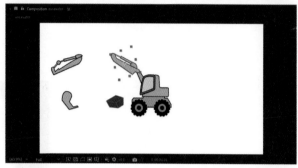

**05** arm2 레이어의 위치와 기울기를 설정합니다

❶ 'arm2' 레이어를 클릭하여 선택하고 단축키 P 를 눌러 [Position] 속성을 엽니다. ❷ 수치 값에 '650, 390'을 입력하고 Enter 를 누릅니다. ❸ 단축키 R 을 눌러 [Rotation] 속성을 엽니다. ❹ 수치 값에 '-80'을 입력하고 Enter 를 누릅니다.

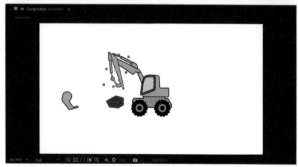

**06** arm3 레이어의 위치와 기울기를 설정합니다.

❶ 'arm3' 레이어를 클릭하여 선택하고 단축키 P 를 눌러 [Position] 속성을 엽니다. ❷ 수치 값에 '760, 500'을 입력하고 Enter 를 누릅니다. ❸ 단축키 R 을 눌러 [Rotation] 속성을 엽니다. ❹ 수치값에 '-80'을 입력하고 Enter 를 누릅니다.

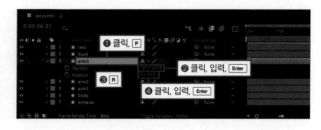

**07** 단축키 Ctrl + Shift + S 를 눌러 프로젝트를 다른 이름으로 저장합니다. 저장된 프로젝트를 Chapter3에서 기능 예제 실습 파일로 활용할 수 있도록 보관해 둡니다.

# 키프레임

키프레임을 적용하여 애니메이션을 제작해 봅니다.

LESSON

키프레임(Keyframe)이란 레이어가 가지고 있는 Transform 속성 또는 Effect 속성의 수치 값을 저장하는 요소를 말하며, 2개 이상의 키프레임을 생성할 경우 속성이 가지고 있는 수치 값이 변하게 되어 애니메이션을 제작할 수 있습니다.

키프레임은 [Timeline] 패널에서 레이어 속성을 펼쳐 각 속성마다 생성하고 관리하게 됩니다.

키프레임으로 애니메이션을 제작하기 위해서는 애니메이션 시작 지점에서 속성 수치 값을 키프레임으로 저장하고 애니메이션의 끝 지점에서 속성 수치 값을 수정하여 저장함으로써 키프레임 구간에서 속성이 변하도록 하면 됩니다.

즉, 2개 이상의 키프레임(시작 지점과 끝 지점)에 서로 다른 수치 값이 저장되어야 애니메이션이 제작됩니다.

## ● 키프레임 생성 및 수정

키프레임을 생성하기 위해서는 각 속성마다 키프레임을 활성화해 주어야 합니다.

❶, ❷ 키프레임을 생성하고자 하는 레이어의 속성을 펼치고 ❸ 인디케이터를 키프레임을 생성하려는 지점으로 이동한 후 ❹ 속성 수치 값을 입력하고 Enter 를 누릅니다(수치 변경이 없을 경우 입력하지 않아도 됩니다). ❺ 회색 초시계(⌚)를 클릭하면 키프레임이 활성화되면서 파란색으로 바뀌고 첫 번째 키프레임이 생성됩니다.

키프레임 비활성화 상태　　　　키프레임 활성화 상태

키프레임이 생성되면 해당 속성의 Timeline에서 ◆ 모양의 키프레임을 확인할 수 있습니다.
키프레임이 활성화된 이후에는 ❶ 인디케이터를 새로운 키프레임을 생성하고자 하는 지점으로 이동하고 ❷ 속성 수치 값을 수정하면 자동으로 키프레임이 생성됩니다.

또는 수치 변경 없이 새로운 키프레임을 생성하고자 하는 경우에는 ❶ 인디케이터를 이동하고 ❷ 키프레임 수동 생성 버튼(◆)을 클릭하면 파란색(◆)으로 바뀌며 인디케이터 지점에 키프레임이 생성됩니다.

키프레임을 수정하려면 ❶ 인디케이터를 해당 키프레임 지점으로 이동하고 ❷ 속성 수치 값을 입력하면 새로운 값으로 키프레임이 수정됩니다.

인디케이터가 위치한 지점의 키프레임 여부는 키프레임 수동 생성 버튼의 색상을 통해 확인할 수 있습니다.

인디케이터 지점에 키프레임이 없는 경우      인디케이터 지점에 키프레임이 있는 경우

인디케이터를 정확한 키프레임 지점으로 이동하려면 Timeline에서 인디케이터 드래그와 함께 Shift 를 누르면 스냅 기능을 활용할 수 있습니다.

또는 키프레임 수동 생성 버튼의 좌우 화살표를 클릭하여 이전 또는 다음 키프레임으로 이동할 수 있습니다.

키프레임을 삭제하려면 해당 키프레임을 클릭하거나 드래그하여 선택한 후 Delete 를 눌러 삭제할 수 있습니다. 선택된 키프레임은 파란색 테두리(◈)가 보입니다.

만일 해당 속성의 키프레임을 모두 삭제하려면 파란색 초시계()를 클릭하여 회색()으로 비활성화하면 모든 키프레임이 삭제됩니다.

<br>

**1** ● 기능 예제 ● ## 키프레임 생성하기 - 자전거 휠 애니메이션

◎ **준비 파일**: part2/chapter2/wheel.png
◎ **완성 파일**: part2/chapter2/movingwheel.mp4

**01** 단축키 Ctrl+Alt+N을 눌러 새로운 프로젝트를 생성한 후 Ctrl+I를 눌러 준비 파일 'wheel.png'를 임포트합니다. 단축키 Ctrl+N을 눌러 새로운 Composition을 생성합니다.
❶ [Preset]에서 'Social Media Landscape HD·1920× 1080·30fps'를 선택합니다. ❷ [Duration]에 '10.'을 입력하여 Composition 길이를 10초, ❸ [Background Color]를 '검은색'으로 설정합니다. ❹ [OK]를 클릭합니다.

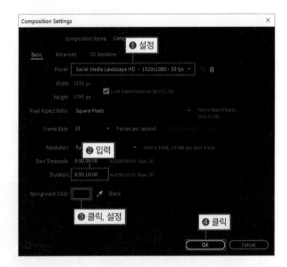

**02** 단축키 Ctrl+Y를 눌러 Solid 레이어를 생성합니다.
❶ [Make Comp Size]를 클릭하여 Composition과 동일한 크기로 설정합니다. ❷ 배경색을 지정합니다. ❸ [OK]를 클릭합니다.

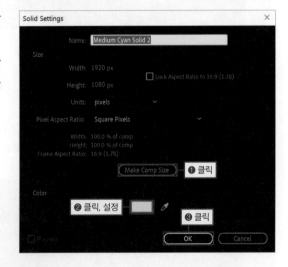

03 [Project] 패널에서 'wheel.png'를
Timeline으로 드래그하여 배치합니다.

04 wheel.png 레이어의 크기를 줄입니다.
❶ 'wheel.png' 레이어를 클릭하여 선택하고 [S]를
눌러 [Scale] 속성을 엽니다. ❷ '50'을 입력하고
[Enter]를 누릅니다.

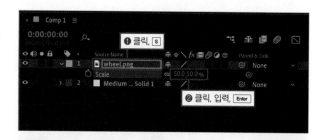

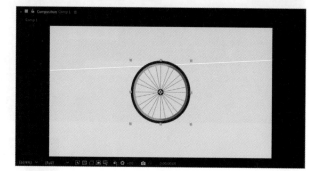

T·I·P 수치를 키보드로 입력하지 않고 마우스로 수
치를 드래그하여 조절할 수 있습니다.

05 wheel.png 레이어를 Composition의
왼쪽으로 이동하여 키프레임을 생성합니다.
❶ 'wheel.png' 레이어를 클릭하여 선택하고 [P]를
눌러 [Position] 속성을 엽니다. ❷ '400, 540'을 입
력하고 [Enter]를 누릅니다. ❸ 초시계(🕐)를 클릭하
여 키프레임을 활성화합니다.

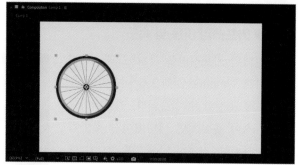

T·I·P 수치를 입력하지 않고 [Composition] 패널에
서 레이어를 드래그하여 이동할 수 있습니다.

# 06 Rotation 키프레임을 생성합니다.

❶ 'wheel.png' 레이어를 클릭하여 선택하고 R을 눌러 [Rotation] 속성을 엽니다. ❷ 초시계(◉)를 클릭하여 키프레임을 활성화합니다.

# 07 4초 0프레임 지점에서 키프레임을 생성합니다.

❶ 타임코드 입력창에 '4.'을 입력하여 인디케이터를 4초 0프레임 지점으로 이동합니다. ❷ U를 눌러 키프레임이 활성화된 속성만 펼칩니다. ❸ [Position] 속성에 '1600, 540'을 입력하고 ❹ [Rotation] 속성에 '1x+0.0'을 입력한 후 Enter 를 누릅니다.

> **T·I·P** Home 을 눌러 인디케이터를 Composition 시작 지점으로 이동하고 Spacebar 를 눌러 작업 결과를 확인합니다.

## ● 키프레임 이동 및 속도

선택된 키프레임을 클릭&드래그하여 다른 Timeline 시점으로 이동하여 속도를 조절할 수 있습니다. 키프레임의 간격이 좁아지면 애니메이션 속도가 빨라지고, 간격이 넓어지면 속도가 느려집니다.

키프레임을 이동할 때 ❶ 이동할 키프레임을 클릭하여 선택하고 ❷ 드래그+ Shift 를 이용하면 레이어 인 및 아웃 지점, 인디케이터, 다른 키프레임에 스냅 기능을 활용할 수 있습니다.

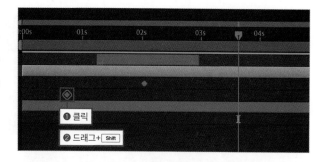

키프레임의 간격을 넓히거나 좁혀서 속도를 조절할 때 ❶ 드래그하여 선택된 키프레임들 중 ❷ 가장 앞과 뒤 키프레임을 Alt +드래그하면 키프레임 간격의 비율을 유지한 채 일정한 속도로 일괄 조절할 수 있습니다.

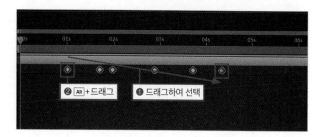

## 2 ・ 기능 예제 ・ 키프레임 이동과 속도 조절 - 버스, 배 애니메이션

◎ **준비 파일**: part2/chapter2/bus.png, boat.png, lighthouse.png
◎ **완성 파일**: part2/chapter2/seaport.mp4

01 단축키 Ctrl + Alt + N 을 눌러 새로운 프로젝트를 생성한 후 Ctrl + I 를 눌러 준비 파일 'bus.png', 'boat.png', 'lighthouse.png'를 임포트합니다. Ctrl + N 을 눌러 새로운 Composition을 생성합니다.
❶ [Preset]에서 'Social Media Landscape HD · 1920× 1080 · 30fps'를 선택합니다. ❷ [Duration]에 '10.'을 입력하여 Composition 길이를 10초, ❸ [Background Color]를 '검은색'으로 설정합니다. ❹ [OK]를 클릭합니다.

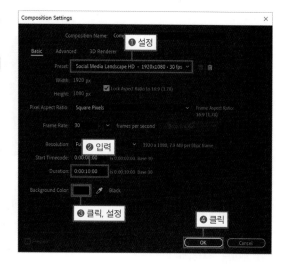

**02** [Project] 패널에서 'bus.png', 'boat.png', 'lighthouse.png'를 Timeline으로 드래그하여 배치합니다.

**03** boat.png 레이어와 bus.png 레이어의 크기를 줄입니다.
❶ 'boat.png' 레이어를 클릭하여 선택하고 ❷ 'bus.png' 레이어를 Ctrl+클릭으로 동시에 선택합니다.
❸ S를 눌러 [Scale] 속성을 열고 ❹ '50'을 입력한 후 Enter를 누릅니다.

**T·I·P** 수치를 입력하지 않고 [Composition] 패널에서 레이어의 바운딩 박스를 드래그+Shift하여 크기를 조절할 수 있습니다.

**04** boat.png 레이어와 bus.png 레이어의 위치를 조정하여 키프레임을 활성화합니다.
❶, ❷ 'boat.png'와 'bus.png' 레이어를 Ctrl+클릭으로 동시에 선택하고 ❸ P를 눌러 [Position] 속성을 엽니다. Ctrl+Shift+A를 눌러 모두 선택 해제합니다. ❹ 'boat.png' 레이어의 [Position]에 '1000, 850'을 입력하고 Enter를 누릅니다. ❺ 초시계(🕑)를 클릭하여 키프레임을 활성화합니다. ❻ 'bus.png' 레이어의 [Position]에 '2200, 800'을 입력하고 Enter를 누릅니다. ❼ 초시계(🕑)를 클릭하여 키프레임을 활성화합니다.

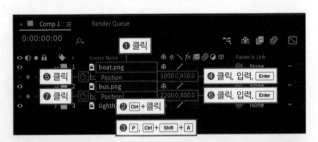

## 05 bus.png 레이어의 두 번째 키프레임을 생성합니다.

❶ 타임코드 입력창에 '2.'을 입력하여 인디케이터를 2초 0프레임 지점으로 이동합니다. ❷ 'bus.png' 레이어의 X Position 속성 수치 값을 왼쪽으로 드래그하여 배 근처로 오도록 이동합니다.

## 06 boat.png 레이어의 두 번째 키프레임을 생성합니다.

❶ [Timeline] 패널에서 'boat.png' 레이어를 클릭하여 선택하고 ❷ [Composition] 패널에서 'boat.png' 레이어를 왼쪽으로 드래그하여 화면 밖으로 나가도록 이동합니다.

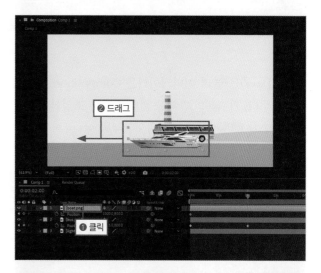

# 07  두 오브젝트가 순차적으로 움직일 수 있도록 키프레임을 이동합니다.

❶ 'boat.png' 레이어의 [Position] 속성에 생성된 키프레임을 드래그하여 선택합니다. ❷ 선택된 키프레임들 중 하나 위에 커서를 두고 드래그하여 2초 뒤로 이동합니다.

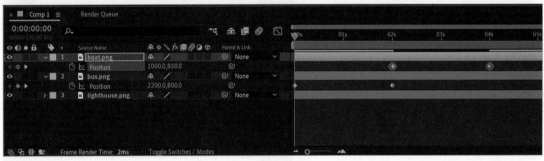

# 08  Home 을 눌러 인디케이터를 Composition 시작 지점으로 이동하고 Spacebar 를 눌러 중간 결과를 확인합니다. 키프레임 간격을 넓혀 속도를 조절합니다.

❶ 'boat.png' 레이어와 'bus.png' 레이어의 [Position] 속성에 생성된 키프레임을 모두 드래그하여 선택합니다. ❷ 선택된 키프레임들 중 가장 마지막 키프레임을 Alt +드래그하여 6초 지점으로 이동합니다.

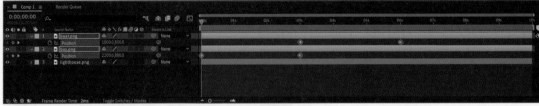

09 Home 을 눌러 인디케이터를 Composition 시작 지점으로 이동하고 Spacebar 를 눌러 작업 결과를 확인합니다. 렌더링 끝 지점을 설정합니다.

❶ 타임코드 입력창에 '6.'을 입력하여 인디케이터를 6초 0프레임 지점으로 이동합니다. ❷ N 을 눌러 Work Area 끝 지점을 설정합니다.

10 단축키 Ctrl + M 을 눌러 제작된 Composition을 MP4 파일로 렌더링합니다.

❶ [Output Module]의 빠른 포맷 설정에서 'H.264-Match Render Settings-15Mbps'를 선택합니다. ❷ [Output To]에서 렌더링 파일의 저장 경로와 파일 이름을 지정합니다. ❸ [Render]를 클릭하여 렌더링을 시작합니다.

### ● Spatial Interpolation

Spatial(공간) Interpolation은 애니메이션에서 앞뒤 키프레임 위치로 이동하는 오브젝트의 경로를 베지어로 컨트롤하는 기능입니다.

베지어로 경로를 설정하려면 2개 이상의 Position 키프레임이 있어야 합니다. 경로를 설정하고자 하는 ❶ 키프레임을 선택하고 마우스 오른쪽 버튼을 클릭하여 메뉴에서 ❷ [Keyframe Interpolation]을 클릭하면 설정창이 열립니다.

### [Keyframe Interpolation]-[Spatial Interpolation] 옵션

❶ **Linear**: 최단 경로로 이동합니다.

❷ **Bezier**: 분리된 베지어로 경로를 설정합니다.

❸ **Continuous Bezier**: 연결된 베지어로 경로를 설정합니다.

❹ **Auto Bezier**: 베지어를 리셋합니다.

[Bezier], [Continuous Bezier], [Auto Bezier] 중에서 하나의 옵션을 선택하면 해당 키프레임의 이동 방향을 [Composition] 패널에서 베지어로 설정할 수 있습니다.

---

## 3 ・기능 예제・     애니메이션 경로 베지어 컨트롤하기

◎ **준비 파일**: part2/chapter2/location.png, worldmap.png
◎ **완성 파일**: part2/chapter2/spatial.mp4

**01** 단축키 [Ctrl]+[Alt]+[N]을 눌러 새로운 프로젝트를 생성한 후 [Ctrl]+[I]를 눌러 준비 파일 'location.png', 'worldmap.png'를 임포트합니다. [Ctrl]+[N]을 눌러 새로운 Composition을 생성합니다.
❶ [Preset]에서 'Social Media Landscape HD·1920× 1080·30fps'를 선택합니다. ❷ [Duration]에 '10.'을 입력하여 Composition 길이를 10초, ❸ [Background Color]를 '검은색'으로 설정합니다. ❹ [OK]를 클릭합니다.

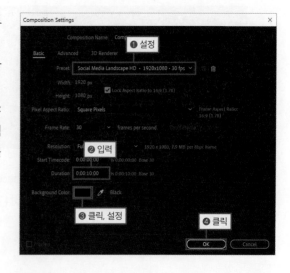

02 단축키 Ctrl+Y를 눌러 Solid 레이어를 생성합니다.

❶ [Make Comp Size]를 클릭하여 Composition과 동일한 크기로 설정합니다. ❷ 배경색을 '흰색'으로 지정합니다. ❸ [OK]를 클릭합니다.

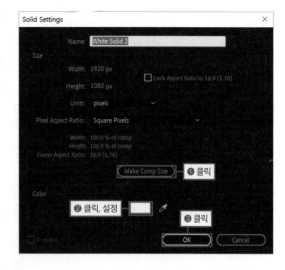

03 [Project] 패널에서 'location.png', 'worldmap.png'를 Timeline으로 드래그하여 배치합니다.

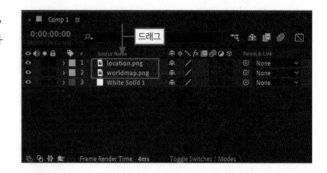

04 location.png 레이어의 크기를 줄입니다.

❶ 'location.png' 레이어를 클릭하여 선택하고 ❷ S를 눌러 [Scale] 속성을 엽니다. ❸ '15'를 입력하고 Enter를 누릅니다.

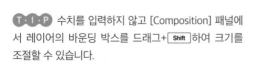 수치를 입력하지 않고 [Composition] 패널에서 레이어의 바운딩 박스를 드래그+Shift하여 크기를 조절할 수 있습니다.

## 05  location.png 레이어의 위치를 설정하고 키프레임을 활성화합니다.

❶ 타임코드 입력창에 '15'를 입력하여 인디케이터를 15프레임 지점으로 이동합니다. ❷ 'location.png' 레이어를 클릭하여 선택하고 ⓟ를 눌러 [Position] 속성을 엽니다. ❸ '1470, 350'을 입력하고 Enter 를 누릅니다. ❹ 초시계(⏱)를 클릭하여 키프레임을 활성화합니다.

## 06  location.png 레이어의 두 번째 키프레임을 생성합니다.

❶ [Composition] 패널에서 타임코드 입력창에 '2.15'를 입력하여 인디케이터를 2초 15프레임 지점으로 이동합니다. ❷ 'location.png' 레이어를 드래그하여 다른 지점으로 이동합니다.

## 07  Timeline에서 ❶ 'location.png' 레이어의 Position 키프레임을 드래그하여 선택하고 ❷ 마우스 오른쪽 버튼을 클릭하여 메뉴에서 ❸ [Keyframe Interpolation]을 클릭합니다.

08  [Keyframe Interpolation] 창에서 ❶ [Spatial Interpolation]을 'Bezier'로 설정하고 ❷ [OK]를 클릭합니다.

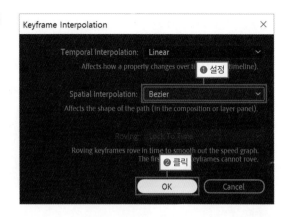

09  [Composition] 패널에서 Position 키 프레임의 베지어를 드래그하여 경로를 설정 합니다.

10  Home 을 눌러 인디케이터를 Composition 시작 지점으로 이동하고 Spacebar 를 눌러 작업 결과를 확인합니다. 렌더링 끝 지점을 설정합니다.
❶ 타임코드 입력창에 '3.'을 입력하여 인디케이터를 3초 0프레임 지점으로 이동합니다. ❷ N 을 눌러 Work Area 끝 지 점을 설정합니다.

**11** 단축키 [Ctrl]+[M]을 눌러 제작된 Composition을 MP4 파일로 렌더링합니다.
❶ [Output Module]의 빠른 포맷 설정에서 'H.264-Match Render Settings-15Mbps'를 선택합니다. ❷ [Output To]에서 렌더링 파일의 저장 경로와 파일 이름을 지정합니다. ❸ [Render]를 클릭하여 렌더링을 시작합니다.

### ● 애니메이션 패스

키프레임 애니메이션 제작 시 베지어를 이용하여 드로잉한 패스를 오브젝트 모션 경로로 활용할 수 있습니다.

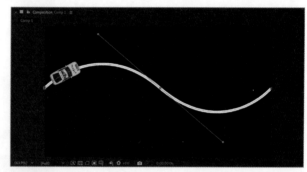

패스를 따라 이동하는 오브젝트

[Composition] 패널에서 Pen 툴(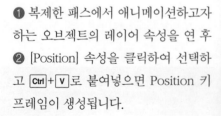)로 패스를 그려 Shape 레이어를 만들고 ❶ Shape 레이어의 [Contents]-[Shape 1]-[Path 1] 속성을 엽니다. ❷ [Path] 속성을 클릭하여 선택하고 [Ctrl]+[C]를 눌러 Path를 복제합니다.

❶ 복제한 패스에서 애니메이션하고자 하는 오브젝트의 레이어 속성을 연 후 ❷ [Position] 속성을 클릭하여 선택하고 [Ctrl]+[V]로 붙여넣으면 Position 키프레임이 생성됩니다.

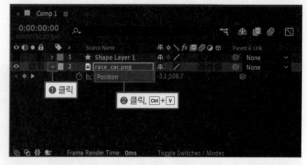

단축키 Ctrl+Alt+O를 눌러 [Auto-Orientation] 창에서 자동 회전을 설정할 수 있습니다.

❶ **[Off]**: 이동하는 동안 오브젝트가
Rotation 방향을 유지합니다.

❷ **[Orient Along Path]**: 이동하는 동
안 오브젝트가 경로를 따라 방향을
전환합니다.

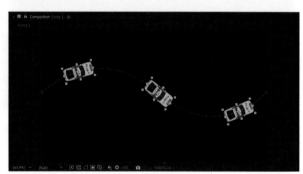

# 레이싱 트랙 경로 그리기

◎ **준비 파일**: part2/chapter2/race_car.png, track.png
◎ **완성 파일**: part2/chapter2/race_track.mp4

**01** 단축키 Ctrl + Alt + N 을 눌러 새로운 프로젝트를 생성한 후 Ctrl + I 를 눌러 준비 파일 'race_car. png', 'track.png'를 임포트합니다. Ctrl + N 을 눌러 새로운 Composition을 생성합니다.

❶ [Preset]에서 'Social Media Landscape HD·1920× 1080·30fps'를 선택합니다. ❷ [Duration]에 '10.'을 입력하여 Composition 길이를 10초, ❸ [Background Color]를 '검은색'으로 설정합니다. ❹ [OK]를 클릭합니다.

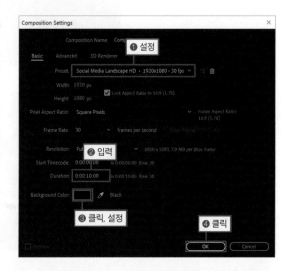

**02** ❶ [Project] 패널에서 'race_car.png', 'track.png'를 Timeline으로 드래그하여 배치합니다. ❷ 'track.png' 레이어를 Lock(🔒) 설정하여 잠급니다.

**03** race_car.png 레이어의 크기를 줄입니다.

❶ 'race_car.png' 레이어를 클릭하여 선택하고 ❷ S 를 눌러 [Scale] 속성을 엽니다. ❸ '10'을 입력하고 Enter 를 누릅니다.

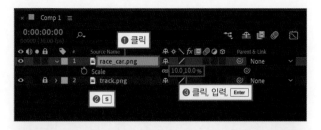

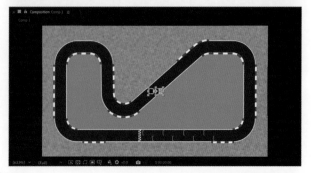

04 Pen 툴(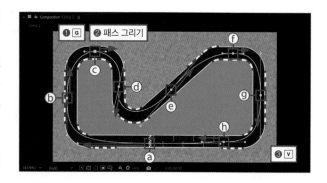)로 [Composition] 패널에 패스를 그려봅니다.

❶ G를 눌러 Pen 툴(✐)을 선택하고 ❷ 마우스로 드래그하여 베지어를 생성하면서 A-B-C-D-E-F-G-H-A 순서로 패스를 그립니다. 베지어 방향과 길이는 화살표를 참고하여 드래그합니다.

**TIP** Pen 툴(✐) 사용이 끝나면 ❸ V를 눌러 Selection 툴(▶)로 돌아갑니다.

05 경로 시작 지점을 설정합니다.

V를 눌러 Selection 툴(▶)을 선택합니다. Pen 툴(✐)로 그린 ❶ Shape 레이어의 [Contents]-[Shape 1]-[Path 1] 속성을 엽니다. ❷ [Path] 속성을 클릭하여 선택합니다. ❸ 경로 시작 지점을 드래그하여 선택하고 ❹ 마우스 오른쪽 버튼을 클릭하여 메뉴에서 ❺ [Mask and Shape Path] - ❻ [Set First Vertex]를 클릭합니다.

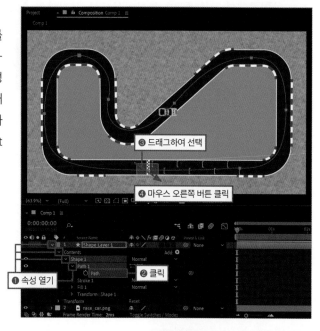

06 ❶ Shape 레이어의 [Contents]-[Shape 1]-[Path 1] 속성을 엽니다. ❷ [Path] 속성을 클릭하여 선택하고 Ctrl+C를 눌러 패스를 복제합니다.

## 07

❶ 'race_car.png' 레이어를 클릭하여 선택하고 P를 눌러 [Position] 속성을 엽니다. ❷ [Position] 속성을 클릭하여 선택하고 Ctrl+V를 눌러 패스를 붙여넣습니다. 키프레임이 생성되었습니다.

## 08

Home을 눌러 인디케이터를 Composition 시작 지점으로 이동하고 Spacebar를 눌러 작업 결과를 확인합니다. 경로를 따라 회전하도록 설정합니다.

❶ 단축키 Ctrl+Alt+O를 눌러 [Auto-Orientation] 창을 엽니다. ❷ [Orient Along Path]를 선택하고 ❸ [OK]를 클릭합니다.

## 09 이동 방향을 바꿉니다.

❶, ❷ 'race_car.png' 레이어의 [Position] 속성에서 마우스 오른쪽 버튼을 클릭하여 메뉴에서 ❸ [Keyframe Assistant] - ❹ [Time-Reverse Keyframes]를 클릭합니다.

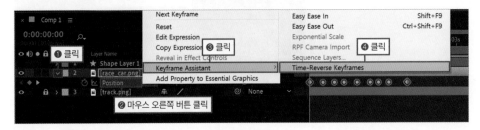

## 10 속도를 느리게 수정합니다.

❶ 'race_car.png' 레이어의 [Position] 속성을 클릭하여 모든 키프레임을 선택합니다. ❷ 가장 오른쪽 끝 키프레임을 Alt+드래그하여 오른쪽 Composition 끝 10초 지점으로 이동합니다.

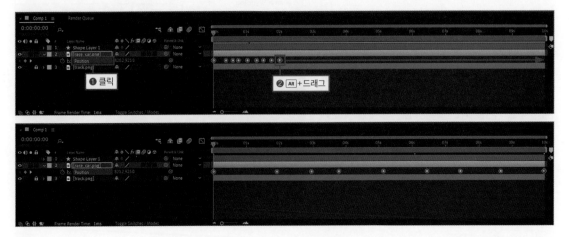

11 [Home]을 눌러 인디케이터를 Composition 시작 지점으로 이동하고 [Spacebar]를 눌러 작업 결과를 확인합니다. 단축키 [Ctrl]+[M]을 눌러 제작된 Composition을 MP4 파일로 렌더링합니다.

❶ [Output Module]의 빠른 포맷 설정에서 'H.264-Match Render Settings-15Mbps'를 선택합니다. ❷ [Output To]에서 렌더링 파일의 저장 경로와 파일 이름을 지정합니다. ❸ [Render]를 클릭하여 렌더링을 시작합니다.

## ● Hold Keyframe

2개 이상의 키프레임이 있는 경우 키프레임과 키프레임 사이에서는 중간값이 생성되는 것이 일반적입니다. ❶ 키프레임에서 마우스 오른쪽 버튼을 클릭하여 메뉴에서 ❷ [Toggle Hold Keyframe] 기능을 적용하여 다음 키프레임 지점까지 중간값 없이 키프레임 수치를 유지할 수 있습니다.

Hold Keyframe을 적용할 경우 키프레임의 모양이 ◖으로 바뀝니다. Hold Keyframe이 적용된 키프레임은 수치가 변하지 않고 유지되다가 다음 키프레임 지점에서 수치가 변하게 됩니다.

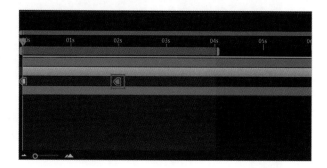

Hold Keyframe을 해제하려면 대상 키프레임을 [Ctrl]+클릭하면 일반 키프레임으로 돌아옵니다.

◎ **준비 파일**: part2/chapter2/mole.png, whack_back.png, whack_front.png
◎ **완성 파일**: part2/chapter2/mole_game.mp4

**01** 단축키 Ctrl + Alt + N 을 눌러 새로운 프로젝트를 생성한 후 Ctrl + I 를 눌러 준비 파일 'mole.png', 'whack_back.png', 'whack_front.png'를 임포트합니다. Ctrl + N 을 눌러 새로운 Composition을 생성합니다.
❶ [Preset]에서 'Social Media Landscape HD · 1920× 1080 · 30fps'를 선택합니다. ❷ [Duration]에 '10.'을 입력하여 Composition 길이를 10초, ❸ [Background Color]를 '검은색'으로 설정합니다. ❹ [OK]를 클릭합니다.

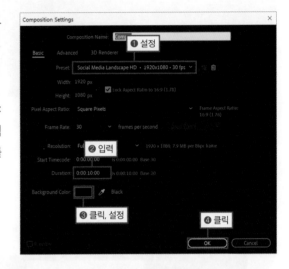

**02** ❶ [Project] 패널에서 'mole.png', 'whack_back.png', 'whack_front.png'를 Timeline으로 드래그하여 배치합니다. ❷, ❸ 'whack_back.png', 'whack_front.png' 레이어를 Lock(🔒) 설정하여 잠급니다.

**03** mole.png 레이어의 크기를 줄입니다. ❶ 'mole.png' 레이어를 클릭하여 선택하고 ❷ S 를 눌러 [Scale] 속성을 엽니다. ❸ '50'을 입력하고 Enter 를 누릅니다.

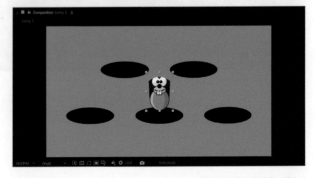

04 mole.png 레이어의 위치를 조정하고 키프레임을 활성화합니다.
❶ 'mole.png' 레이어를 클릭하여 선택하고 P를 눌러 [Position] 속성을 엽니다. ❷ [Composition] 패널에서 드래그하여 위치를 조정합니다. ❸ [Position] 속성의 초시계(⏱)를 클릭하여 키프레임을 활성화합니다.

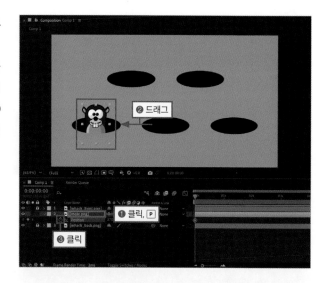

05 ❶ 타임코드 입력창에 '1.'을 입력하여 인디케이터를 1초 0프레임 지점으로 이동합니다. ❷ 'mole.png' 레이어를 이동하여 키프레임을 생성합니다.

06 ❶ 타임코드 입력창에 '2.'을 입력하여 인디케이터를 2초 0프레임 지점으로 이동합니다. ❷ 'mole.png' 레이어를 이동하여 키프레임을 생성합니다.

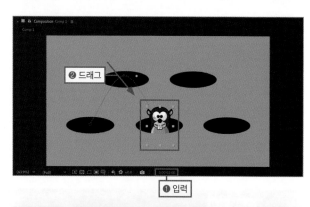

07 ❶ 타임코드 입력창에 '3.'을 입력하여 인디케이터를 3초 0프레임 지점으로 이동합니다. ❷ 'mole.png' 레이어를 이동하여 키프레임을 생성합니다.

**08** ❶ 타임코드 입력창에 '4.'을 입력하여 인디
케이터를 4초 0프레임 지점으로 이동합니다. ❷
'mole.png' 레이어를 이동하여 키프레임을 생성합
니다.

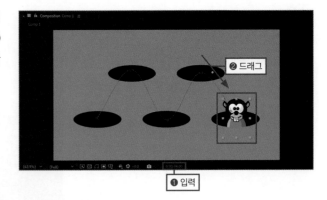

**09** ❶ 생성된 Position 키프레임을 드래그하여 모두 선택하고 ❷ 마우스 오른쪽 버튼을 클릭하여 메뉴에서 ❸
[Toggle Hold Keyframe]을 클릭합니다.

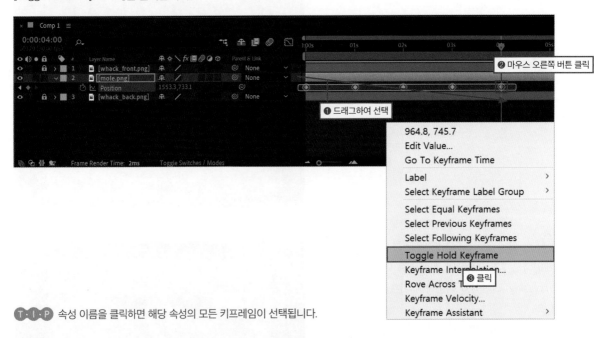

**TIP** 속성 이름을 클릭하면 해당 속성의 모든 키프레임이 선택됩니다.

**10** ❶ 타임코드 입력창에 '5.'을 입력하여 인디케이터를 5초 0프레임 지점으로 이동합니다. ❷ N을 눌러 Work
Area 끝 지점을 설정합니다.

11 Home 을 눌러 인디케이터를 Composition 시작 시섬으로 이동하고 Spacebar 를 눌러 작업 결과를
확인합니다. 단축키 Ctrl + M 을 눌러 제작된 Composition을 MP4 파일로 렌더링합니다.
❶ [Output Module]의 빠른 포맷 설정에서 'H.264-Match Render Settings-15Mbps'를 선택합니다. ❷ [Output To]에
서 렌더링 파일의 저장 경로와 파일 이름을 지정합니다. ❸ [Render]를 클릭하여 렌더링을 시작합니다.

### ● 모션 블러(Motion Blur)

애니메이션 키프레임 적용 후 모션 블러(Motion Blur) 기능으로 빠르게 이동하는 물체의 잔상 효
과를 표현할 수 있습니다.

모션 블러 레이어 지정 버튼(🔘)을 클릭하면 자동으로 모션 블러 버튼이 파란색(🔘)으로 바뀌며
지정된 레이어의 애니메이션에 모션 블러가 적용됩니다.

모션 블러 미적용

모션 블러 효과 적용

Composition 설정의 [Advanced] 탭에서 모션 블러 옵션을 설정할 수 있습니다.

❶ **Shutter Angle**: 수치가 높을수록 블러량이 많아집니다.

❷ **Shutter Phase**: 모션 블러의 앞뒤 방향을 설정합니다.

❸ **Sample Per Frame**: 한 프레임에 합성되는 최소 블러링 이미지 수입니다.

❹ **Adaptive Sample Limit**: 한 프레임에 합성되는 최대 블러링 이미지 수입니다.

---

**NOTE** ▶                                                                          모션 블러 기능

모션 블러 기능은 Transform 속성 키프레임이 있는 레이어에만 적용이 가능합니다. 움직임이 있지만, Transform 속성 키프레임이 없다면(예: mp4 동영상 파일) 모션 블러 기능이 적용되지 않습니다. 동영상 파일에 모션 블러를 적용하기 위해서는 CC Force Motion Blur 이펙트를 활용해야 합니다.

---

**6** ● 기능 예제 ●                                     **오토바이 모션 블러 적용하기**

◎ **준비 파일**: part2/chapter2/delivery.png
◎ **완성 파일**: part2/chapter2/motion_blur.mp4

**01** 단축키 Ctrl+Alt+N 을 눌러 새로운 프로젝트를 생성한 후 Ctrl+I 를 눌러 준비 파일 'delivery. png'를 임포트합니다. 단축키 Ctrl+N 을 눌러 새로운 Composition을 생성합니다.

❶ [Preset]에서 'Social Media Landscape HD·1920× 1080·30fps'를 선택합니다. ❷ [Duration]에 '10.'을 입력하여 Composition 길이를 10초, ❸ [Background Color]를 '검은색'으로 설정합니다. ❹ [OK]를 클릭합니다.

02 단축키 Ctrl + Y 를 눌러 Solid 레이어를 생성합니다.

❶ [Make Comp Size]를 클릭하여 Composition과 동일한 크기로 설정합니다. ❷ 배경색을 지정합니다. ❸ [OK]를 클릭합니다.

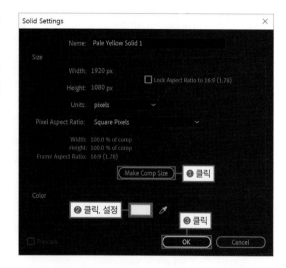

03 ❶ [Project] 패널에서 'delivery.png'를 Timeline으로 드래그하여 배치합니다. ❷ 배경 Solid 레이어를 Lock(🔒) 설정하여 잠급니다.

04 delivery.png 레이어의 크기를 줄입니다.

❶ 'delivery.png' 레이어를 클릭하여 선택하고 ❷ S 를 눌러 [Scale] 속성을 엽니다. ❸ '50'을 입력하고 Enter 를 누릅니다.

**05** delivery.png 레이어의 위치를 조정
하고 키프레임을 활성화합니다.
❶ 'delivery.png' 레이어를 클릭하여 선택하고 P
를 눌러 [Position] 속성을 ❷ [Composition] 패널
에서 드래그하여 화면 오른쪽 밖으로 이동하고 ❸
[Position] 속성의 초시계(🕒)를 클릭하여 키프레
임을 활성화합니다.

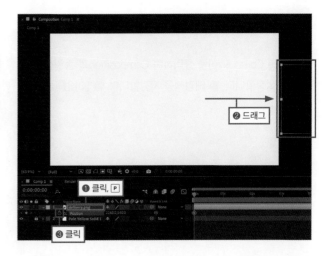

**06** ❶ 타임코드 입력창에 '20'을 입력하여 인
디케이터를 20프레임 지점으로 이동합니다. ❷
'delivery.png' 레이어를 화면 왼쪽 밖으로 이동하
여 키프레임을 생성합니다.

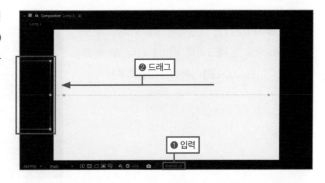

**07** ❶ 'delivery.png' 레이어의 모션 블러(🔵)
를 클릭하여 선택하고 ❷ 활성화 버튼이 파란색으
로 바뀌었는지 확인합니다.

**08** ❶ 타임코드 입력창에 '1.'을 입력하여 인디케이터를 1초 0프레임 지점으로 이동합니다. ❷ N 을 눌러 Work
Area 끝 지점을 설정합니다.

09 Home 을 눌러 인디케이터를 컴포지션 (Composition) 시작 지점으로 이동하고 Spacebar 를 눌러 작업 결과를 확인합니다. 재생 결과뿐만 아니라 정지 화면에서도 모션 블러가 적용된 것을 확인할 수 있습니다.

10 단축키 Ctrl + M 을 눌러 제작된 Composition을 MP4 파일로 렌더링합니다.
❶ [Output Module]의 빠른 포맷 설정에서 'H.264-Match Render Settings-15Mbps'를 선택합니다. ❷ [Output To]에서 렌더링 파일의 저장 경로와 파일 이름을 지정합니다. ❸ [Render]를 클릭하여 렌더링을 시작합니다.

## ● Motion Sketch

[Motion Sketch(모션 스케치)] 패널에서 마우스 드로잉을 캡처하여 Position 키프레임을 생성할 수 있습니다. [모션 스케치] 패널은 상단 메뉴 [Window]-[Motion Sketch]를 클릭하여 열 수 있습니다.

❶ **Capture speed at**: 마우스 드로잉을 캡처할 속도를 설정합니다. 100%보다 높으면 실제보다 느리고, 100%보다 낮으면 실제보다 빠른 속도로 캡처됩니다.

❷ **Smoothing**: 키프레임을 생성할 간격을 설정합니다. 수치가 낮으면 키프레임이 촘촘하게 생성되고, 수치가 높으면 간격이 넓게 적은 수의 키프레임이 생성됩니다.

❸ **Show Wireframe**: 와이어프레임을 표시합니다.

❹ **Show Background**: 캡처하는 중 Composition 화면을 표시합니다.

❺ **Start Capture**: 캡처의 시작 버튼입니다.

Timeline에서 레이어를 선택한 후 [Start Capture] 버튼을 클릭하고 [Composition] 패널에서 드로잉하면 캡처가 시작됩니다.

캡처된 경로는 선택 레이어의 [Position] 속성에 키프레임으로 저장됩니다.

**7** · **기능 예제** ·

# Motion Sketch로 키프레임 생성하기

◎ **준비 파일**: part2/chapter2/eagle.png, eagle_sound.mp3, mountain.jpg
◎ **완성 파일**: part2/chapter2/capture_eagle.mp4

**01** 단축키 Ctrl+Alt+N 을 눌러 새로운 프로젝트를 생성한 후 Ctrl+I 를 눌러 준비 파일 'eagle.png', 'eagle_sound.mp3', 'mountain.jpg'를 임포트합니다. Ctrl+N 을 눌러 새로운 Composition을 생성합니다. ❶ [Preset]에서 'Social Media Landscape HD·1920× 1080·30fps'를 선택합니다. ❷ [Duration]에 '10.'을 입력하여 Composition 길이를 10초, ❸ [Background Color]를 '검은색'으로 설정합니다. ❹ [OK]를 클릭합니다.

**02** ❶ [Project] 패널에서 'eagle.png', 'eagle_sound.mp3', 'mountain.jpg'를 Timeline으로 드래그하여 배치합니다. ❷ 'mountain.jpg' 레이어를 Lock(🔒) 설정하여 잠급니다.

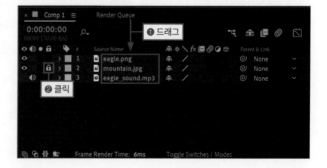

03 eagle.png 레이어의 크기를 줄입니다.
❶ 'eagle.png' 레이어를 클릭하여 선택하고 ❷ S
를 눌러 [Scale] 속성을 엽니다. ❸ '30'을 입력하고
Enter 를 누릅니다.

04 상단 메뉴 ❶ [Window] - ❷ [Motion
Sketch]를 클릭하여 [Motion Sketch] 패널을 엽
니다.

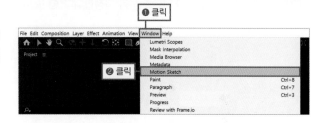

05 [Timeline] 패널에서 eagle.png 레이어를 클릭하여 선택하고,
[Motion Sketch] 패널에서 옵션을 설정합니다.
❶ [Capture Speed]를 '200%', ❷ [Smoothing]을 '50'으로 설정합니다. ❸
[Show]-[Background]에 체크한 후 ❹ [Start Capture] 버튼을 클릭합니다.

06 [Composition] 패널에서 마우스로 드
래그하여 eagle.png 레이어에 적용할 모션
경로를 드로잉합니다.

**07** 단축키 P를 눌러 확인해 보면 eagle.png 레이어의 [Position] 속성에 키프레임이 생성되어 있습니다.

❶ 인디케이터를 마지막 키프레임 지점보다 약 20프레임 뒤로 이동하고 ❷ N을 눌러 Work Area 끝 지점을 설정합니다.

**T·I·P** 키프레임의 간격을 조정하여 애니메이션 속도를 조절할 수 있습니다.

**08** Home을 눌러 인디케이터를 Composition 시작 지점으로 이동하고 Spacebar를 눌러 작업 결과를 확인합니다. 단축키 Ctrl+M을 눌러 제작된 Composition을 MP4 파일로 렌더링합니다.

❶ [Output Module]의 빠른 포맷 설정에서 'H.264-Match Render Settings-15Mbps'를 선택합니다. ❷ [Output To]에서 렌더링 파일의 저장 경로와 파일 이름을 지정합니다. ❸ [Render]를 클릭하여 렌더링을 시작합니다.

# 이지 이즈(Easy Ease) /
# 그래프 에디터(Graph Editor)

AFTER EFFECTS

03

LESSON

모션을 부드럽게 만들어 주는 이지 이즈(Easy Ease)와 그래프로 속도를 조절할 수 있는 그래프 에디터(Graph Editor)에 대해 배워봅니다.

## ● Easy Ease

이지 이즈(Easy Ease)가 적용되지 않은 일반 키프레임들은 중간값들이 모두 일정한 변화량을 가지게 되어 등속도 운동을 하게 됩니다.

일반 키프레임 모션

이지 이즈가 적용된 키프레임들은 변화량이 증가하다가 최고점 이후 다시 감소하게 되어 가속 및 감속 모션으로 표현됩니다.

이지 이즈가 적용된 키프레임 모션

이지 이즈를 적용하려면 키프레임을 선택하고 단축키를 활용합니다.

---

NOTE

이지 이즈 단축키

- F9 : Easy Ease
- Shift + F9 : Easy Ease In, 키프레임 이전 부분만 이지 이즈 적용
- Ctrl + Shift + F9 : Easy Ease Out, 키프레임 이후 부분만 이지 이즈 적용
- Ctrl + 키프레임 클릭: Easy Ease 해제, 일반 키프레임으로 전환

---

키프레임들은 이지 이즈 유형에 따라
다른 모양을 가지게 됩니다.

- 일반 키프레임( )
- Easy Ease( )
- Easy Ease In( )
- Easy Ease Out( )

---

**1** • 기능 예제 •　　　　　　　　**이지 이즈(Easy Ease) - 자동차 모션**

◎ **준비 파일**: part2/chapter2/car_convertible.png, car_green-mobile.png, car_pickup-truck.png, car_red-mobile.png
◎ **완성 파일**: part2/chapter2/ease_car.mp4

**01** 단축키 Ctrl + Alt + N 을 눌러 새로운 프로젝트
를 생성한 후 Ctrl + I 를 눌러 준비 파일 'car_
convertible.png', 'car_green-mobile.png', 'car_
pickup-truck.png', 'car_red-mobile.png'를 임포트합
니다. Ctrl + N 을 눌러 새로운 Composition을 생성합
니다.
❶ [Preset]에서 'Social Media Landscape HD·1920×
1080·30fps'를 선택합니다. ❷ [Duration]에 '10.'을 입력
하여 Composition 길이를 10초, ❸ [Background Color]를
'검은색'으로 설정합니다. ❹ [OK]를 클릭합니다.

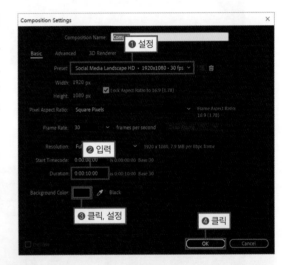

**02** [Project] 패널에서 'car_convertible.
png', 'car_green-mobile.png', 'car_pickup-
truck.png', 'car_red-mobile.png'를
Timeline으로 드래그하여 배치합니다.
❶ Ctrl + A 를 눌러 전체 선택하고 단축키 S 를 눌
러 [Scale] 속성을 펼칩니다. ❷ 수치 값 '20'을 입력
하고 Enter 를 누릅니다.

**03** [Composition] 패널에서 4개의 레이어를 각각 드래그하여 왼쪽에서 위, 아래로 배치합니다.

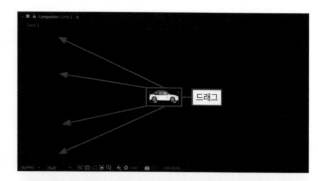

**04** [Timeline] 패널에서 0프레임 지점에 Position 키프레임을 생성합니다.

❶ Ctrl + A 를 눌러 전체 선택하고 P 를 눌러 [Position] 속성을 펼칩니다. ❷ 초시계(⏱)를 클릭하여 키프레임을 활성화합니다.

**05** [Composition] 패널에서 ❶ 타임코드 입력창에 '3.'을 입력하여 인디케이터를 3초 0프레임 지점으로 이동합니다. ❷ 4개의 레이어를 드래그하여 화면 오른쪽으로 이동합니다.

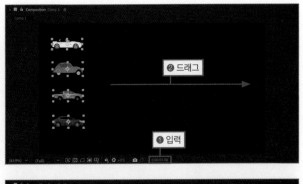

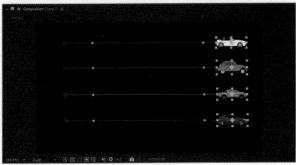

**06** ❶, ❷, ❸, ❹ 마지막 레이어의 키프레임 2개와 2번 레이어의 첫 번째 키프레임, 3번 레이어의 두 번째 키프레임을 선택하고 ❺ F9를 눌러 Easy Ease를 설정합니다.

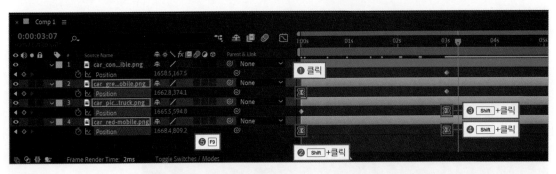

**T·I·P** Shift +클릭으로 키프레임을 동시에 선택할 수 있습니다.

**07** ❶ 타임코드 입력창에 '4.'을 입력하여 인디케이터를 4초 0프레임 지점으로 이동합니다. ❷ N을 눌러 Work Area 끝 지점을 설정합니다.

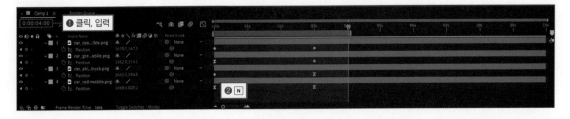

$\underset{\large 08}{}$ [Home]을 눌러 인디케이터를 Composition 시작 지점으로 이동하고 [Spacebar]를 눌러 작업 결과를 확인합니다. Easy Ease 유형에 따라 4대 차량의 가속 및 감속 모션이 다른 것을 확인할 수 있습니다. 단축키 [Ctrl]+[M]을 눌러 제작된 Composition을 MP4 파일로 렌더링합니다.

❶ [Output Module]의 빠른 포맷 설정에서 'H.264-Match Render Settings-15Mbps'를 선택합니다. ❷ [Output To]에서 렌더링 파일의 저장 경로와 파일 이름을 지정합니다. ❸ [Render]를 클릭하여 렌더링을 시작합니다.

### ● Value 그래프

애니메이션 키프레임 적용 후 ❶ Timeline에서 [icon] 버튼을 클릭하면 그래프 에디터(Graph Editor) 화면으로 전환됩니다. ❷ 그래프 에디터 유형 설정([icon])을 클릭하고 ❸ [Edit Value Graph]를 클릭하면 Easy Ease가 적용된 키프레임의 수치 변화 정도를 그래프로 수정할 수 있습니다.

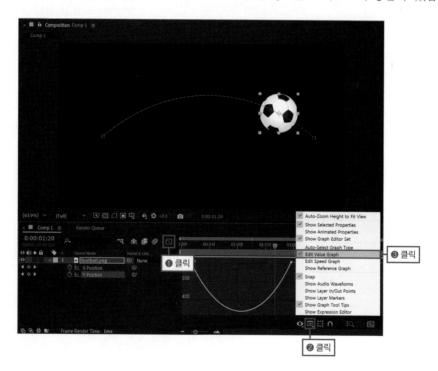

## Graph Editor 하단 바

❶ 표현 속성 설정
❷ 그래프 에디터 유형 설정
❸ 선택된 키프레임 바운딩 박스 설정
❹ 스냅 설정
❺ 선택된 그래프 자동 높이 맞춤
❻ 선택된 그래프 폭 맞춤
❼ 전체 그래프 폭 맞춤
❽ X축, Y축 분리

❾ 키프레임 속성 설정
❿ 선택된 키프레임 Hold 설정
⓫ 선택된 키프레임 Linear 설정
⓬ 선택된 키프레임 그래프 베지어 초기화
⓭ 선택된 키프레임 이지 이즈 적용
⓮ 선택된 키프레임 이지 이즈 인 적용
⓯ 선택된 키프레임 이지 이즈 아웃 적용

---

**2** ◦ 기능 예제 ◦  **축구공 애니메이션**

◎ **준비 파일**: part2/chapter2/football.png
◎ **완성 파일**: part2/chapter2/soccerball.mp4

**01** 단축키 Ctrl + Alt + N 을 눌러 새로운 프로젝트를 생성한 후 Ctrl + I 를 눌러 준비 파일 'football.png'를 임포트합니다. 단축키 Ctrl + N 을 눌러 새로운 Composition을 생성합니다.

❶ [Preset]에서 'Social Media Landscape HD·1920×1080·30fps'를 선택합니다. ❷ [Duration]에 '10.'을 입력하여 Composition 길이를 10초, ❸ [Background Color]를 '검은색'으로 설정합니다. ❹ [OK]를 클릭합니다.

## 02 단축키 Ctrl+Y를 눌러 Solid 레이어를 생성합니다.

**①** [Make Comp Size]를 클릭하여 Composition과 동일한 크기로 설정합니다. **②** 배경색을 지정합니다. **③** [OK]를 클릭합니다.

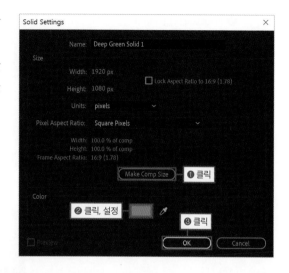

## 03 **①** [Project] 패널에서 'football.png'를 Timeline으로 드래그하여 배치합니다. **②** 배경 Solid 레이어를 Lock(🔒) 설정하여 잠급니다.

## 04 football.png 레이어의 크기를 줄입니다.

**①** 'football.png' 레이어를 클릭하여 선택하고 **②** S를 눌러 [Scale] 속성을 엽니다. **③** '25'를 입력하고 Enter를 누릅니다.

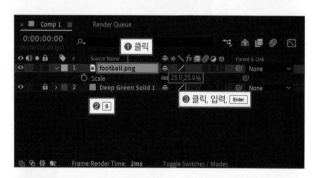

**05** ❶ 'football.png' 레이어를 클릭하여 선택하고 P 를 눌러 [Position] 속성을 엽니다. ❷ [Position] 속성에서 마우스 오른쪽 버튼을 클릭하여 메뉴에서 ❸ [Separate Dimensions]를 클릭합니다. [Position] 속성이 X와 Y로 나뉘게 됩니다.

**06** ❶ Composition 시작 지점에서 [Y Position]의 초시계(◯)를 클릭하여 키프레임을 활성화합니다. ❷ 수치 값 '270'을 입력하고 Enter 를 누릅니다.

**07** ❶ 타임코드 입력창에 '15'를 입력하여 인디케이터를 15프레임 지점으로 이동합니다. ❷ 수치 값 '780'을 입력하고 Enter 를 누릅니다.

**08** ❶ 생성된 Y Position 키프레임 2개를 드래그하여 선택하고 ❷ Ctrl + C 를 눌러 복제합니다. ❸ 타임코드 입력창에 '1.'을 입력하여 인디케이터를 1초 0프레임 지점으로 이동하고 ❹ Ctrl + V 를 눌러 복제된 키프레임을 붙여넣습니다.

**09** 다시 한 번 복사합니다.
❶ 생성된 Y Position 키프레임 4개를 드래그하여 선택하고 ❷ Ctrl + C 를 눌러 복제합니다. ❸ 타임코드 입력창에 '2.'을 입력하여 인디케이터를 2초 0프레임 지점으로 이동하고 ❹ Ctrl + V 를 눌러 복제된 키프레임을 붙여넣습니다.

**10** ❶ Home 을 눌러 인디케이터를 Composition 시작 지점으로 이동합니다. ❷ [X Position] 속성에 '-180'을 입력하고 Enter 를 누릅니다. ❸ 초시계 (🕐)를 클릭하여 키프레임을 활성화합니다.

11 ❶ 타임코드 입력창에 '3.15'를 입력하여 인디케이터를 3초 15프레임 지점으로 이동합니다. ❷ [X Position] 속성에 '2100'을 입력하고 Enter 를 누릅니다.

12 ❶ 🖼 버튼을 클릭하여 그래프 에디터로 전환합니다. ❷ 그래프 에디터 유형 설정(🖼)을 클릭하고 ❸ [Edit Value Graph]를 클릭하여 선택합니다.

13 ❶ [Y Position] 속성을 클릭하면 그래프가 나타납니다. ❷ 그래프에서 아래 4개 포인트를 드래그하여 선택하고 ❸ F9 를 눌러 베지어를 생성합니다.

**14** 베지어 핸들을 드래그하여 수평을 유지하며 양쪽으로 넓혀줍니다.

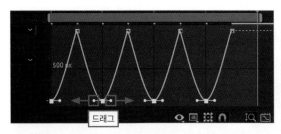 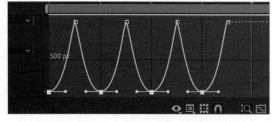

**T·I·P** 베지어 핸들에 드래그+ Shift 를 이용하면 쉽게 수평을 유지할 수 있습니다.

**15** ① ▣ 버튼을 클릭하여 그래프 에디터를 닫습니다. ② Home 을 눌러 인디케이터를 Composition 시작 지점으로 이동합니다. ③ 'football.png' 레이어를 클릭하여 선택하고 R 을 눌러 [Rotation] 속성을 엽니다. ④ 초시계(◉)를 클릭하여 키프레임을 활성화합니다.

**16** ① 타임코드 입력창에 '3.15'를 입력하여 인디케이터를 3초 15프레임 지점으로 이동합니다. ② [Rotation] 속성에 '1x+0.0'을 입력하고 Enter 를 누릅니다.

**17** ❶ 타임코드 입력창에 '4.'을 입력하여 인디케이터를 4초 0프레임 지점으로 이동합니다. ❷ N 을 눌러 Work Area 끝 지점을 설정합니다.

**18** Home 을 눌러 인디케이터를 Composition 시작 지점으로 이동하고 Spacebar 를 눌러 작업 결과를 확인합니다. 단축키 Ctrl + M 을 눌러 제작된 Composition을 MP4 파일로 렌더링합니다.
❶ [Output Module]의 빠른 포맷 설정에서 'H.264-Match Render Settings-15Mbps'를 선택합니다. ❷ [Output To]에서 렌더링 파일의 저장 경로와 파일 이름을 지정합니다. ❸ [Render]를 클릭하여 렌더링을 시작합니다.

---

**3** • 기능 예제 •

# 캐릭터 트랜지션

⊙ **준비 파일**: part2/chapter2/lion.png, tiger.png
⊙ **완성 파일**: part2/chapter2/tiger_lion.mp4

**01** 단축키 Ctrl + Alt + N 을 눌러 새로운 프로젝트를 생성한 후 Ctrl + I 를 눌러 준비 파일 'lion.png', 'tiger.png'를 임포트합니다. Ctrl + N 을 눌러 새로운 Composition을 생성합니다.
❶ [Preset]에서 'Social Media Landscape HD·1920×1080·30fps'를 선택합니다. ❷ [Duration]에 '10.'을 입력하여 Composition 길이를 10초, ❸ [Background Color]를 '검은색'으로 설정합니다. ❹ [OK]를 클릭합니다.

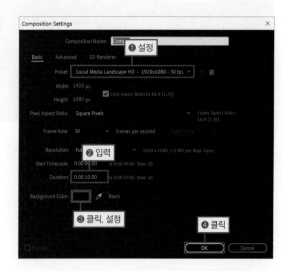

02 단축키 [Ctrl]+[Y]를 눌러 Solid 레이어를 생성
합니다.

❶ [Make Comp Size]를 클릭하여 Composition과 동일한
크기로 설정합니다. ❷ 배경색을 지정합니다. ❸ [OK]를 클
릭합니다.

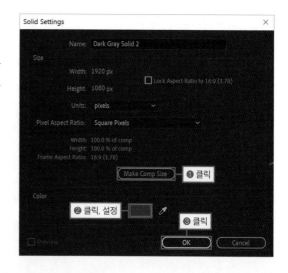

03 ❶ [Project] 패널에서 'lion.png', 'tiger.png'
를 Timeline으로 드래그하여 배치합니다. ❷ 배경
Solid 레이어를 Lock(🔒) 설정하여 잠급니다.

04 lion.png 레이어, tiger.png 레이어의
크기를 줄입니다.

❶, ❷ 'lion.png', 'tiger.png' 레이어를 클릭하여 선
택하고 ❸ [S]를 눌러 [Scale] 속성을 엽니다. ❹ 각
각 수치 값 '70'을 입력하고 [Enter]를 누릅니다.

05 ❶ 타임코드 입력창에 '2.'을 입력하여 인디케이터를 2초 0프레임 지점으로 이동합니다. ❷ Alt + ] 를 눌러 선택된 두 레이어의 길이를 줄이고 ❸ Ctrl + Shift + A 를 눌러 레이어를 모두 선택 해제합니다. ❹ 'lion.png' 레이어를 다시 선택하고 [ 를 눌러 레이어를 2초 0프레임 지점으로 이동합니다.

06 ❶ 타임코드 입력창에 '1.10'을 입력하여 인디케이터를 1초 10프레임 지점으로 이동합니다. ❷ 'tiger.png' 레이어를 선택하고 R 을 눌러 [Rotation] 속성을 엽니다. ❸ 초시계(⏱)를 클릭하여 키프레임을 활성화합니다.

07 ❶ 타임코드 입력창에 '2.'을 입력하여 인디케이터를 2초 0프레임 지점으로 이동합니다. ❷ 'tiger.png' 레이어의 [Rotation] 속성에 '2x+0.0'을 입력하고 Enter 를 누릅니다. ❸ 'lion.png' 레이어를 클릭하여 선택하고 R 을 눌러 [Rotation] 속성을 엽니다. ❹ 'lion.png' 레이어의 [Rotation] 속성에 '-2x+0.0'을 입력하고 Enter 를 누릅니다. ❺ 초시계(⏱)를 클릭하여 키프레임을 활성화합니다.

08 ❶ 타임코드 입력창에 '2.20'을 입력하여 인디케이터를 2초 20프레임 지점으로 이동합니다. ❷ 'lion.png' 레이어의 [Rotation] 속성에 '0x+0.0'을 입력하고 Enter 를 누릅니다.

09 ❶ 📷 버튼을 클릭하여 그래프 에디터로 전환합니다. ❷ 그래프 에디트 유형 설정(📷)을 클릭하고 ❸ [Edit Value Graph]를 클릭하여 선택합니다. ❹ + 를 눌러 Timeline을 확대합니다.

10 ❶ 'tiger.png' 레이어의 [Rotation] 속성을 더블 클릭하고 F9 를 눌러 베지어를 생성합니다. ❷, ❸ 베지어 핸들을 4분의 3지점까지 드래그하여 오른쪽 아래 방향으로 볼록하게 만듭니다.

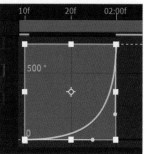

T·I·P 왼쪽 아래 키프레임의 베지어가 수평을 유지해야 합니다.

T·I·P 베지어 핸들에 드래그+ Shift 를 이용하면 쉽게 수평을 유지할 수 있습니다.

11 ❶ 'lion.png' 레이어의 [Rotation] 속성을 더블 클릭하고 F9를 눌러 베지어를 생성합니다. ❷, ❸ 베지어 핸들을 4분의 3지점까지 드래그하여 왼쪽 위 방향으로 볼록하게 만듭니다.

T·I·P 오른쪽 위 키프레임의 베지어가 수평을 유지해야 합니다.

12 ❶ ▣ 버튼을 클릭하여 그래프 에디터를 닫고 ❷ 타임코드 입력창에 '4.'을 입력하여 인디케이터를 4초 0프레임 지점으로 이동합니다. ❸ N 을 눌러 Work Area 끝 지점을 설정합니다.

13 Home 을 눌러 인디케이터를 Composition 시작 지점으로 이동하고 Spacebar 를 눌러 작업 결과를 확인합니다. 빠르게 회전하는 순간에 레이어가 교체되어 캐릭터가 자연스럽게 전환되고 있습니다. 단축키 Ctrl + M 을 눌러 제작된 Composition을 MP4 파일로 렌더링합니다.
❶ [Output Module]의 빠른 포맷 설정에서 'H.264-Match Render Settings-15Mbps'를 선택합니다. ❷ [Output To]에서 렌더링 파일의 저장 경로와 파일 이름을 지정합니다. ❸ [Render]를 클릭하여 렌더링을 시작합니다.

T·I·P 알파 채널을 포함한 상태로 렌더링된 파일은 다른 작업 시 Composition 위에 올려 합성할 수 있습니다.

AFTER EFFECTS

# 04

LESSON

# Shape 애니메이션

Shape 레이어의 추가 속성인 Path 속성과 File&Gradient 속성에 대해 알아본 후 Path 키프레임에 대해 알아봅니다.

## ● Shape 레이어 추가 속성

쉐잎(Shape) 툴이나 펜(Pen) 툴로 제작한 Shape 레이어 속성창에서 ▶ 버튼을 눌러 추가적으로 필요한 속성을 활용할 수 있습니다.

### Path 속성

쉐잎 툴 4가지를 이용하여 도형을 제작하면 자동적으로 추가되는 속성입니다.

| Rectangle |
|---|
| Ellipse |
| Polystar |
| Path |

### Fill & Gradient 속성

Shape 레이어는 기본적으로 Fill과 Gradient 속성을 가지고 있으며 적용된 Fill, Gradient 유형에 따라 자동적으로 변경/추가되는 속성입니다.

| Fill |
|---|
| Stroke |
| Gradient Fill |
| Gradient Stroke |

**변형 속성**

① **Merge Paths**: 하나의 레이어 2개 이상의 패스가 있는 경우 합집합, 차집합, 교집합 등을 설정할 수 있습니다.

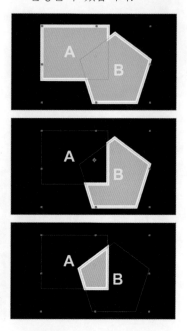

② **Offset Paths**: 패스에서 벗어난 정도를 설정합니다.

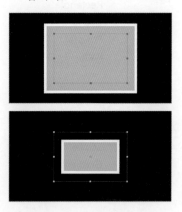

③ **Pucker & Bloat**: 패스를 볼록/오목하게 표현합니다.

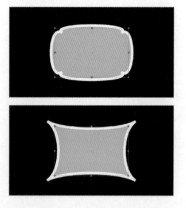

④ **Repeater**: 패스를 여러 번 반복하여 표현합니다.

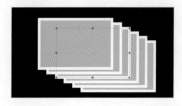

⑤ **Round Corners**: 패스의 코너를 둥글게 표현합니다.

⑥ **Trim Paths**: 패스의 전체를 표현하지 않고 일부분만 표현합니다.

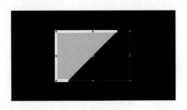

⑦ **Twist**: 패스를 비틀어서 표현합니다.

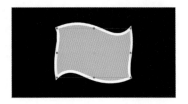

⑧ **Wiggle Paths**: 패스를 랜덤으로 변형시킵니다. 결과는 계속 변하여 애니메이트됩니다.

⑨ **Wiggle Transform**: 패스 트랜스폼으로 변형한 수치를 랜덤으로 애니메이트합니다.

⑩ **Zig Zag**: 패스를 지그재그로 표현합니다.

---

**1** · 기능 예제 ·                    마우스 클릭 효과 만들기

◎ **완성 파일**: Part2/Chapter2/click.mov

**01** 단축키 Ctrl+Alt+N 을 눌러 새로운 프로젝트를 생성합니다. Ctrl+N 을 눌러 새로운 Composition을 생성합니다.

❶ Preset에서 Social Media Landscape HD·1920× 1080·30fps를 선택합니다. ❷ Duration에서 '10.'을 입력하여 Composition 길이를 10초로 설정합니다. ❸ Background Color를 검정색으로 설정합니다. ❹ [OK]를 클릭합니다.

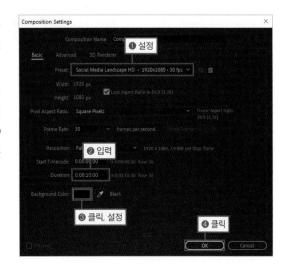

02 Composition 패널의 Grid and Guide Option에서 Title/Action Safe를 클릭합니다.

03 ❶ 단축키 G를 눌러 Pen(✏) 툴을 선택합니다. ❷ 화면 정가운데를 클릭하고 ❸ 12시 지점에 Shift +클릭합니다. ❹ Fill 컬러를 여러 번 Alt +클릭하여 None으로 설정하고 ❺ Stroke 컬러를 여러번 Alt +클릭하여 Solid Color로 설정합니다. ❻ Stroke Width를 20으로 설정합니다.

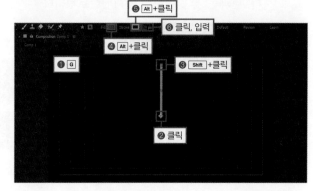

04 ❶ Shape 레이어의 속성을 열고 ❷ Add 버튼을 클릭하여 ❸ Repeater를 추가합니다.

05 ❶ Repeater1 속성과 ❷ Transform: Repeater1 속성을 엽니다. ❸ Copies: 8 ❹ Position: 0, 0 ❺ Rotation: 0x+45로 설정합니다.

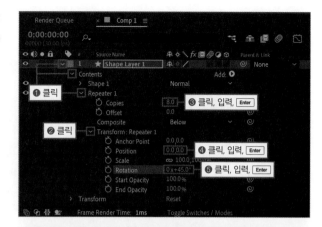

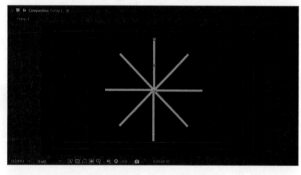

06 ❶ Add 버튼을 클릭하여 ❷ Trim Paths를 추가합니다.

07 Composition 시작 지점에서 ❶ Trim Paths1 속성을 열고 ❷ End 수치에 0을 입력하고 Enter 를 누릅니다. ❸ Start와 End 초시계를 클릭하여 키프레임을 활성화합니다.

08 ❶ Shift + Page Down 을 눌러 10프레임 지점으로 이동합니다. ❷ Start 속성에 100, End 속성에 100을 입력하고 Enter 를 누릅니다.

09 ❶ End 속성의 키프레임 2개를 드래그하여 선택합니다. ❷ 선택된 키프레임을 드래그하여 오른쪽으로 이동합니다. 오른쪽으로 이동하는 만큼 클릭 효과의 선 길이가 길어집니다. 3~5프레임 정도 이동하는 것이 적절합니다.

T·I·P 속성 이름을 클릭하면 해당 속성의 모든 키프레임이 선택됩니다.

10 ❶ 타임코드 입력창에 '20'을 입력하여 인디케이터를 20프레임 지점으로 이동합니다. ❷ N 을 눌러 Work Area 끝 지점을 설정합니다.

**11** Home 를 눌러 인디케이터를 Composition 시작 지점으로 이동하고 Spacebar 를 눌러 작업 결과를 확인합니다. 단축키 Ctrl + M 을 눌러 제작된 Composition을 MOV 파일로 렌더링합니다.
❶ Output Module 빠른 포맷 설정에서 High Quality with Alpha를 선택합니다. ❷ Output to에서 렌더링 파일 저장 경로와 파일 이름을 지정합니다. ❸ [Render]를 클릭하여 렌더링을 시작합니다.

T·I·P 알파채널을 포함한 상태로 렌더링된 파일은 다른 작업 시 Composition 위에 올려 합성할 수 있습니다.

### ● Path 키프레임

베지어 패스(Bezier Path)로 제작된 Shape 레이어는 키프레임으로 Shape 의 모양을 변형할 수 있습니다.

키프레임을 활성화한 후 Timeline을 이동하고 베지어 패스의 모양을 바꾸면 도형의 모양이 변하는 모습이 애니메이션으로 표현됩니다.

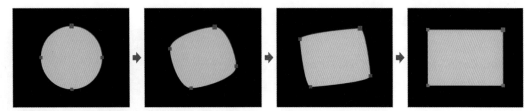

Path 속성 키프레임으로 모양이 변하는 Shape

베지어 패스(Bezier Path) 속성은 복사 하여 다른 레이어의 Path 속성에 붙여 넣을 수 있습니다.

애프터 이펙트 프로그램에서 제작한 베지어 패스가 아니더라도 활용할 수 있습니다. 포토샵이나 일러스트 프로그램의 펜 툴 (✏)로 제작한 베지어 패스를 복제하여 애프터 이펙트의 [Shape Layer]-[Path] 속성에 붙여넣으면 됩니다.

---

## 2 · 기능 예제 · Path 키프레임 - 카드 문양

◎ **준비 파일:** part2/chapter2/card_clubs.png, card_dia.png, card_heart.png, card_pica.png
◎ **완성 파일:** part2/chapter2/shape_path.mp4

**01** 단축키 Ctrl + Alt + N 을 눌러 새로운 프로젝트를 생성한 후 Ctrl + I 를 눌러 준비 파일 'card_clubs. png', 'card_dia.png', 'card_heart.png', 'card_pica.png'를 임포트합니다. Ctrl + N 을 눌러 새로운 Composition을 생성합니다.

❶ [Preset]에서 'Social Media Landscape HD · 1920× 1080 · 30fps'를 선택합니다. ❷ [Duration]에 '10.'을 입력하여 Composition 길이를 10초, ❸ [Background Color]를 '검은색'으로 설정합니다. ❹ [OK]를 클릭합니다.

**02** 단축키 Ctrl + Y 를 눌러 Solid 레이어를 생성합니다.

❶ [Make Comp Size]를 클릭하여 Composition과 동일한 크기로 설정합니다. ❷ 배경색을 지정합니다. ❸ [OK]를 클릭합니다.

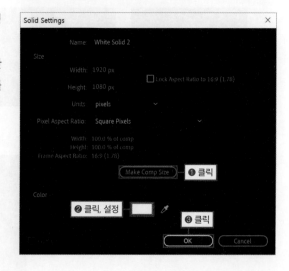

03 ❶ [Project] 패널에서 'card_clubs.png', 'card_dia.png', 'card_heart.png', 'card_pica.png'를 Timeline으로 드래그하여 배치합니다. ❷ 배경 Solid 레이어를 Lock(🔒) 설정하여 잠급니다.

04 ❶ G를 눌러 Pen 툴(✒️)을 선택하고 ❷ [Composition] 패널에서 임의의 지점을 클릭하여 베지어 Shape 레이어를 생성합니다.

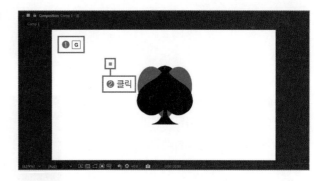

05 ❶ Shape 레이어의 [Contents]-[Shape 1]-[Path 1] 속성을 엽니다. ❷ [Path] 속성에 키프레임을 생성합니다. ❸ U를 눌러 키프레임의 활성화된 속성만 보이도록 합니다.

06 카드 문양 png 레이어의 형태를 따라 Path를 자동 생성합니다.
❶ 첫 번째 카드 문양 레이어를 클릭하여 선택하고 ❷ 마지막 레이어를 Shift +클릭하여 동시에 선택합니다.

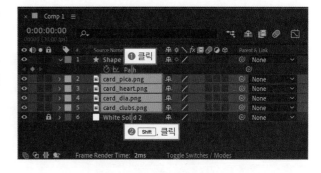

07 상단 메뉴 ❶ [Layer] - ❷ [Auto-trace]를 클릭합니다.

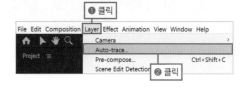

08 ❶ [Auto-trace] 설정창에서 [Tolerance]의 수치를 '5'로 설정하고 ❷ [OK]를 클릭합니다.

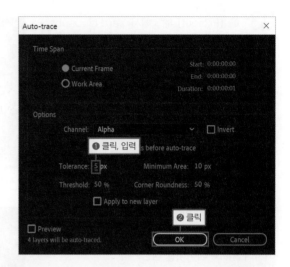

09 ❶ Ctrl + A 를 눌러 전체 선택하고 ❷ U 를 눌러 키프레임의 활성화된 속성만 보이도록 합니다. ❸ Ctrl + Shift + A 를 눌러 전체 선택 해제합니다.

결과 화면-[Timeline] 패널

10 Auto-trace로 생성된 Path를 Shape 레이어에 키프레임 형태로 붙여넣습니다.
❶ 첫 번째 카드 문양 레이어의 [Mask Path] 속성을 클릭하여 선택하고 ❷ Ctrl + C 를 눌러 복제합니다. ❸ Shape 레이어의 [Path] 속성을 클릭합니다. ❹ Composition 시작 지점에서 Ctrl + V 를 눌러 붙여넣습니다. ❺ 인디케이터를 1초 0프레임 지점으로 이동하고 ❻ Ctrl + V 를 눌러 한 번 더 붙여넣습니다.

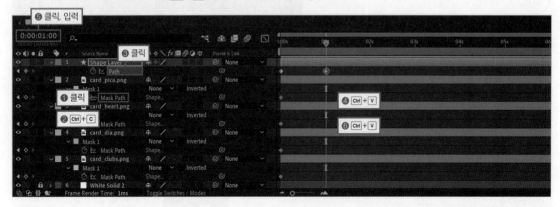

**11** ❶ 두 번째 카드 문양 레이어의 [Mask Path] 속성을 클릭하여 선택하고 ❷ Ctrl + C 를 눌러 복제합니다. ❸ Shape 레이어의 [Path] 속성을 클릭하여 선택합니다. ❹ 인디케이터를 1초 10프레임 지점으로 이동하고 ❺ Ctrl + V 를 눌러 붙여넣습니다. ❻ 인디케이터를 2초 10프레임 지점으로 이동하고 ❼ Ctrl + V 를 눌러 한 번 더 붙여넣습니다.

**12** ❶ 세 번째 카드 문양 레이어의 [Mask Path] 속성을 클릭하여 선택하고 ❷ Ctrl + C 를 눌러 복제합니다. ❸ Shape 레이어의 [Path] 속성을 클릭하여 선택합니다. ❹ 인디케이터를 2초 20프레임 지점으로 이동하고 ❺ Ctrl + V 를 눌러 붙여넣습니다. ❻ 인디케이터를 3초 20프레임 지점으로 이동하고 ❼ Ctrl + V 를 눌러 한 번 더 붙여넣습니다.

**13** ❶ 네 번째 카드 문양 레이어의 [Mask Path] 속성을 클릭하여 선택하고 ❷ Ctrl + C 를 눌러 복제합니다. ❸ Shape 레이어의 [Path] 속성을 클릭하여 선택합니다. ❹ 인디케이터를 4초 0프레임 지점으로 이동하고 ❺ Ctrl + V 를 눌러 붙여넣습니다. ❻ 인디케이터를 5초 0프레임 지점으로 이동하고 ❼ Ctrl + V 를 눌러 한 번 더 붙여넣습니다.

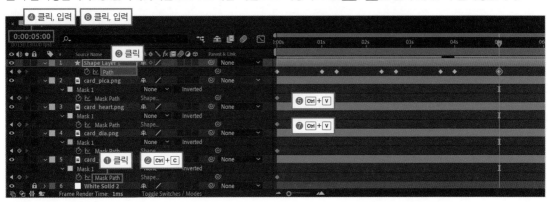

**14** ❶ Shape 레이어의 [Path] 속성의 첫 키프레임을 클릭하여 선택하고 ❷ Ctrl+C를 눌러 복제합니다. ❸ 인디케이터를 5초 0프레임 지점으로 이동하고 ❹ Ctrl+V를 눌러 붙여넣습니다. ❺ N을 눌러 Work Area 끝 지점을 설정합니다.

**15** ❶ 첫 번째 카드 문양 레이어를 클릭하여 선택하고 ❷ 마지막 레이어를 Shift+클릭하여 동시에 선택합니다. ❸ Delete를 눌러 선택된 레이어들을 삭제합니다.

**16** Home을 눌러 인디케이터를 Composition 시작 지점으로 이동하고 Spacebar를 눌러 작업 결과를 확인합니다. 단축키 Ctrl+M을 눌러 제작된 Composition을 MP4 파일로 렌더링합니다.

❶ [Output Module]의 빠른 포맷 설정에서 'H.264-Match Render Settings-15Mbps'를 선택합니다. ❷ [Output To]에서 렌더링 파일의 저장 경로와 파일 이름을 지정합니다. ❸ [Render]를 클릭하여 렌더링을 시작합니다.

# 텍스트 애니메이션

텍스트 레이어만의 특별한 애니메이션 기능을 배워봅니다.

LESSON

## ● Path Option

텍스트 레이어는 Path Option을 활용
하여 마스크 패스를 따라 텍스트를 쓸
수 있습니다.

텍스트 레이어에 마스크 패스를 생성하고 [Path Options] 속성을 펼칩니다.

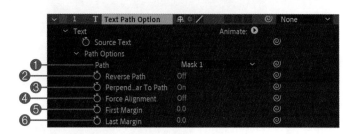

❶ **Path**: 텍스트가 따라 쓰여질 마스크 패스를 선택합니다.

❷ **Reverse Path**: 패스 위나 아래 또는 안이나 밖을 전환합니다.

❸ **Perpendicular To Path**: 패스를 따라 텍스트가 회전합니다.

❹ **Force Alignment**: 양쪽 끝 정렬합니다.

❺ **First Margin**: 시작 간격을 설정합니다.

❻ **Last Margin**: 끝 간격을 설정합니다.

# 패스 따라 흘러가는 텍스트 만들기

◎ **완성 파일**: part2/chapter2/text_path.mp4

**01** 단축키 [Ctrl]+[Alt]+[N]을 눌러 새로운 프로젝트를 생성한 후 [Ctrl]+[N]을 눌러 새로운 Composition을 생성합니다.

❶ [Preset]에서 'Social Media Landscape HD·1920×1080·30fps'를 선택합니다. ❷ [Duration]에 '10.'을 입력하여 Composition 길이를 10초, ❸ [Background Color]를 '검은색'으로 설정합니다. ❹ [OK]를 클릭합니다.

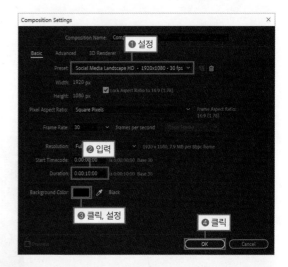

**02** ❶ 단축키 [Ctrl]+[T]를 눌러 Type 툴(**T**)을 선택합니다. ❷ [Composition] 패널에 클릭하여 텍스트를 작성합니다. ❸ [Character] 패널에서 폰트, 크기, 색상 등을 설정합니다.

**03** ❶ [G]를 눌러 Pen 툴(✏)을 선택합니다. ❷ [Timeline] 패널에서 텍스트 레이어를 클릭하여 선택하고 ❸, ❹, ❺ [Composition] 패널에서 클릭&드래그하여 베지어 패스를 생성합니다.

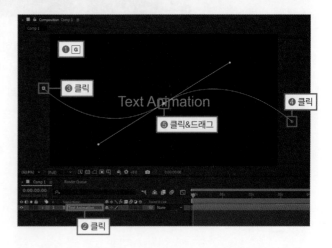

04 ❶ 텍스트 레이어 속성을 열고 [Text]-
[Path Options]를 엽니다. ❷ Path를 클릭하여 ❸
'Mask 1'을 선택합니다.

05 ❶ [First Margin] 속성 수치 값을 왼쪽으로 여러 번 드래그하여 텍스트가 화면 왼쪽으로 벗어나도록 합니다.
❷ 초시계(⏱)를 클릭하여 키프레임을 활성화합니다.

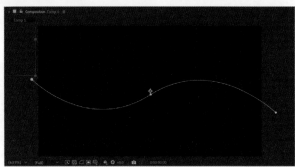

## 06

❶ 타임코드 입력창에 '4.'을 입력하여 인디케이터를 4초 0프레임 지점으로 이동합니다. ❷ [First Margin] 속성 수치 값을 오른쪽으로 드래그하여 텍스트가 화면 오른쪽으로 벗어나도록 합니다.

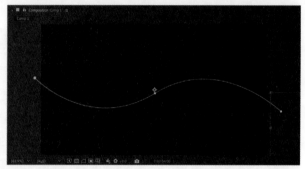

## 07

❶ 타임코드 입력창에 '5.'을 입력하여 인디케이터를 5초 0프레임 지점으로 이동합니다. ❷ N을 눌러 Work Area 끝 지점을 설정합니다.

## 08

Home을 눌러 인디케이터를 Composition 시작 지점으로 이동하고 Spacebar를 눌러 작업 결과를 확인합니다. 단축키 Ctrl+M을 눌러 제작된 Composition을 MP4 파일로 렌더링합니다.

❶ [Output Module]의 빠른 포맷 설정에서 'H.264-Match Render Settings-15Mbps'를 선택합니다. ❷ [Output To]에서 렌더링 파일의 저장 경로와 파일 이름을 지정합니다. ❸ [Render]를 클릭하여 렌더링을 시작합니다.

## ● Animate

텍스트 레이어의 [Animate] 메뉴에서
는 애니메이션 속성을 추가적으로 활
용할 수 있습니다.

### 1) Property 텍스트 애니메이션 속성

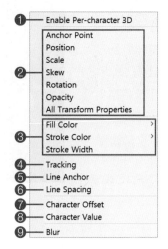

**❶ Enable Per-character 3D**: 각 레터에 3D 속성 부여

**❷ 트랜스폼 속성**

**❸ Fill&Stroke 속성**

**❹ Tracking**: 레터 간격

**❺ Line Anchor**: 줄 좌우 기준

**❻ Line Spacing**: 줄 위 또는 아래 간격

**❼ Character Offset**: 알파벳 및 가나다 상댓값

**❽ Character Value**: 알파벳 및 가나다 절댓값

**❾ Blur**: 흐림 효과

## 2) Range Selector

애니메이션 속성 추가 후 텍스트 애니메이
션 적용 범위를 설정할 수 있습니다.

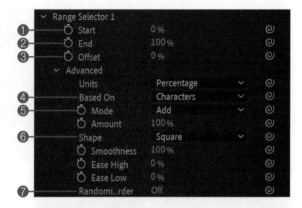

❶ **Start**: 텍스트 애니메이션 범위 시작점

❷ **End**: 텍스트 애니메이션 범위 끝점

❸ **Offset**: 텍스트 애니메이션 범위 이동

❹ **Based On**: 단위 설정(글자, 단어, 줄)

❺ **Mode**: 선택 범위와 선택되지 않은 범위의
관계 설정

❻ **Shape**: 텍스트 애니메이션 적용 모양 설정

❼ **Randomize Order**: 랜덤 범위 설정

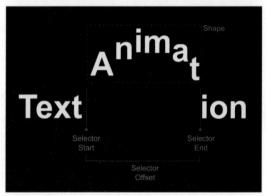

## 3) Wiggly Selector

❶ [Add] - ❷ [Selector] - ❸ [Wiggly]
를 추가하여 랜덤 텍스트 애니메이션
을 설정할 수 있습니다.

❶ 랜덤 최댓값

❷ 랜덤 최솟값

❸ 단위 설정(글자, 단어, 줄)

❹ 1초당 랜덤값 변화 횟수

❺ 주변 레터와의 상호작용

❻ X, Y 동시 적용

❼ 랜덤 모양 변경

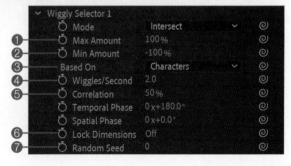

◎ **완성 파일**: part2/chapter2/text_animation1.mp4

01 단축키 Ctrl+Alt+N을 눌러 새로운 프로젝트를 생성한 후 Ctrl+N을 눌러 새로운 Composition을 생성합니다.

❶ [Preset]에서 'Social Media Landscape HD·1920× 1080·30fps'를 선택합니다. ❷ [Duration]에 '10.'을 입력하여 Composition 길이를 10초, ❸ [Background Color]를 '검은색'으로 설정합니다. ❹ [OK]를 클릭합니다.

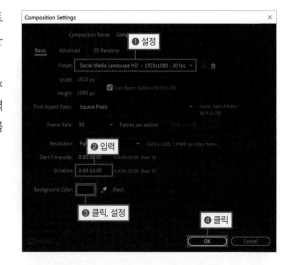

02 ❶ 단축키 Ctrl+T를 눌러 Type 툴(T)을 선택합니다. ❷ [Composition] 패널에 클릭하여 텍스트를 작성합니다. ❸ [Character] 패널에서 ❹ 폰트, 크기, 색상 등을 설정합니다.

03 ❶ 텍스트 레이어 속성을 열고 ❷ [Animate]를 클릭하여 ❸ [Position]을 추가합니다.

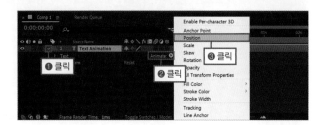

04 ❶ [Add]를 클릭하여 ❷ [Property] – ❸ [Scale]을 추가합니다.

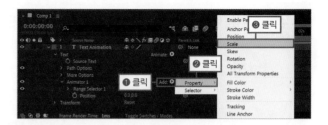

05 ❶ [Position] 속성에 '0, -150', ❷ [Scale] 속성에 '0'을 입력하고 Enter 를 누릅니다.

06 ❶ [Range Selector 1] 속성과 ❷ [Advanced] 속성을 엽니다. ❸ [Shape]를 'Ramp Up'으로 설정합니다. ❹ [End]에 '20', [Offset]에 '-20'을 입력하고 Enter 를 누른 후 ❺ [Offset]의 초시계(◉)를 클릭하여 키프레임을 활성화 합니다.

07 ❶ 타임코드 입력창에 '1.20'을 입력하여 인디케이터를 1초 20프레임 지점으로 이동합니다. ❷ [Offset]에 '100'을 입력하고 Enter 를 누릅니다.

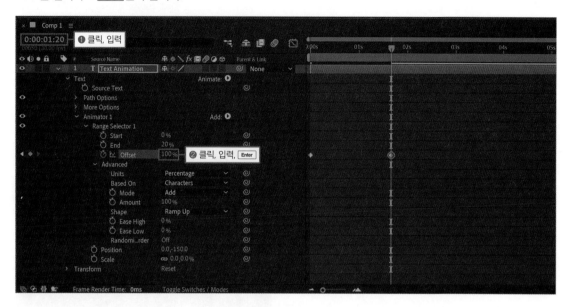

08 ❶ 타임코드 입력창에 '3.'을 입력하여 인디케이터를 3초 0프레임 지점으로 이동합니다. ❷ N 을 눌러 Work Area 끝 지점을 설정합니다.

09 Home 을 눌러 인디케이터를 Composition 시작 지점으로 이동하고 Spacebar 를 눌러 작업 결과를 확인합니다. 단축키 Ctrl + M 을 눌러 제작된 Composition을 MP4 파일로 렌더링합니다.
❶ [Output Module]의 빠른 포맷 설정에서 'H.264-Match Render Settings-15Mbps'를 선택합니다. ❷ [Output To]에 서 렌더링 파일의 저장 경로와 파일 이름을 지정합니다. ❸ [Render]를 클릭하여 렌더링을 시작합니다.

# 텍스트 애니메이션 - Wiggly 셀렉터

◎ **완성 파일**: part2/chapter2/text_animation2.mp4

**01** 단축키 Ctrl+Alt+N을 눌러 새로운 프로젝트를 생성한 후 Ctrl+N을 눌러 새로운 Composition을 생성합니다.

❶ [Preset]에서 'Social Media Landscape HD·1920× 1080·30fps'를 선택합니다. ❷ [Duration]에 '10.'을 입력하여 Composition 길이를 10초, ❸ [Background Color]를 '검은색'으로 설정합니다. ❹ [OK]를 클릭합니다.

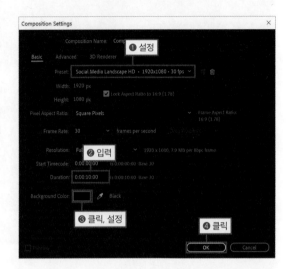

**02** ❶ 단축키 Ctrl+T를 눌러 Type 툴(T)을 선택합니다. ❷ [Composition] 패널에 클릭하여 텍스트를 작성합니다. ❸ [Character] 패널에서 ❹ 폰트, 크기, 색상 등을 설정합니다.

**03** ❶ 텍스트 레이어 속성을 열고 ❷ [Animate]를 클릭하여 ❸ [Opacity]를 추가합니다

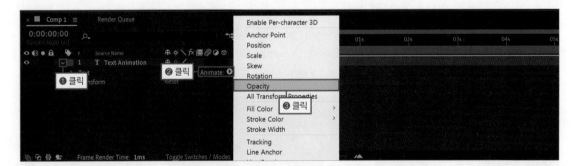

**04** [Opacity]에 '0'을 입력하고 Enter 를
누릅니다.

**05** ❶ [Add]를 클릭하여 ❷ [Selector] - ❸ [Wiggly]를 추가합니다.

**06** ❶ 타임코드 입력창에 '20'을 입력하여 인디케이터를 20프레임 지점으로 이동합니다. ❷ [Wiggly Selector 1] 속성을 열고 ❸ [Wiggles/Second]에 '10', ❹ [Min Amount]에 '100'을 입력하고 Enter 를 누릅니다. ❺ [Min Amount]의 초시계(⏱)를 클릭하여 키프레임을 활성화합니다.

**07** ❶ 타임코드 입력창에 '1.10'을 입력하여 인디케이터를 1초 10프레임 지점으로 이동합니다. ❷ [Min Amount]에 '0'을 입력하고 Enter 를 누릅니다. ❸ [Max Amount]의 초시계(🕐)를 클릭하여 키프레임을 활성화합니다.

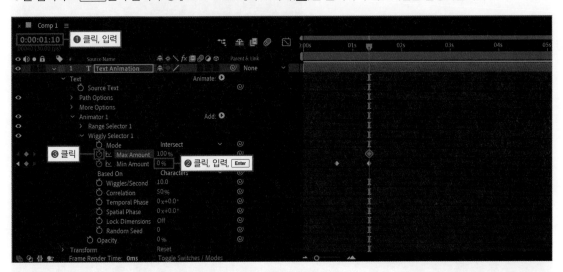

**08** ❶ 타임코드 입력창에 '2.'을 입력하여 인디케이터를 2초 0프레임 지점으로 이동합니다. ❷ [Max Amount]에 '0'을 입력하고 Enter 를 누릅니다.

**09** ❶ 타임코드 입력창에 '3.'을 입력하여 인디케이터를 3초 0프레임 지점으로 이동합니다. ❷ N을 눌러 Work Area 끝 지점을 설정합니다.

**10** Home을 눌러 인디케이터를 Composition 시작 지점으로 이동하고 Spacebar를 눌러 작업 결과를 확인합니다. 단축키 Ctrl+M을 눌러 제작된 Composition을 MP4 파일로 렌더링합니다.

❶ [Output Module]의 빠른 포맷 설정에서 'H.264-Match Render Settings-15Mbps'를 선택합니다. ❷ [Output To]에서 렌더링 파일의 저장 경로와 파일 이름을 지정합니다. ❸ [Render]를 클릭하여 렌더링을 시작합니다.

# 그룹화
# 작업하기

패런트&링크(Parent&Link)와 Pre-compose 기능을 이용하여 오브젝트들을 그룹
화 작업하는 방법을 알아봅니다.

# 패런트&링크(Parent&Link)

AFTER EFFECTS

01

LESSON

패런트&링크(Parent&Link)는 부모와 자녀 레이어를 설정함으로써 자녀 레이어가 부모 레이어의 속성을 따르도록 하는 기능입니다. 패런트&링크를 활용하여 모션과 이펙트의 설정값을 연결해 봅니다.

패런트&링크는 [Timeline] 패널의 레이어 설정에서 자녀 레이어의 Parent& Link 드롭다운(▼)을 클릭하고 부모 레이어를 대상으로 지정하게 됩니다.

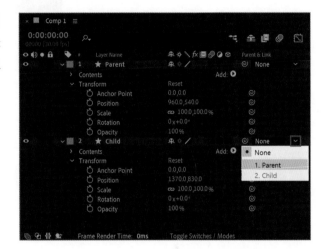

패런트&링크가 설정되면 부모 레이어의 [Transform] 속성을 변경할 경우 자녀 레이어의 [Opacity]를 제외한 네 가지 [Transform] 속성이 같이 변하게 됩니다.

 →

Parent 레이어를 따라 변하는 [Transform] 속성

패런트&링크 기능은 이미지, 동영상, Shape, 텍스트, Composition 등 오디오를 제외한 모든 유형의 레이어에 적용이 가능합니다.

Parent&Link 대상을 'None'으로 선택하면 패런트&링크를 해제할 수 있습니다.

레이어 전체의 [Transform] 속성이 아니라 부분 속성만 링크를 걸어야 할 경우 해당 속성의 링크 버튼(◎)을 타깃 레이어 속성에 드래그합니다. 부분 링크가 적용된 속성 외의 나머지 Transform은 영향을 받지 않습니다.

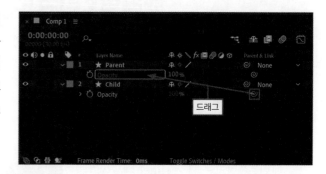

부분 링크된 속성의 초시계(⏱)를 Alt +클릭하면 링크가 해제됩니다.

**T·I·P** [Effect] 속성도 링크 기능을 활용할 수 있습니다.

---

## 1 · 기능 예제 ·   Parent - Excavator 애니메이션

◎ **준비 파일**: part2/chapter3/excavator(step2).aep
◎ **완성 파일**: part2/chapter3/excavator.mp4

**01** 단축키 Ctrl + O 를 눌러 [Part 2]-[Chapter 2]-[Lesson 1]의 '[기능 예제] 레이어를 조립하여 포크레인 완성하기'에서 제작한 프로젝트를 불러오거나 준비 파일 'excavator(step2).aep'를 임포트합니다. [Composition] 패널에서 앵커 포인트(Anchor Point)를 관절 부위로 이동시켜 회전 모션이 올바르게 적용되도록 설정합니다. ❶ 단축키 Y 를 눌러 앵커 포인트 툴을 선택합니다. ❷ 'arm1'을 클릭하여 선택한 후 ❸ 앵커 포인트를 'body'와 연결되는 부위로 드래그하여 이동합니다.

02 **①** 'arm2'를 클릭하여 선택합니다. **②** 앵커 포인트를 'arm1'과 연결되는 부위로 드래그하여 이동합니다.

03 **①** 'arm3'를 클릭하여 선택합니다. **②** 앵커 포인트를 'arm2'와 연결되는 부위로 드래그하여 이동합니다.

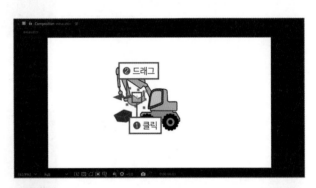

04 각 레이어마다 Parent를 지정합니다.
'rear' 레이어의 Parent는 'body', 'front' 레이어의 Parent는 'body', 'arm3' 레이어의 Parent는 'arm2', 'arm2' 레이어의 Parent는 'arm1', 'arm1' 레이어의 Parent는 'body'로 설정합니다.

05 각 레이어마다 필요한 속성을 열어 둡니다.
❶ 'rear' 레이어를 클릭하여 선택하고 ❷ 'arm1' 레이어를 Shift +클릭하여 'front', 'arm3', 'arm2', 'arm1' 레이어를 동시에 선택합니다. ❸ 단축키 R 을 눌러 [Rotation] 속성을 엽니다. ❹ 'body' 레이어를 클릭하여 선택하고 ❺ 'mineral' 레이어를 Ctrl +클릭하여 동시에 선택합니다. ❻ 단축키 P 를 눌러 [Position] 속성을 엽니다. ❼ Ctrl + Shift + A 를 눌러 전체 선택 해제합니다.

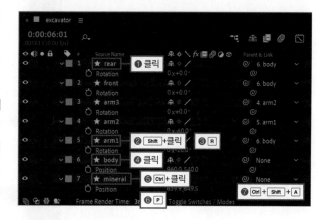

06 첫 번째 키프레임을 작성합니다.
❶ 인디케이터를 0초 0프레임 지점으로 이동합니다. ❷ 'body' 레이어의 [Position] 속성에 '2400, 550', ❸ 'mineral' 레이어의 [Position] 속성에 '760, 720'을 입력합니다. ❹, ❺ 'rear', 'front', 'body' 레이어의 초시계(⏱)를 클릭하여 키프레임을 활성화합니다.

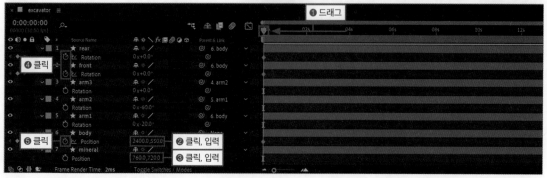

# 07 두 번째 키프레임을 작성합니다.

❶ 인디케이터를 4초 0프레임 지점으로 이동합니
다. ❷ 'rear' 레이어의 [Rotation] 속성에 '-2x+0',
❸ 'front' 레이어의 [Rotation] 속성에 '-2x+0', ❹
'body' 레이어의 [Position] 속성에 '1100, 550'을
입력합니다. ❺ 'arm3' 'arm2' 'arm1' 레이어의 초시
계(◔)를 클릭하여 키프레임을 활성화합니다.

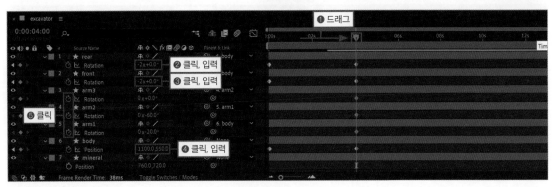

# 08 세 번째 키프레임을 작성합니다.

❶ 인디케이터를 5초 0프레임 지점으로 이동합니
다. ❷ 'arm3' 레이어의 [Rotation] 속성에 '0x+40',
❸ 'arm2' 레이어의 [Rotation] 속성에 '0x+40', ❹
'arm1' 레이어의 [Rotation] 속성에 '0x-60'을 입력
합니다.

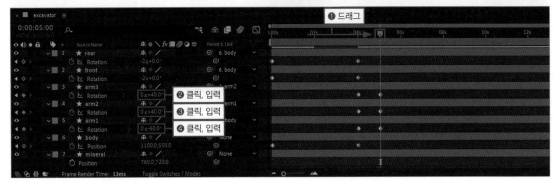

# 09 네 번째 키프레임을 작성합니다.

❶ 인디케이터를 6초 0프레임 지점으로 이동합니다. ❷ 'arm3' 레이어의 [Rotation] 속성에 '0x+5', ❸ 'arm2' 레이어의 [Rotation] 속성에 '0x+10', ❹ 'arm1' 레이어의 [Rotation] 속성에 '0x-65'를 입력합니다.

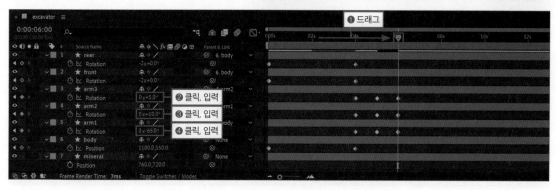

# 10 mineral 레이어를 분리하여 Parent를 설정합니다.

❶ 'mineral' 레이어를 클릭하여 선택하고 단축키 Ctrl + Shift + D 를 눌러 분리합니다. ❷ 분리된 'mineral 2' 레이어의 Parent를 'arm3'로 지정합니다.

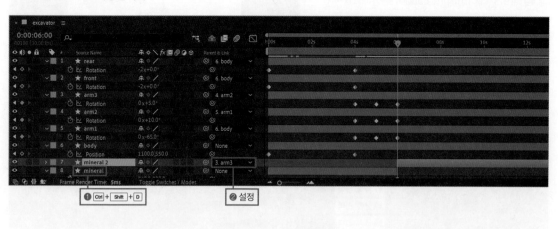

# 11 다섯 번째 키프레임을 작성합니다.

① 인디케이터를 7초 0프레임 지점으로 이동합니다. ② 'arm3' 레이어의 [Rotation] 속성에 '0x+10', ③ 'arm2' 레이어의 [Rotation] 속성에 '0x-40', ④ 'arm1' 레이어의 [Rotation] 속성에 '0x-20'을 입력합니다. ⑤, ⑥ 'rear', 'front', 'body' 레이어의 다이아몬드(◈)를 눌러 수동으로 키프레임을 생성합니다.

# 12 여섯 번째 키프레임을 작성합니다.

① 인디케이터를 11초 0프레임 지점으로 이동합니다. ② 'rear' 레이어의 [Rotation] 속성에 '-4x+0', ③ 'front' 레이어의 [Rotation] 속성에 '-4x+0', ④ 'body' 레이어의 [Position] 속성에 '-200, 550'을 입력합니다.

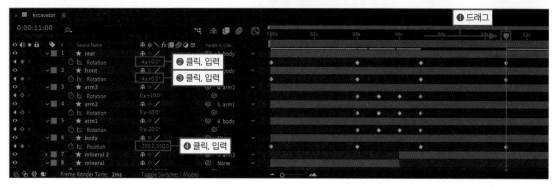

## 13 렌더링 끝 지점을 설정합니다.

❶ 인디케이터를 12초 0프레임 지점으로 이동합니다. ❷ N 을 눌러 Work Area 끝 지점을 설정합니다.

## 14 Home 을 눌러 인디케이터를 Composition 시작 지점으로 이동하고 Spacebar 를 눌러 작업 결과를 확인합니다. 단축키 Ctrl + M 을 눌러 제작된 Composition을 MP4 파일로 렌더링합니다.

❶ [Output Module]의 빠른 포맷 설정에서 'H.264-Match Render Settings-15Mbps'를 선택합니다. ❷ [Output To] 에서 렌더링 파일의 저장 경로와 파일 이름을 지정합니다. ❸ [Render]를 클릭하여 렌더링을 시작합니다.

◎ **준비 파일**: part2/chapter3/pinwheel-B.png, pinwheel-G.png, pinwheel-R.png, pinwheel-Y.png, wheel-stick.png
◎ **완성 파일**: part2/chapter3/pinwheel.mp4

01 단축키 Ctrl+Alt+N을 눌러 새로운 프로젝트를 생성한 후 Ctrl+I를 눌러 준비 파일 'pinwheel-B.png', 'pinwheel-G.png', 'pinwheel-R.png', 'pinwheel-Y.png', 'wheel-stick.png'를 임포트합니다. Ctrl+N을 눌러 새로운 Composition을 생성합니다.

❶ [Preset]에서 'Social Media Landscape HD·1920× 1080·30fps'를 선택합니다. ❷ [Duration]에 '10.'을 입력하여 Composition 길이를 10초, ❸ [Background Color]를 '검은색'으로 설정합니다. ❹ [OK]를 클릭합니다.

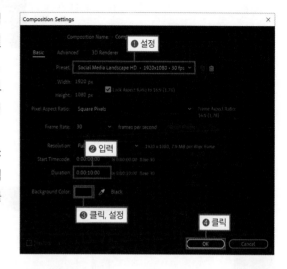

02 단축키 Ctrl+Y를 눌러 Solid 레이어를 생성합니다.

❶ [Make Comp Size]를 클릭하여 Composition과 동일한 크기로 설정합니다. ❷ 배경색을 지정합니다. ❸ [OK]를 클릭합니다.

## 03

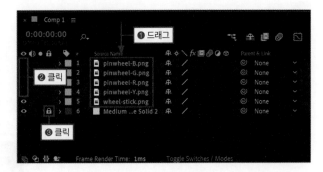

❶ [Project] 패널에서 'pinwheel-B.png', 'pinwheel-G.png', 'pinwheel-R.png', 'pinwheel-Y.png', 'wheel-stick.png'를 Timeline으로 드래그하여 배치합니다. ❷ 'pinwheel-B.png', 'pinwheel-G.png', 'pinwheel-R.png', 'pinwheel-Y.png' 레이어를 Hide(👁) 설정하여 보이지 않도록 합니다. ❸ 배경 Solid 레이어를 Lock(🔒) 설정하여 잠급니다.

## 04 wheel-stick.png 레이어를 복제하여 여러 개 배치합니다.

❶ 'wheel-stick.png' 레이어를 클릭하여 선택하고 [Ctrl]+[D]를 눌러 3번 복제(총 4개 레이어)합니다. ❷ [Composition] 패널에서 복제된 'wheel-stick.png' 레이어를 하나씩 드래그하여 이동 배치합니다.

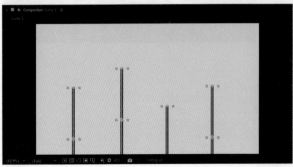

05 바람개비 레이어의 크기를 줄입니다.
❶ 'pinwheel-B.png', 'pinwheel-G.png',
'pinwheel-R.png', 'pinwheel-Y.png' 레이어의
Hide(◉) 설정을 해제하여 다시 보이도록 합니다.
❷, ❸ 'pinwheel-B.png', 'pinwheel-G.png',
'pinwheel-R.png', 'pinwheel-Y.png' 레이어를
Shift +클릭하여 동시에 선택하고 S 를 눌러
[Scale] 속성을 엽니다. ❹ 각각에 '75'를 입력하고
Enter 를 누릅니다. ❺ Ctrl + Shift + A 를 눌러 전체 선택 해제합니다.

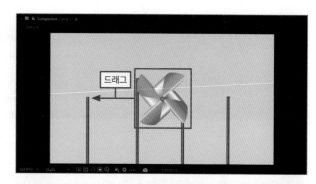

T·I·P Ctrl +클릭으로 레이어를 동시에 선택할 수 있습니다.

06 [Composition] 패널에서 바람개비를
하나씩 드래그하여 스틱 위에 배치합니다.

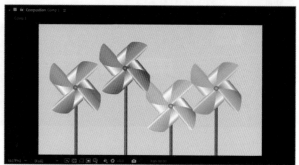

07 ❶, ❷ 'pinwheel-B.png', 'pinwheel-G.
png', 'pinwheel-R.png', 'pinwheel-Y.png' 레이어
를 Shift +클릭하여 동시에 선택하고 R 을 눌러
[Rotation] 속성을 엽니다. ❸ Ctrl + Shift + A 를
눌러 전체 선택 해제합니다. ❹ 'pinwheel-G.png',
'pinwheel-R.png', 'pinwheel-Y.png' 레이어의
[Rotation] 속성 링크 버튼(◎)을 각각 드래그하
여 'pinwheel-B.png' 레이어의 [Rotation] 속성으
로 링크합니다.

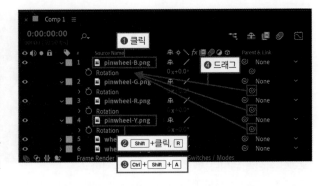

08 Composition 시작 지점에서 pinwheel-B.png 레이어의 [Rotation] 속성 초시계(◎)를 클릭하여
키프레임을 활성화합니다.

09 ❶ End 를 눌러 인디케이터를 Composition 끝 지점으로 이동합니다. ❷ 'pinwheel-B.png' 레이어의 [Rotation]
속성에 '-5x+0'을 입력하고 Enter 를 누릅니다.

10 Home 을 눌러 인디케이터를 Composition 시작 지점으로 이동하고 Spacebar 를 눌러 작업 결과를
확인합니다. 단축키 Ctrl + M 을 눌러 제작된 Composition을 MP4 파일로 렌더링합니다.
❶ [Output Module]의 빠른 포맷 설정에서 'H.264-Match Render Settings-15Mbps'를 선택합니다. ❷ [Output To] 에
서 렌더링 파일의 저장 경로와 파일 이름을 지정합니다. ❸ [Render]를 클릭하여 렌더링을 시작합니다.

# Pre-compose

프리컴포즈(Pre-compose) 기능은 여러 개의 레이어를 하나의 Composition으로 묶은 상태로 다른 Composition의 Timeline 위에 배치하는 기능입니다. 일반적인 그룹의 개념과 동일합니다.

LESSON

Composition으로 그룹 짓고자 하는 레이어들을 선택하고 단축키 [Ctrl]+[Shift]+[C]를 누르면 [Pre-compose] 설정창이 열립니다.

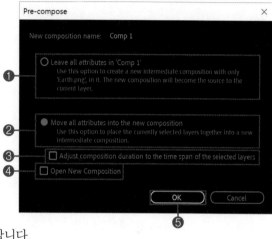

❶ Pre-compose되는 레이어의 속성을 Composition 밖에 남겨둡니다. 2개 이상의 레이어를 Pre-compose할 때는 이 옵션을 사용할 수 없습니다.

❷ Pre-compose되는 레이어의 속성이 Composition 안으로 레이어와 함께 이동합니다.

❸ Composition의 길이를 Pre-compose되는 레이어와 같은 길이로 설정합니다.

❹ 적용 후 Pre-compose된 창을 엽니다.

❺ [OK] 버튼을 클릭하고 Pre-compose를 실행하면 선택된 레이어들이 하나의 Composition 레이어로 그룹화됩니다.

Pre-compose 이전 → Pre-compose 그룹화

⑥ Pre-compose된 레이어를 더블 클릭하면 Composition 안의 콘텐츠들을 확인할 수 있습니다.

◎ **준비 파일**: part2/chapter3/Earth.png, Moon.png, Satell.png
◎ **완성 파일**: part2/chapter3/satellites.mp4

01 단축키 Ctrl + Alt + N 을 눌러 새로운 프로젝트를 생성한 후 Ctrl + I 를 눌러 준비 파일 'Earth.png', 'Moon.png', 'Satell.png'를 임포트합니다. Ctrl + N 을 눌러 새로운 Composition을 생성합니다.
❶ [Preset]에서 'Social Media Landscape HD·1920× 1080·30fps'를 선택합니다. ❷ [Duration]에 '10.'을 입력하여 Composition 길이를 10초, ❸ [Background Color]를 '검은색'으로 설정합니다. ❹ [OK]를 클릭합니다.

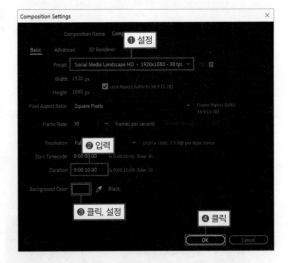

## 02
단축키 Ctrl+Y 를 눌러 Solid 레이어를 생성합니다.

❶ [Make Comp Size]를 클릭하여 Composition과 동일한 크기로 설정합니다. ❷ 배경색을 '검은색'으로 지정합니다. ❸ [OK]를 클릭합니다.

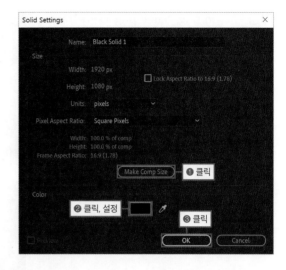

## 03
❶ [Project] 패널에서 'Earth.png', 'Moon.png', 'Satell.png'를 Timeline으로 드래그하여 배치합니다. ❷ 배경 Solid 레이어를 Lock(🔒) 설정하여 잠급니다.

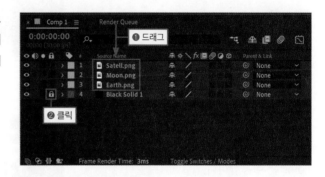

## 04
Earth.png, Moon.png, Satell.png 레이어의 크기를 줄입니다.

❶ Ctrl+A 를 눌러 전체 선택하고 S 를 눌러 [Scale] 속성을 엽니다. ❷ Ctrl+Shift+A 를 눌러 전체 선택 해제합니다. ❸ 'Satell.png' 레이어의 [Scale] 속성에 '10', ❹ 'Moon.png' 레이어의 [Scale] 속성에 '10', ❺ 'Earth.png' 레이어의 [Scale] 속성에 '20'을 입력합니다.

**05** Moon.png, Satell.png 레이어의 위치를 이동합니다.

❶ 'Satell.png' 레이어를 클릭하여 선택하고 ❷ 'Moon.png' 레이어를 Ctrl+클릭하여 동시에 선택한 후 P를 눌러 [Position] 속성을 엽니다. ❸ Ctrl+Shift+A를 눌러 전체 선택 해제합니다. ❹ 'Satell.png' 레이어의 [Position] 속성에 '650, 540', ❺ 'Moon.png' 레이어의 [Position] 속성에 '1400, 540'을 입력하고 Enter 를 누릅니다.

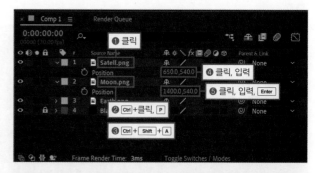

**06** [Composition] 패널에서 Moon.png, Satell.png 레이어의 앵커 포인트(Anchor Point)를 이동합니다.

❶ 단축키 Y를 눌러 앵커 포인트 툴을 선택합니다. ❷ 위성을 클릭하여 선택합니다. ❸ 앵커 포인트를 지구 중심으로 드래그하여 이동합니다.

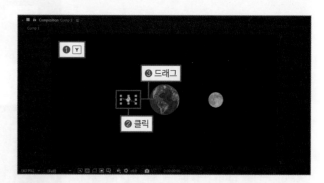

**07** ❶ 달을 클릭하여 선택합니다. ❷ 앵커 포인트를 지구 중심으로 드래그하여 이동합니다. ❸ V를 눌러 Selection 툴(▶)을 선택합니다.

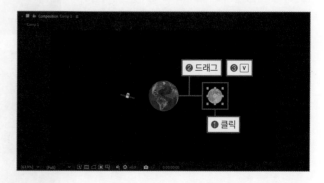

## 08 Moon.png 레이어와 Satell.png 레이어의 Rotation 키프레임을 생성합니다.

❶ 'Satell.png' 레이어를 클릭하여 선택하고 ❷ 'Moon.png' 레이어를 Ctrl+클릭하여 동시에 선택합니다. R 을 눌러 [Rotation] 속성을 엽니다. ❸ 초시계(🕐)를 클릭하여 키프레임을 활성화합니다.

## 09 ❶ Ctrl + Shift + A 를 눌러 전체 선택 해제합니다. ❷ End 를 눌러 인디케이터를 Composition 끝 지점으로 이동

하고 ❸ 'Satell.png' 레이어의 [Rotation] 속성에 '4x+0', ❹ 'Moon.png' 레이어의 [Rotation] 속성에 '2x+0'을 입력하고 Enter 를 누릅니다.

## 10 Earth.png, Moon.png, Satell.png 레이어를 Pre-compose로 그룹화합니다.

❶ Ctrl + A 를 눌러 전체 선택합니다(*배경 Solid 레이어는 Lock(🔒) 상태로 선택되지 않습니다). ❷ Ctrl + Shift + C 를 눌러 [Pre-compose] 설정창을 엽니다. ❸ 설정 변경 없이 [OK]를 클릭합니다.

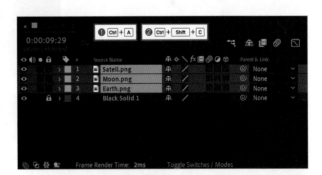

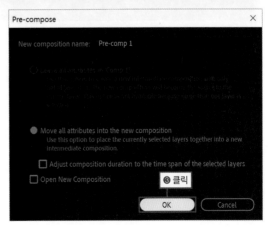

# 11 그룹화된 Composition에 Position 키프레임을 생성합니다.

① Home 을 눌러 인디케이터를 Composition 시작 지점으로 이동합니다. ② Pre-compose 레이어를 선택하고 P 를 눌러 [Position] 속성을 엽니다. ③ '-200, 1150'을 입력하고 Enter 를 누릅니다. ④ 초시계(◉)를 클릭하여 키프레임을 활성화합니다.

# 12 ① 인디케이터를 5초 0프레임 지점으로 이동합니다. ② [Position] 속성에 '960, 700'을 입력한 후 Enter 를 누릅니다.

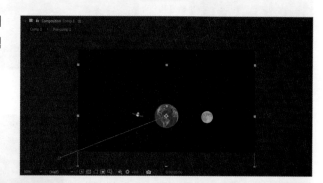

## 13
❶ 인디케이터를 Composition 끝 지점으로 이동합니다. ❷ [Position] 속성에 '2100, 1150'을 입력한 후 [Enter]를 누릅니다.

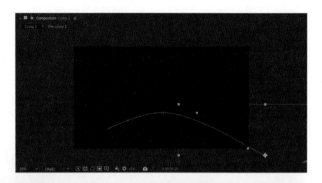

## 14
[Home]을 눌러 인디케이터를 Composition 시작 지점으로 이동하고 [Spacebar]를 눌러 작업 결과를 확인합니다. 단축키 [Ctrl]+[M]을 눌러 제작된 Composition을 MP4 파일로 렌더링합니다.
❶ [Output Module]의 빠른 포맷 설정에서 'H.264-Match Render Settings-15Mbps'를 선택합니다. ❷ [Output To]에서 렌더링 파일의 저장 경로와 파일 이름을 지정합니다. ❸ [Render]를 클릭하여 렌더링을 시작합니다.

# 영상 합성&
# 키잉 작업하기

영상을 배경과 분리하거나 알파 채널을 생성하는 키잉과 합성 작업에 대해 알아봅
니다.

# Mask

마스크 패스 키프레임에 대해 배워봅니다.

LESSON

Mask는 레이어의 일부분만 선택하여 보여주거나 부분적으로 이펙트를 적용할 수 있는 기능입니다. 레이어를 선택하고 Shape(■) 또는 Pen 툴(✏)을 이용하여 [Composition] 패널에서 닫힌 Path를 만들면 Mask 영역으로 지정됩니다. [Composition] 패널에서는 지정된 Mask 영역만 보이게 되며 Mask 영역 밖은 투명하게 처리됩니다.

→

Mask가 생성되면 레이어 속성에 [Mask]가 추가됩니다.

❶ **Inverted**: Mask 영역을 반전시킵니다.

❷ **Mask Path**: 포인트와 베지어를 이용하여 마스크 영역을 수정할 수 있습니다.

❸ **Mask Feather**: 마스크 경계선에 흐림 효과를 줍니다.

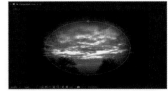

**④ Mask Opacity:** 마스크 영역의 불투명도를 설정합니다.

**⑤ Mask Expansion:** 마스크 영역을 확대 및 축소할 수 있습니다.

 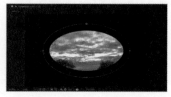

**⑥** 2개 이상의 Mask가 있을 경우 서로의 관계를 설정합니다.

**Add:** 마스크 영역 추가      **Subtract:** 마스크 영역 제외      **Intersect:** 교집합 영역 설정

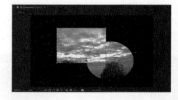  

## 1 · 기능 예제 ·        마스크 패스 키프레임 - 축구공 타이틀

⊙ **준비 파일:** part2/chapter4/mask_ball.mp4
⊙ **완성 파일:** part2/chapter4/mask_path.mp4, mask_inverted.mp4

**01** 단축키 Ctrl+Alt+N을 눌러 새로운 프로젝트를 생성한 후 Ctrl+I를 눌러 준비 파일 'mask_ball.mp4'를 임포트합니다. Ctrl+N을 눌러 새로운 Composition을 생성합니다.

**①** [Preset]에서 'Social Media Landscape HD·1920×1080·30fps'를 선택합니다. **②** [Duration]에 '10.'을 입력하여 Composition 길이를 10초, **③** [Background Color]를 '검은색'으로 설정합니다. **④** [OK]를 클릭합니다.

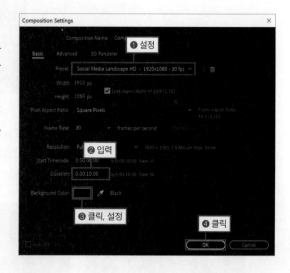

02 ❶ [Project] 패널에서 'mask_ball.mp4'를 Timeline으로 드래그하여 배치합니다. ❷ 'mask_ball.mp4' 레이어를 Lock(🔒) 설정하여 잠급니다.

03 Spacebar 를 눌러 컴포지션에 배치된 소스를 확인하고 굴러가는 축구공의 경로에 맞추어 텍스트를 작성합니다.

❶ 단축키 Ctrl+T를 눌러 Type 툴(T)을 선택합니다. ❷ [Composition] 패널에 클릭하여 텍스트를 작성한 후 ❸ [Character] 패널에서 폰트, 크기, 색상 등을 설정합니다. ❹ Ctrl+Alt+Home을 눌러 앵커 포인트를 텍스트 중심으로 가져옵니다.

04 텍스트 레이어의 위치와 기울기를 조
정하여 축구공 이동 경로에 배치합니다.
❶ 텍스트 레이어의 [Transform] 속성을 엽니다.
❷ [Position] 속성을 '960, 580', ❸ [Rotation] 속
성을 '-10'으로 설정한 후 Enter 를 누릅니다.

05 축구공이 텍스트 오른쪽으로 지나간 지점에서 텍스트 레이어에 마스크를 생성합니다.
❶ 인디케이터를 3초 5프레임 지점으로 이동합니다. ❷ 텍스트 레이어를 클릭하여 선택하고 ❸ Shape 툴(■)을 길게
클릭하여 ❹ Rectangle 툴(■)을 선택합니다. ❺ [Composition] 패널에 드래그하여 텍스트 내용과 축구공 절반이 안에
들어오도록 마스크를 생성합니다.

T·I·P [Mask] 속성을 클릭하고 키
보드 방향키를 이용하여 위치를 조정할
수 있습니다.

## 06

텍스트 레이어 선택이 유지된 상태에서 두 번째 마스크를 생성합니다.

❶ Shape 툴(■)을 길게 클릭하여 ❷ Ellipse 툴(●)을 선택합니다. ❸ [Composition] 패널에서 드래그하여 축구공과 동일하게 마스크를 생성합니다. ❹ V를 눌러 Selection 툴(▶)을 선택하고 ❺ 마스크 포인트를 드래그하여 위치를 조정합니다.

**T·I·P** Ellipse Mask를 생성할 때 드래그+Shift 하여 가로 및 세로 비율을 맞출 수 있습니다.

## 07

❶ 단축키 M을 눌러 [Mask Path] 속성을 엽니다. ❷ 초시계(◎)를 클릭하여 키프레임을 활성화합니다.

## 08

축구공이 지나가기 전 지점에서 사각형 마스크 위치를 축구공 왼쪽으로 이동합니다.

❶ 인디케이터를 25프레임 지점으로 이동합니다. ❷ V를 눌러 Selection 툴(▶)을 선택합니다. ❸ 사각형 마스크의 [Mask Path] 속성을 클릭하고 ❹ [Composition] 패널에서 마스크 포인트를 드래그하여 이동합니다.

**T·I·P** 사각형 마스크와 원형 마스크의 [Mask Path] 속성을 동시에 선택하고 이동하면 2개의 마스크가 함께 이동합니다(*이 경우 9번 과정을 생략해도 됩니다).

## 09 원형 마스크 위치를 축구공 위치로 이동합니다.

❶ 원형 마스크의 [Mask Path] 속성을 클릭합니다. ❷ [Composition] 패널에서 마스크 포인트를 드래그하여 이동합니다.

**10** ❶ 원형 마스크의 옵션을 'Subtract'로 변경한 후 ❷ 인디케이터를 4초 0프레임 지점으로 이동합니다. ❸ N을 눌러 Work Area 끝 지점을 설정합니다.

**11** Home을 눌러 인디케이터를 Composition 시작 지점으로 이동하고 Spacebar를 눌러 작업 결과를 확인합니다. 축구공이 지나가면서 글씨가 나타나는 마스크 옵션입니다.

**12** 단축키 Ctrl+M을 눌러 제작된 Composition을 MP4 파일로 렌더링합니다.
❶ [Output Module]의 빠른 포맷 설정에서 'H.264-Match Render Settings-15Mbps'를 선택합니다. ❷ [Output To]에서 렌더링 파일의 저장 경로와 파일 이름을 지정합니다. ❸ [Render]를 클릭하여 렌더링을 시작합니다.

**13** ❶ 작업 중이던 [Composition] 탭을 클릭합니다. ❷ 사각형 마스크의 'Inverted'를 체크하여 반전시킨 후 ❸ Spacebar를 눌러 재생하여 바뀐 작업 결과를 확인합니다.

축구공이 지나가면서 글씨가 지워지는 마스
크 옵션입니다.

**14** 단축키 Ctrl+M 을 눌러 제작된 Composition을 MP4 파일로 렌더링합니다.
❶ [Output Module]의 빠른 포맷 설정에서 'H.264-Match Render Settings-15Mbps'를 선택합니다. ❷ [Output To]
에서 렌더링 파일의 저장 경로와 파일 이름을 지정합니다. ❸ [Render]를 클릭하여 렌더링을 시작합니다.

# Track Matte

다른 레이어의 알파 채널이나 명암을 활용하여 부분적으로 보여주거나 효과를 적용할 수 있는 Track Matte 기능에 대해 배워봅니다.

Track Matte는 보여지는 부분을 결정하는 Matte 레이어를 지정함으로써 영상을 부분적으로 보여주는 기능입니다.

[Timeline] 패널의 Transfer Controls Pane 버튼(●)을 클릭하여 On 상태가 되면 Track Matte를 설정할 수 있습니다.

❶ **Matte Layer 지정**

❷ **Matte Type 설정**

    ● : Alpha Matte

    ▣ : Luma Matte

❸ **Matte Invert**: 매트 영역 반전

## Alpha Matte

매트 레이어의 알파 영역을 그대로 적용하여 투명 영역을 만드는 방식입니다.

Matte Layer

→

결과 화면

**Luma Matte**

매트 레이어의 명도에 따라 흰색 영역에 해당하는 부분은 보여주고, 검은색 영역에 해당하는 부분은 투명 영역으로 만드는 방식입니다.

 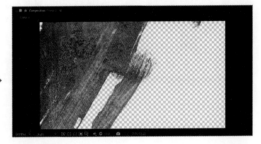

Matte Layer                                             결과 화면

**1** ・기능 예제・                                      **Track Matte - 칵테일 애니메이션**

◎ **준비 파일**: part2/chapter4/cocktail.png, trans_matte.mp4
◎ **완성 파일**: part2/chapter4/cocktail.mp4

**01** 단축키 Ctrl+Alt+N을 눌러 새로운 프로젝트를 생성한 후 Ctrl+I를 눌러 준비 파일 'cocktail. png', 'trans_matte.mp4'를 임포트합니다. Ctrl+N을 눌러 새로운 Composition을 생성합니다.
❶ [Preset]에서 'Social Media Landscape HD·1920× 1080·30fps'를 선택합니다. ❷ [Duration]에 '10.'을 입력하여 Composition 길이를 10초, ❸ [Background Color]를 '검은색'으로 설정합니다. ❹ [OK]를 클릭합니다.

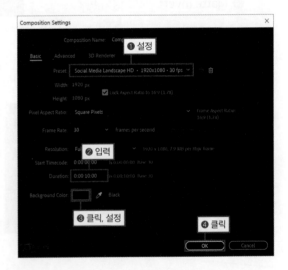

**02** 단축키 Ctrl + Y 를 눌러 Solid 레이어를 생성합니다.

❶ [Make Comp Size]를 클릭하여 Composition과 동일한 크기로 설정합니다. ❷ 배경색을 지정합니다. ❸ [OK]를 클릭합니다.

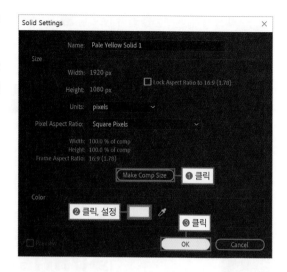

**03** ❶ [Project] 패널에서 'cocktail.png'를 Timeline으로 드래그하여 배치합니다. ❷ 배경 Solid 레이어를 Lock(🔒) 설정하여 잠급니다.

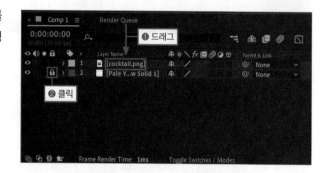

**04** cocktail.png 레이어의 크기와 위치를 조정합니다.

❶ 'cocktail.png' 레이어의 속성을 엽니다. ❷ [Position] 속성을 '960, 450', [Scale] 속성을 '125'로 설정한 후 Enter 를 누릅니다.

## 05

① 단축키 Ctrl + T 를 눌러 Type 툴( T )을 선택합니다. ② [Composition] 패널에 클릭하여 텍스트를 작성한 후 ③ [Character] 패널에서 폰트, 크기, 색상 등을 설정합니다. ④ V 를 눌러 Selection 툴( ▶ )을 선택하고 ⑤ 텍스트 레이어를 이동하여 위치를 맞춥니다.

**T·I·P** 텍스트 레이어를 선택하고 키보드 방향키를 이용하여 위치를 조정할 수 있습니다.

## 06

컵 안의 칵테일을 그려서 Shape 레이어를 생성합니다.
① Ctrl + Shift + A 를 눌러 전체 선택 해제합니다. ② [Composition] 패널의 비율을 ③ '100% 이상'으로 확대합니다. ④ G 를 눌러 Pen 툴( ✐ )을 선택하고 ⑤ A-B-C-D-E-F-G-A 순서로 클릭하여 Shape 레이어를 생성합니다. ⑥ [Fill] 색상을 설정하고 ⑦ [Stroke]는 '없음'으로 설정합니다.

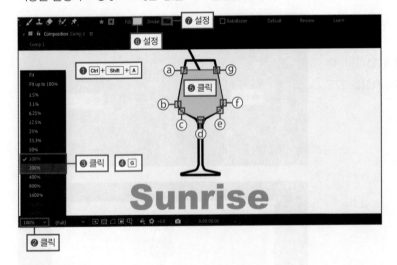

Pen 툴(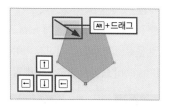) 작업 시 Alt+드래그로 포인트를 선택한 후 키보드 방향키로 위치를 옮겨 모양을 수정할 수 있습니다.

07 ❶ [Composition] 패널의 확대 비율을 ❷ 'Fit'으로 설정하고 ❸ 레이어를 드래그하여 레이어 순서를 변경합니다.

## 08   Alpha Matte 소스를 제작합니다.

❶ Ctrl + Shift + A 를 눌러 전체 선택 해제합니다. ❷ Shape 툴(■)을 길게 클릭하여 ❸ Rectangle 툴(■)을 선택하고
❹ [Composition] 패널에 드래그하여 Shape 레이어를 생성합니다(*칵테일 음료의 바로 아래에 위치하도록 하고 칵테
일 음료보다 길이와 너비가 커야 합니다). ❺ 인디케이터를 3초 0프레임 지점으로 이동합니다. ❻ 단축키 P 를 눌러 ❼
[Position] 속성을 열고 키프레임을 활성화합니다.

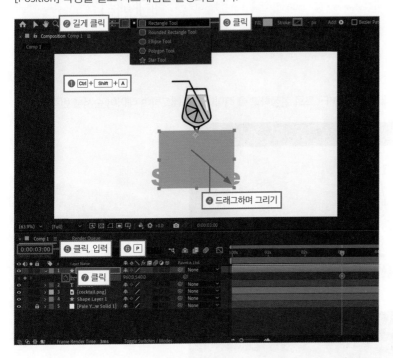

## 09   ❶ 인디케이터를 4초 0프레임 지점으로 이동합니다. ❷ V 를 눌러 Selection 툴(▶)을 선택한 후 ❸ Shape 레
이어를 드래그하여 위로 올립니다(*칵테일 음료를 완전히 가려야 합니다).

**10** [Project] 패널에서 'trans_matte.mp4'
를 Timeline으로 드래그하여 배치합니다.

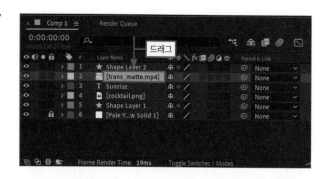

**11** Home 을 눌러 인디케이터를 Composition
시작 지점으로 이동하고 Spacebar 를 눌러 중
간 작업 결과를 확인합니다. 'Shape Layer 2'
의 알파 채널과 'trans_matte.mp4' 레이어의
명도를 이용하여 Track Matte를 설정합니다.
❶ Transfer Controls Pane 버튼을 클릭하여 다음

과 같이 활성화합니다. ❹ Transfer Controls Pane 버튼을 클릭하여 비활성화합니다.

| Sunrise | – | ❷ Matte 레이어: trans_matte.mp4, | ❸ Matte type: Luma Matte |
|---|---|---|---|
| cocktail.png | – | Matte 레이어: trans_matte.mp4, | Matte type: Luma Matte |
| Shape layer 1 | – | Matte 레이어: Shape layer 2, | Matte type: Alpha Matte |

**12** ❶ 인디케이터를 6초 0프레임 지점으로 이동합니다. ❷ N 을 눌러 Work Area 끝 지점을 설정합니다.

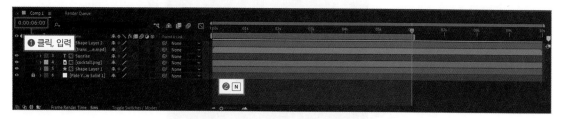

**13** Home 을 눌러 인디케이터를 Composition 시작 지점으로 이동하고 Spacebar 를 눌러 작업 결과를
확인합니다. 단축키 Ctrl + M 을 눌러 제작된 Composition을 MP4 파일로 렌더링합니다.
❶ [Output Module]의 빠른 포맷 설정에서 'H.264-Match Render Settings-15Mbps'를 선택합니다. ❷ [Output To]
에서 렌더링 파일의 저장 경로와 파일 이름을 지정합니다. ❸ [Render]를 클릭하여 렌더링을 시작합니다.

# Screen Key

스크린 키(Screen Key)의 기능에 대해 배워봅니다.

L E S S O N

스크린 촬영한 영상 소스에서 배경 키 작업을 하기 위해서는 Keylight 이펙트를 활용합니다.

대상 레이어를 선택하고 [Effects & Presets] 패널의 [Keying]에서 'Keylight(1.2)'를 더블 클릭하여 선택된 레이어에 적용한 후 [Effect Controls] 패널에서 옵션을 설정합니다.

❶ **View**: 키잉 결과 미리보기 방식을 설정합니다.

❷ **Unpremultiply Result**: 키잉 후 경계선에 남아 있는 픽셀을 정리합니다.

❸ **Screen Colour**: 키 컬러를 설정합니다.

❹ **Screen Gain**: 키 컬러를 확대 및 축소합니다.

❺ **Screen Balance**: 키 컬러 밸런스를 조정합니다.

❻ **Despill Bias**: 스크린 색상이 변질된 경우 보완 색상을 설정합니다.

❼ **Alpha Bias**: 알파 영역을 보완합니다.

⑧ **Screen Pre-blur**: 키잉 경계선을 블러 처리합니다.

⑨ **Screen Matte**: 키를 상세 설정합니다.

⑩ **Inside Mask**: 마스크 내부 옵션을 설정합니다.

⑪ **Outside Mask**: 마스크 외부 옵션을 설정합니다.

⑫ **Foreground Colour Correction**: 키잉 결과의 색상을 보정합니다.

⑬ **Edge Colour Correction**: 키잉 경계선의 색상을 보정합니다.

⑭ **Source Crops**: 원본 소스의 가장자리를 잘라냅니다.

---

## 1 · 기능 예제 ·                          Screen Key - 고양이와 담장

◎ **준비 파일**: part2/chapter4/screen_cat.mp4, wall.jpg
◎ **완성 파일**: part2/chapter4/sleepy_cat.mp4

**01** 단축키 `Ctrl`+`Alt`+`N`을 눌러 새로운 프로젝트
를 생성한 후 `Ctrl`+`I`를 눌러 준비 파일 'screen_cat.
mp4', 'wall.jpg'를 임포트합니다. `Ctrl`+`N`을 눌러 새
로운 Composition을 생성합니다.

❶ [Preset]에서 'Social Media Landscape HD·1920×
1080·30fps'를 선택합니다. ❷ [Duration]에 '10.'을 입력하
여 Composition 길이를 10초, ❸ [Background Color]를 '검
은색'으로 설정합니다. ❹ [OK]를 클릭합니다.

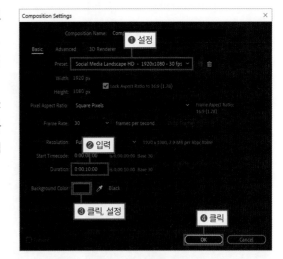

**02** ❶ [Project] 패널에서 'screen_cat.mp4',
'wall.jpg'를 Timeline으로 드래그하여 배치합니다.
❷ 'wall.jpg' 레이어를 Lock(🔒) 설정하여 잠급니다.

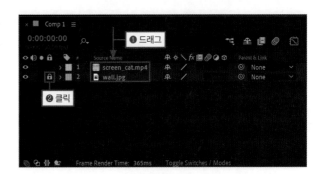

# 03
❶ 'screen_cat.mp4' 레이어를 클릭하여 선택하고 ❷ [Effects & Presets] 패널의 [Keying]에서 ❸ 'Keylight(1.2)'를 더블 클릭하여 이펙트를 적용합니다.

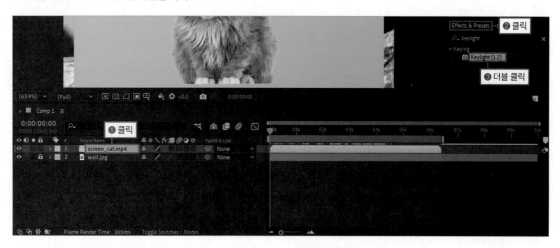

# 04
스크린 키 컬러를 선택합니다.

❶ [Effect Controls] 패널에서 ❷ Screen Colour 스포이트(▨)를 클릭하고 ❸ [Composition] 패널에서 녹색 배경을 클릭합니다.

05 [View]를 'Status'로 설정합니다. 고양이 실루엣 바깥쪽의 회색은 완전히 정리되지 않은 픽셀들이고, 고양이 실루엣 안쪽의 회색은 고양이가 반투명하게 처리된 결과 오류입니다.

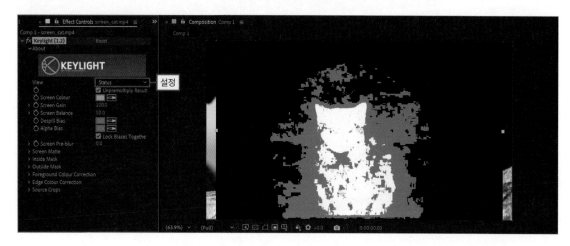

06 ❶ [Screen Matte] 속성을 열고 ❷ [Clip Black]의 수치를 '10'으로 올립니다. 실루엣 바깥쪽의 회색이 정리되었습니다. [Clip White]의 수치를 '90'으로 줄입니다. 실루엣 안쪽의 회색이 정리되었습니다.

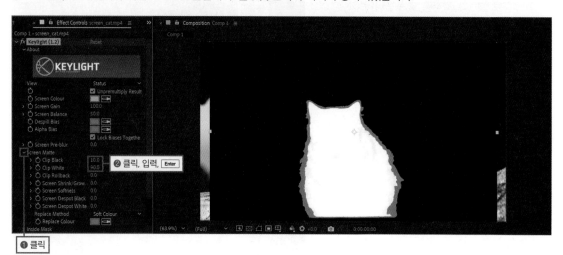

## 07 [View]를 'Final Result'로 설정합니다.

## 08 고양이의 위치와 기울기를 수정합니다.
❶ 'screen_cat.mp4 '레이어의 속성을 엽니다. ❷
[Position] 속성을 '1048, 332', ❸ [Rotation] 속성
을 '0x-3'으로 설정하고 Enter 를 누릅니다.

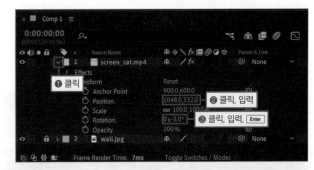

## 09 ❶ 인디케이터를 6초 11프레임 지점으로 이동합니다. ❷ N 을 눌러 Work Area 끝 지점을 설정합니다.

**10** [Home]을 눌러 인디케이터를 Composition 시작 지점으로 이동하고 [Spacebar]를 눌러 작업 결과를 확인합니다. 단축키 [Ctrl]+[M]을 눌러 제작된 Composition을 MP4 파일로 렌더링합니다.

❶ [Output Module]의 빠른 포맷 설정에서 'H.264-Match Render Settings-15Mbps'를 선택합니다. ❷ [Output To]에 서 렌더링 파일의 저장 경로와 파일 이름을 지정합니다. ❸ [Render]를 클릭하여 렌더링을 시작합니다.

# Roto Brush&Refine Edge

Roto Brush와 Refine Edge의 기능에 대해 배워봅니다.

스크린 배경으로 촬영되지 않은 불규칙한 배경의 영상은 Roto Brush 툴과 Refine Edge 툴을 사용하여 배경을 처리할 수 있습니다.

Roto Brush 툴과 Refine Edge 툴을 도구 상자에서 선택하거나 단축키 Alt+W를 눌러 선택할 수 있는데 툴이 선택된 상태에서 Alt+W를 다시 누르면 Roto Brush 툴과 Refine Edge 툴이 서로 전환됩니다.
Roto Brush 및 Refine Edge 툴은 [Composition] 창에서는 사용되지 않으며, 레이어를 더블 클릭하여 레이어 확인창에서 사용할 수 있습니다.

---

**NOTE**　　　　　　　　　　　　　　　　　　　　　　Roto Brush 및 Refine Edge 툴 단축키

- Roto Brush&Refine Edge 툴 영역 추가: 드래그
- Roto Brush&Refine Edge 툴 영역 제외: Alt+드래그
- Roto Brush&Refine Edge 툴 브러시 크기 조절 : Ctrl+드래그

---

## ● Roto Brush

Roto Brush 툴은 레이어 확인창에서 오브젝트 영역을 드래그하여 배경 영역과 경계선을 만들고 배경 영역에 알파 채널을 생성합니다.

　→　

Roto Brush가 적용되면 [Effect Controls] 패널에서 옵션을 수정할 수 있습니다.

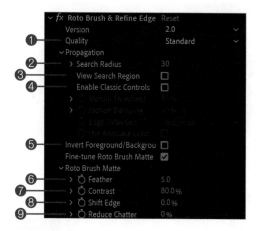

❶ **Quality**: Roto Brush 정밀도를 선택합니다.

❷ **Search Radius**: 다음 프레임에서 동일한 픽셀을 검색할 범위를 지정합니다.

❸ **View Search Region**: 검색 범위를 표시합니다.

❹ **Enable Classic Controls**: 구버전 옵션을 활성화합니다.

❺ **Invert Foreground/Background**: 오브젝트와 배경 영역을 전환합니다.

❻ **Feather**: 경계선을 흐리게 처리합니다.

❼ **Contrast**: 경계선 안과 밖을 강조합니다.

❽ **Shift Edge**: 경계선을 좁거나 넓게 이동합니다.

❾ **Reduce Chatter**: 지글거림을 감소시킵니다.

## ● Refine Edge

Refine Edge 툴(🔳)은 Roto Brush 적용 이후 머리카락이나 털 등 경계선이 모호한 지점에 드래그하여 오브젝트 영역과 배경 영역의 구분을 보완합니다.

 →

## Refine Edge 적용 전후 비교

Roto Brush만 적용 · Refine Edge 적용

## Refine Edge의 [Effect Controls] 패널 옵션

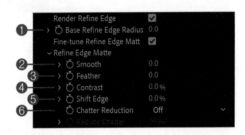

❶ **Base Refine Edge Radius**: 기본적으로 경계선에 적용되는 반경을 설정합니다.

❷ **Smooth**: Refine Edge 모양을 부드럽게 처리합니다.

❸ **Feather**: Refine Edge 경계를 흐리게 처리합니다.

❹ **Contrast**: Refine Edge 안과 밖을 강조합니다.

❺ **Shift Edge**: Refine Edge 경계선을 좁거나 넓게 이동합니다.

❻ **Chatter Reduction**: 지글거림 감소 옵션을 On/Off합니다.

---

## 1 · 기능 예제 ·　　　　Roto Brush - 꽃 배경 합성

◉ **준비 파일**: part2/chapter4/garden.jpg, roto_flowers.mp4
◉ **완성 파일**: part2/chapter4/flower_garden.mp4

01 단축키 Ctrl + Alt + N을 눌러 새로운 프로젝트를 생성한 후 Ctrl + I를 눌러 준비 파일 'garden. jpg', 'roto_flowers.mp4'를 임포트합니다. [Project] 패널에서 'roto_flowers.mp4'를 Timeline으로 드래그하여 Composition을 생성합니다.

## 02

❶ [Project] 패널에서 'garden.jpg'를 Timeline으로 드래그하여 배치합니다. ❷ 'garden. jpg' 레이어를 Lock(🔒) 설정하여 잠급니다.

## 03

레이어 확인창을 열고 Roto Brush 툴로 영역을 지정합니다.

❶ 'roto_flowers.mp4' 레이어를 더블 클릭하여 레이어 확인창을 엽니다. ❷ Alt+W를 눌러 Roto Brush 툴(🖌)을 선택합니다(*Refine Edge 툴이 선택된 경우 Alt+W를 한 번 더 누릅니다). ❸ Ctrl+드래그하여 브러시 사이즈를 너무 크지 않게 조절하고 ❹ 오브젝트 영역에 드래그하여 배경과의 경계선을 설정합니다(*경계선이 완벽하게 설정되지 않아도 됩니다).

04 Refine Edge 툴()로 영역 보완 작업을 합니다.

① Alt + W 를 눌러 Refine Edge 툴(🖌)을 선택합니다. ② Ctrl +드래그하여 브러시 사이즈를 너무 작지 않게 조절하고 ③ 경계선이 완벽하게 정리되지 않은 부분에 드래그합니다.

05 Composition 결과를 보면서 옵션을 수정하여 Refine Edge 툴로 과하게 투명해진 부분을 복구합니다.
① [Composition] 탭을 선택하고 ② [Quality]를 'Best'로 설정합니다. ③ Roto Brush Matte-Shift Edge: '-50%', Reduce Chatter: '50%', ④ Refine Edge Matte-Contrast: '70%', Shift Edge: '15%'로 입력하고 Enter 를 누릅니다. ⑤ Refine Edge Matte-Chatter Reduction: 'Smoother (Slower)'로 설정하고 ⑥ Reduce Chatter: '50%'로 입력한 후 Enter 를 누릅니다.

## 06  roto_flowers.mp4 레이어의 크기와 위치를 조정합니다.

❶ 'roto_flowers.mp4' 레이어를 클릭하여 선택하고 ❷ S 를 눌러 [Scale] 속성을 엽니다. ❸ '80'으로 설정하고 Enter 를 누릅니다. ❹ V 를 눌러 Selection 툴(▶)을 선택하고 ❺ [Composition] 패널에서 드래그하여 위치를 조정합니다.

## 07  Home 을 눌러 인디케이터를 Composition 시작 지점으로 이동하고 Spacebar 를 눌러 작업 결과를 확인합니다. 단축키 Ctrl + M 을 눌러 제작된 Composition을 MP4 파일로 렌더링합니다.

❶ [Output Module]의 빠른 포맷 설정에서 'H.264-Match Render Settings-15Mbps'를 선택합니다. ❷ [Output To] 에서 렌더링 파일의 저장 경로와 파일 이름을 지정합니다. ❸ [Render]를 클릭하여 렌더링을 시작합니다.

# Blending Mode

블렌딩 모드의 기능에 대해 배워봅니다.

블렌딩 모드(Blending Mode)를 통해 배경을 분리하지 않고 영상을 다른 레이어와 합성할 수 있습니다.

다른 영상 합성 방식처럼 영상에서 일부분만 선택하여 보여주거나 오브젝트와 배경을 분리하여 알파 채널을 생성하는 방식이 아니라 다른 레이어가 가지고 있는 색상과 혼합하는 방식으로 영상을 합성합니다.

Blending Mode를 이용한 합성

[Timeline] 패널의 Transfer Controls Pane 버튼을 클릭하여 On 상태가 되면 블렌딩 모드를 설정할 수 있습니다.

### Normal 그룹

노멀 그룹 세 가지 유형은 Opacity 수치를 조정할 경우 혼합되는 타입입니다. Opacity 100% 상태에서는 합성되지 않습니다.

```
● Normal
  Dissolve
  Dancing Dissolve
```

Normal-Opacity 50%

### Darken 그룹

어두운 색상이 강조되는 혼합 방식입니다.

```
● Darken
  Multiply
  Color Burn
  Classic Color Burn
  Linear Burn
  Darker Color
```

Multiply

### Lighten 그룹

밝은 색상을 강조하는 혼합 방식입니다.

```
  Add
● Lighten
  Screen
  Color Dodge
  Classic Color Dodge
  Linear Dodge
  Lighter Color
```

Screen

### Overlay 그룹

색상 대비를 강조하는 혼합 방식입니다.

```
● Overlay
  Soft Light
  Hard Light
  Linear Light
  Vivid Light
  Pin Light
  Hard Mix
```

Overlay

## Difference 그룹

색상의 차이 값을 이용하는 혼합 방식
입니다.

Difference

## HSL 그룹

상위 또는 하위 레이어의 색조, 채도,
명도를 채택하는 혼합 방식입니다.

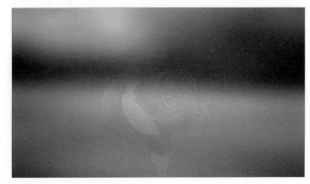

Color

## Alpha 그룹

Matte를 생성하는 혼합 방식입니다.

Stencil Alpha

**· 기능 예제 ·** **블렌딩 모드(Blending Mode) - 플레어 효과 타이틀**

◎ **준비 파일**: part2/chapter4/particle.mp4, rusty.jpg
◎ **완성 파일**: part2/chapter4/blending.mp4

01 단축키 Ctrl+Alt+N을 눌러 새로운 프로젝트를 생성한 후 Ctrl+I를 눌러 준비 파일 'particle.mp4', 'rusty.jpg'를 임포트합니다. Ctrl+N을 눌러 새로운 Composition을 생성합니다.
❶ [Preset]에서 'Social Media Landscape HD·1920×1080·30fps'를 선택합니다. ❷ [Duration]에 '10.'을 입력하여 Composition 길이를 10초, ❸ [Background Color]를 '검은색'으로 설정합니다. ❹ [OK]를 클릭합니다.

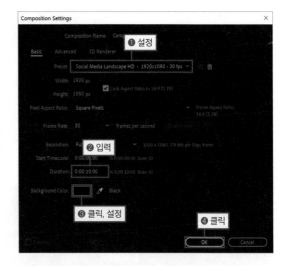

02 단축키 Ctrl+Y를 눌러 Solid 레이어를 생성합니다.
❶ [Make Comp Size]를 클릭하여 Composition과 동일한 크기로 설정합니다. ❷ 배경색을 '검은색'으로 지정합니다.
❸ [OK]를 클릭합니다.

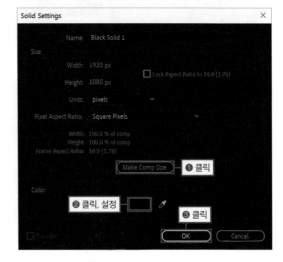

03 ❶ [Project] 패널에서 'particle.mp4', 'rusty.jpg'를 Timeline으로 드래그하여 배치합니다. ❷ 배경 Solid 레이어를 Lock(🔒) 설정하여 잠급니다.

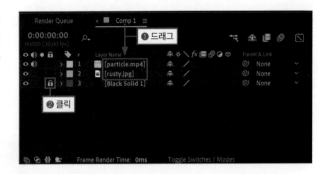

04 텍스트 레이어를 생성합니다.

❶ Ctrl+T를 눌러 Type 툴(🔳)을 선택합니다. ❷ [Composition] 패널에 클릭하고 텍스트를 작성합니다. ❸ [Character] 패널에서 폰트, 크기, 색상 등을 설정합니다. 색상은 흰색으로 설정합니다. ❹ V를 눌러 Selection 툴(▶)을 선택하고 ❺ 텍스트 레이어를 이동하여 위치를 정합니다.

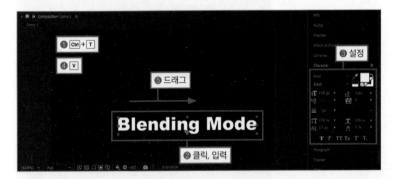

05 블렌딩 모드(Blending Mode)를 설정합니다.

❶ 레이어 순서를 변경합니다. ❷ [Timeline] 패널의 Transfer Controls Pane 버튼을 클릭하여 On 상태로 두고 각 레이어의 블렌딩 모드를 ❸ 'particle. mp4'-Blending Mode: Screen, ❹ 'rusty.jpg'-Blending Mode: Multiply로 설정합니다.

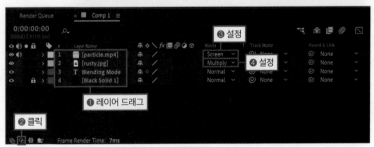

## 06 Lens Flare 이펙트 레이어를 생성합니다.

❶ Ctrl + Y 를 눌러 검은색 Solid 레이어를 생성합니다. ❷ 생성된 'Black Solid 2' 레이어를 클릭하여 선택하고 ❸ [Effects & Presets] 패널의 [Generate]-[Lens Flare]를 더블 클릭합니다. ❹ 'Black Solid 2' 레이어의 블렌딩 모드를 'Add'로 설정합니다.

## 07 Lens Flare 이펙트 레이어에 키프레임을 생성합니다.

❶ 인디케이터를 20프레임 지점으로 이동하고 ❷ 'Black Solid 2' 레이어를 선택합니다. ❸ [Effect Controls] 패널에서 [Flare Brightness]의 초시계(◯)를 클릭하고 ❹ 수치를 '0'으로 입력한 후 Enter 를 누릅니다. ❺ [Lens Type]은 '105mm Prime'으로 설정합니다.

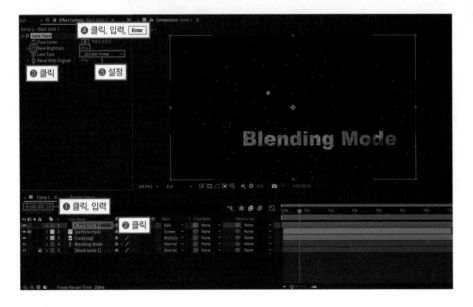

# 08

❶ 인디케이터를 1초 0프레임 지점으로 이동합니다. ❷ [Flare Center]의 초시계(⏱)와 ❸ 좌표 버튼 ⊕을 클릭하고 ❹ [Composition] 패널에서 텍스트의 왼쪽 아래 꼭짓점을 클릭합니다. ❺ [Flare Brightness]의 수치를 '150'으로 입력하고 Enter 를 누릅니다.

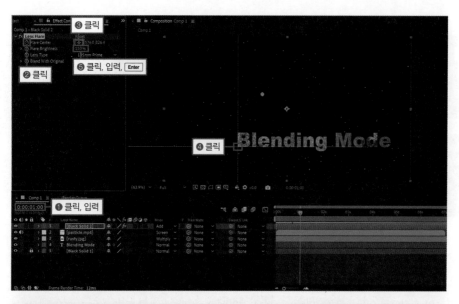

# 09

❶ 인디케이터를 2초 10프레임 지점으로 이동합니다. ❷ [Flare Center]의 좌표 버튼 을 클릭하고 ❸ [Composition] 패널에서 텍스트의 오른쪽 아래 꼭짓점을 클릭합니다. ❹ [Flare Brightness]의 수치를 '50'으로 입력하고 Enter 를 누릅니다.

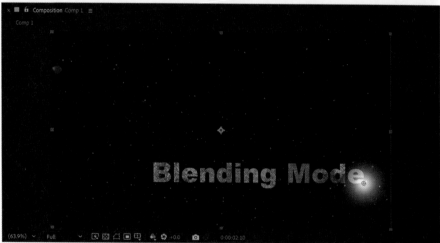

**10** ❶ 인디케이터를 2초 20프레임 지점으로 이동합니다. ❷ [Flare Brightness]의 수치를 '0'으로 입력하고 [ Enter ]를 누릅니다.

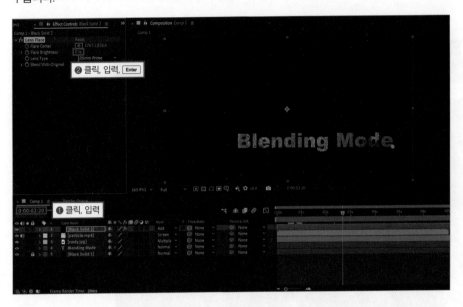

**11** ❶ [Timeline] 패널의 Transfer Controls Pane 버튼을 클릭하여 Off 상태로 전환합니다. ❷ 인디케이터를 6초 0 프레임 지점으로 이동하고 ❸ [N]을 눌러 Work Area 끝 지점을 설정합니다.

**12** [ Home ]을 눌러 인디케이터를 Composition 시작 지점으로 이동하고 [ Spacebar ]를 눌러 작업 결과를 확인합니다. 단축키 [ Ctrl ]+[ M ]을 눌러 제작된 Composition을 MP4 파일로 렌더링합니다.

❶ [Output Module]의 빠른 포맷 설정에서 'H.264-Match Render Settings-15Mbps'를 선택합니다. ❷ [Output To]에 서 렌더링 파일의 저장 경로와 파일 이름을 지정합니다. ❸ [Render]를 클릭하여 렌더링을 시작합니다.

# 이펙트(Effect) 활용하기

이펙트 적용 방법과 주요 이펙트에 대해 자세히 알아봅니다.

# 이펙트 적용하기

AFTER EFFECTS 01 LESSON

이펙트를 적용하는 방법을 배워봅니다.

이펙트를 적용하려면 대상 레이어를 선택하고 [Effects & Presets] 패널에서 이펙트를 더블 클릭하거나 대상 레이어로 드래그&드롭하여 적용할 수 있습니다.

이펙트 리스트에서 이름 앞의 숫자 **8**, **16**, **32**는 표현 가능한 색상 비트 심도를 나타내며, 비트 수가 많을수록 다양한 색상을 표현할 수 있습니다.

**GPU**은 GPU 계산 지원 여부를 나타냅니다.

이펙트 적용된 레이어를 선택하면 [Effect Controls] 패널에서 이펙트 상세 설정할 수 있으며, [Composition] 패널에서 결과를 확인할 수 있습니다.

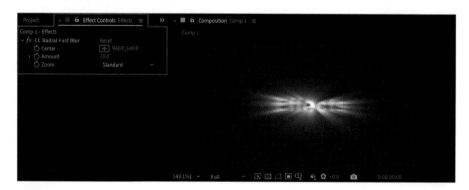

> **NOTE** [Effect Controls] 패널 단축키
>
> • F3 : [Effect Controls] 패널 열기/닫기 단축키

이펙트가 적용된 레이어는 [Timeline] 패널에서 [Effects] 속성을 열고 상세 설정과 키프레임을 관리할 수 있습니다.

NOTE                                  이펙트 단축키

- Ctrl + Shift + E : 선택된 레이어의 모든 이펙트 해제
- Ctrl + Shift + Alt + E : 직전 사용한 이펙트 다시 적용

## AFTER EFFECTS
# 02
## LESSON

# 주요 이펙트 살펴보기

Blur&Sharpen, Channel, Color Correction, Distort, Generate, Matte, Noise&Grain 등의 기능을 살펴봅니다.

## ● Blur&Sharpen

Blur&Sharpen은 영상에 흐림과 선명을 적용하는 효과 모음입니다.

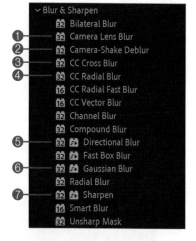

❶ **Camera Lens Blur**: 카메라 포커스 아웃 효과

❸ **CC Cross Blur**: 가로 흐림 또는 세로 흐림 각각 적용

❹ **CC Radial Blur**: 줌과 회전 흐림 효과

❷ **Camera-Shake Deblur**: 카메라 흔들림 흐림 제거

**⑦ Sharpen**: 색상과 명도 대비를 강조시켜 선명한 느낌을 주는 효과

**⑤ Directional Blur**: 특정 방향 흐림 효과

**⑥ Gaussian Blur**: 가우시안 방식 흐림 효과

## ● Channel

Channel은 영상의 각 색상 채널을 따로 조정하거나 다른 레이어의 채널을 이용한 합성 효과 모음입니다.

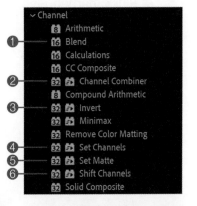

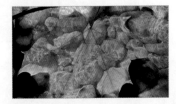

**❶ Blend**: 두 레이어의 혼합

**❷ Channel Combiner**: 두 레이어의 지정된 채널을 혼합

**❸ Invert**: 색상 반전

**❹ Set Channels**: 각 채널을 다른 레이어의 채널로 혼합

**❺ Set Matte**: 다른 레이어의 채널을 매트로 활용하는 효과

**❻ Shift Channels**: 각 채널을 다른 채널로 혼합

## ● Color Correction

Color Correction은 다양한 방식으로 색조, 채도, 밝기, 대비 등의 색상을 보정하는 효과 모음입니다.

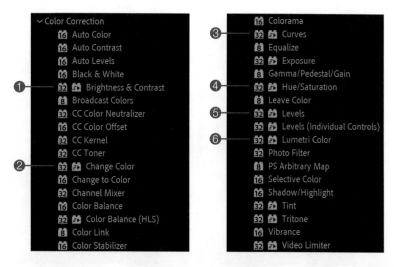

❶ **Brightness&Contrast**: 명도&대비 보정

❷ **Change Color**: 지정된 색을 다른 색으로 변경

❸ **Curves**: 커브로 색상 보정

❹ **Hue/Saturation**: 색조, 밝기, 채도 보정 및 단일 색상화

❺ **Levels**: 레벨로 색상 보정

❻ **Lumetri Color**: 다양한 색상 보정 효과 종합

## ● Distort

Distort는 다양한 방식으로 영상을 왜곡 및 변형하는 효과 모음입니다.

```
v Distort                           ⬚ Displacement Map
    16 Bezier Warp                  16 Liquify
    16 Bulge                         8 Magnify
    16 CC Bend It                   16 Mesh Warp
    16 CC Bender                    16 Mirror
    16 CC Blobbylize                16 ⬚ Offset
    32 CC Flo Motion                32 Optics Compensation
    32 CC Griddler                  32 Polar Coordinates
    32 CC Lens                      16 Reshape
    16 CC Page Turn                 16 Ripple
    32 CC Power Pin                 32 Rolling Shutter Repair
    32 CC Ripple Pulse              16 Smear
    16 CC Slant                     16 Spherize
    32 CC Smear                     32 ⬚ Transform
    16 CC Split                     32 Turbulent Displace
    16 CC Split 2                   32 Twirl
    32 CC Tiler                     16 Warp
    32 Corner Pin                   32 Warp Stabilizer
    32 Detail-preserving Upscale    16 Wave Warp
```

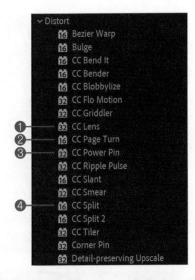

❶ **CC Lens**: 카메라 렌즈 왜곡

❷ **CC Page Turn**: 페이지 넘기는 효과

❸ **CC Power Pin**: 4개의 포인트를 따라 시점 왜곡

❹ **CC Split**: 영상을 양방향으로 갈라지게 만드는 효과

❺ **Displacement Map**: 변형 맵을 활용한 왜곡

❻ **Reshape**: 마스크 형태를 따라 변형시키는 효과

## ● Generate

Generate는 원본 영상에 효과가 더해져 새로운 콘텐츠가 생성되는 효과 모음입니다.

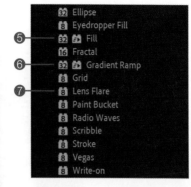

**① 4-Color Gradient**: 4개의 포인트에 따라 그래디언트 생성

**② Audio Spectrum**: 오디오 스펙트럼 생성

**③ CC Light Burst 2.5**: 후광 효과 생성

**④ CC Light Sweep**: 반사광 생성

**⑤ Fill**: 색상 채우기 효과

**⑥ Gradient Ramp**: 선형 및 원형 그래디언트 생성

**⑦ Lens Flare**: 렌즈 플레어 생성

## ● Matte

Matte는 매트 소스와 알파 채널의 경계점을 조정하는 효과 모음입니다.

**❶ Matte Choker**: 매트 경계를 부드럽게 또는 확장 및 축소하는 효과

**❷ Simple Choker**: 매트 경계를 확장 및 축소하는 효과

## ● Noise&Grain

Noise&Grain은 영상에 노이즈를 추가하거나 제거하는 효과 모음입니다.

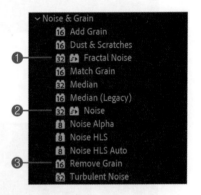

**❸ Remove Grain**: 노이즈 제거 효과

**❶ Fractal Noise**: 프랙탈 방식의 노이즈 생성

**❷ Noise**: 노이즈 생성

## ● Perspective

Perspective는 시점을 변형하거나 가상의 환경을 구성하는 효과 모음입니다.

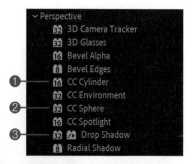

❶ **CC Cylinder**: 레이어를 실린더 형태로 변형

❷ **CC Sphere**: 레이어를 구 형태로 변형

❸ **Drop Shadow**: 그림자 생성

## ● Simulation

Simulation은 생성된 콘텐츠에 중력이나 물리법칙 등을 적용한 시뮬레이션 효과 모음입니다.

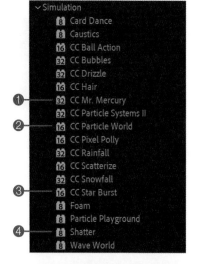

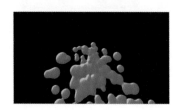

❶ **CC Mr. Mercury**: 레이어를 액체 형태로 분사

❷ **CC Particle World**: 파티클 생성

❸ **CC Star Burst**: 레이어를 작은 입자로 분사

❹ **Shatter**: 레이어를 여러 퍼즐 형태로 나누어 해체

## ● Stylize

Stylize는 원본 영상을 여러 번 반복하거나 특수한 질감을 적용하는 효과 모음입니다.

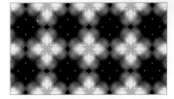

❶ **CC Kaleida**: 만화경 이미지 생성

❷ **CC RepeTile**: 레이어 타일 형태 반복

❸ **CC Vignette**: 비네팅 효과

❹ **Find Edges**: 윤곽선 강조 효과

❺ **Glow**: 빛 번짐 효과

❻ **Motion Tile**: 레이어를 움직이는 타일 형태로 반복

## ● Time

Time은 지연 재생이나 촬영 및 재생 속도 등을 조정하는 효과 모음입니다.

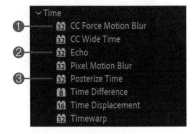

❸ **Posterize Time**: 프레임 드롭 효과

❶ **CC Force Motion Blur**: 모션 블러 생성    ❷ **Echo**: 프레임 지연 합성

## ● Transition

Transition은 장면 전환 효과 모음입니다.

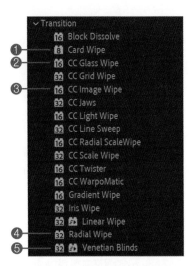

❶ **Card Wipe**: 카드 모양 트랜지션    ❷ **CC Glass Wipe**: 유리 질감 트랜지션    ❸ **CC Image Wipe**: 영상의 색상값 활용 트랜지션

④ **Radial Wipe**: 원형 트랜지션　⑤ **Venetian Blinds**: 블라인드
　　　　　　　　　　　　　　　　　　모양 트랜지션

## ● Audio

Audio는 오디오 소스와 관련된 효과 모음입니다.

① **Backwards**: 역재생
② **Delay**: 시간 지연 재생
③ **High-Low Pass**: 주파수 상한 또는 하한 설정

---

**1** ・ 기능 예제 ・　　　Hue/Saturation&Gaussian Blur&Transition

레이어를 채도 조절하고 블러 효과를 적용한 후 Transition으로 전환해 보겠습니다.

◉ **준비 파일**: part2/chapter5/dew_flower.jpg
◉ **완성 파일**: part2/chapter5/effects1.mp4

**01** 단축키 Ctrl+Alt+N을 눌러 새로운 프로젝트를 생성한 후 Ctrl+I를 눌러 준비 파일 'dew_flower.jpg'를 임포트합니다. Ctrl+N을 눌러 새로운 Composition을 생성합니다.

① [Preset]에서 'Social Media Landscape HD·1920×1080·30fps'를 선택합니다. ② [Duration]에 '10.'을 입력하여 Composition 길이를 10초, ③ [Background Color]를 '검은색'으로 설정합니다. ④ [OK]를 클릭합니다.

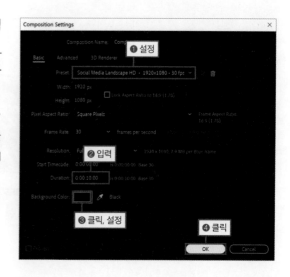

## 02 [Project] 패널에서 'dew_flower.jpg'를 Timeline으로 드래그하여 배치합니다.

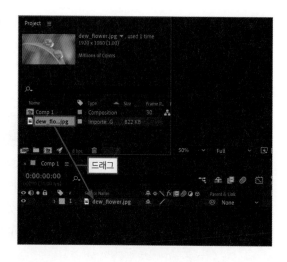

## 03 [Hue/Saturation] 이펙트로 채도를 조절합니다.

❶ 'dew_flower.jpg' 레이어를 클릭하여 선택하고 ❷ [Effects & Presets] 패널의 ❸ [Color Correction]에서 ❹ [Hue/Saturation]을 더블 클릭하여 적용합니다. ❺ [Effect Controls] 패널의 [Hue/Saturation] 이펙트에서 ❻ [Master Saturation]의 수치를 '-100'으로 설정합니다.

04 [Gaussian Blur] 이펙트로 흐림 효과를 적용합니다.

❶ 'dew_flower.jpg' 레이어를 클릭하여 선택하고 ❷ [Blur & Sharpen] 패널에서 ❸ [Gaussian Blur]를 더블 클릭하여 적용합니다. ❹ [Effect Controls] 패널의 [Gaussian Blur] 이펙트에서 [Blurriness]의 수치를 '80'으로 설정하고 Enter 를 누릅니다.

05 레이어를 복사 및 이동하고 이펙트를 조정합니다.

❶ 'dew_flower.jpg' 레이어를 클릭하여 선택하고 ❷ Ctrl+D를 눌러 레이어를 복제합니다. ❸ 인디케이터를 1초 10프레임 지점으로 이동하고 ❹ Ⅰ를 눌러 선택된 레이어 In점을 옮깁니다. ❺ [Effect Controls] 패널의 [Hue/Saturation] 이펙트에서 [Master Saturation]의 수치를 '0'으로 설정합니다.

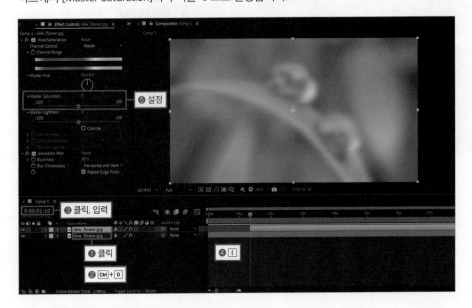

06 ❶ 가장 위 'dew_flower.jpg' 레이어를 클릭하여 선택하고 Ctrl+D를 눌러 레이어를 복제합니다. ❷ 인디케이터를 3초 10프레임 지점으로 이동하고 ❸ ⓘ를 눌러 선택된 레이어 In점을 옮깁니다. ❹ [Effect Controls] 패널의 [Gaussian Blur] 이펙트에서 ❺ [Blurriness]의 수치를 '0'으로 설정하고 Enter를 누릅니다.

07 ❶ 가장 위 'dew_flower.jpg' 레이어를 클릭하여 선택하고 Ctrl+D를 눌러 레이어를 복제합니다. ❷ 인디케이터를 5초 10프레임 지점으로 이동하고 ❸ ⓘ를 눌러 선택된 레이어 In점을 옮깁니다. ❹ S를 눌러 [Scale] 속성을 열고 ❺ 수치를 '150'으로 설정한 후 Enter를 누릅니다.

**08** [Transition] 이펙트를 적용하여 장면 전환 키프레임을 생성합니다.

❶ 인디케이터를 1초 10프레임 지점으로 이동합니다. ❷ 밑에서 두 번째 'dew_flower.jpg' 레이어를 클릭하여 선택하고 [Effects & Presets] 패널의 [Transition]에서 ❸ [CC Image Wipe]를 더블 클릭하여 적용합니다. [Effect Controls] 패널의 [CC Image Wipe] 이펙트에서 ❹ [Completion]의 수치를 '100'으로 설정하고 Enter 를 누릅니다. ❺ 초시계(◎)를 클릭하여 키프레임을 생성합니다.

**09** ❶ 인디케이터를 2초 0프레임 지점으로 이동합니다. ❷ [Effect Controls] 패널의 [CC Image Wipe] 이펙트에서 [Completion]의 수치를 '0'으로 설정한 후 Enter 를 누릅니다.

**10** ❶ 인디케이터를 3초 10프레임 지점으로 이동합니다. ❷ 밑에서 세 번째 'dew_flower.jpg' 레이어를 클릭하여 선택하고 [Effects & Presets] 패널의 ❸ [Transition]에서 ❹ [Radial Wipe]를 더블 클릭하여 적용합니다. ❺ [Effect Controls] 패널의 [Radial Wipe] 이펙트에서 [Completion]의 수치를 '100'으로 설정하고 Enter 를 누릅니다. ❻ 초시계(🕐)를 클릭하여 키프레임을 생성하고 ❼ [Wipe] 옵션을 'Counterclockwise'로 설정합니다.

**11** ❶ 인디케이터를 4초 0프레임 지점으로 이동합니다. ❷ [Effect Controls] 패널의 [Radial Wipe] 이펙트에서 [Completion]의 수치를 '0'으로 설정한 후 Enter 를 누릅니다.

**12** ❶ 인디케이터를 5초 10프레임 지점으로 이동합니다. ❷ 맨 위 'dew_flower.jpg' 레이어를 클릭하여 선택하고 [Effects & Presets] 패널의 ❸ [Transition]에서 ❹ [Venetian Blinds]를 더블 클릭하여 적용합니다. ❺ [Effect Controls] 패널의 [Venetian Blinds] 이펙트에서 [Completion]의 수치를 '100'으로 설정하고 Enter 를 누릅니다. ❻ 초시계(⏱)를 클릭하여 키프레임을 생성하고 ❼ [width] 옵션을 '50'으로 설정하고 Enter 를 누릅니다.

**13** ❶ 인디케이터를 6초 0프레임 지점으로 이동합니다. ❷ [Effect Controls] 패널의 [Venetian Blinds] 이펙트에서 [Completion]의 수치를 '0'으로 설정한 후 Enter 를 누릅니다.

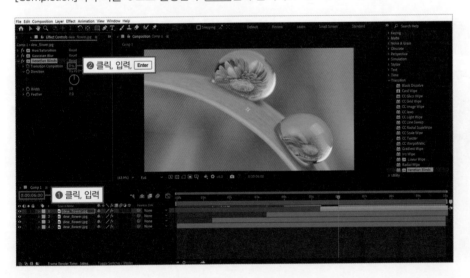

14 ❶ 인디케이터를 8초 0프레임 지점으로 이동합니다. ❷ N을 눌러 Work Area 끝 지점을 설정합니다.

15 Home을 눌러 인디케이터를 Composition 시작 지점으로 이동하고 Spacebar를 눌러 작업 결과를 확인합니다. 단축키 Ctrl+M을 눌러 제작된 Composition을 MP4 파일로 렌더링합니다.
❶ [Output Module]의 빠른 포맷 설정에서 'H.264-Match Render Settings-15Mbps'를 선택합니다. ❷ [Output To]에서 렌더링 파일의 저장 경로와 파일 이름을 지정합니다. ❸ [Render]를 클릭하여 렌더링을 시작합니다.

**2** ◦ 기능 예제 ◦   **Shift Channel & Fractal Noise & Displacement Map - 글리치 효과**

◎ **준비 파일**: part2/chapter5/AE.png
◎ **완성 파일**: part2/chapter5/effects2.mp4

01 단축키 Ctrl+Alt+N을 눌러 새로운 프로젝트를 생성한 후 Ctrl+I를 눌러 준비 파일 'AE.png'를 임포트합니다. 단축키 Ctrl+N을 눌러 새로운 Composition을 생성합니다.
❶ [Preset]에서 'Social Media Landscape HD·1920× 1080·30fps'를 선택합니다. ❷ [Duration]에 '10.'을 입력하여 Composition 길이를 10초, ❸ [Background Color]를 '검은색'으로 설정합니다. ❹ [OK]를 클릭합니다.

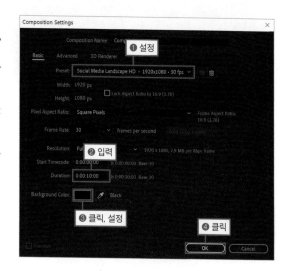

## 02 [Project] 패널에서 'AE.png'를 Timeline으로 드래그하여 배치합니다.

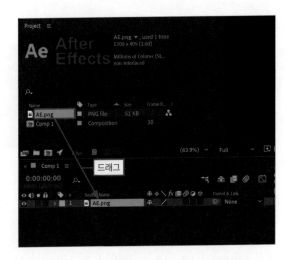

## 03 [Shift Channel] 이펙트로 채널을 여러 레이어로 분리합니다.

❶ 'AE.png' 레이어를 클릭하여 선택하고 [Effects & Presets] 패널의 ❷ [Channel]에서 ❸ [Shift Channel]을 더블 클릭하여 적용합니다. [Effect Controls] 패널에서 ❹ [Shift Channel] 이펙트를 Take Red From: 'Red', Take Green From: 'Full Off', Take Blue From: 'Full Off'로 설정합니다.

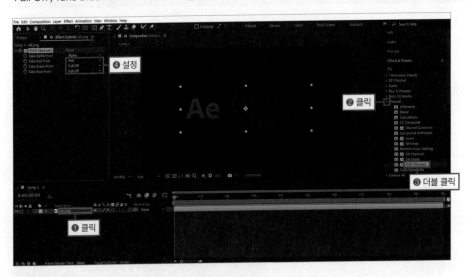

## 04 레이어를 복제하고 이펙트 설정을 변경합니다.

❶ 'AE.png' 레이어를 클릭하여 선택하고 Ctrl+D를 눌러 복제합니다. [Effect Controls] 패널에서 ❷ [Shift Channel] 이 펙트를 Take Red From: 'Full Off', Take Green From: 'Green', Take Blue From: 'Full Off'로 설정합니다.

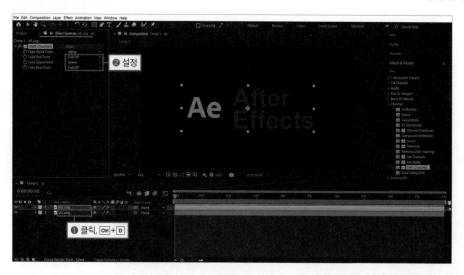

## 05 레이어를 하나 더 복제하고 이펙트 설정을 변경합니다.

❶ 'AE.png' 레이어를 클릭하여 선택하고 Ctrl+D를 눌러 복제합니다. [Effect Controls] 패널에서 ❷ [Shift Channel] 이 펙트를 Take Red From: 'Full Off', Take Green From: 'Full Off', Take Blue From: 'Blue'로 설정합니다.

# 06 블렌딩 모드(Blending Mode)를 설정합니다.

❶ Transfer Controls Pane 버튼(■)을 클릭하여 활성화합니다. ❷ 각 레이어의 블렌딩 모드를 1 AE.png – Blending
Mode: 'Lighten', 2 AE.png – Blending Mode: 'Lighten'으로 설정한 후 ❸ Transfer Controls Pane 버튼(■)을 클릭하여
비활성화합니다.

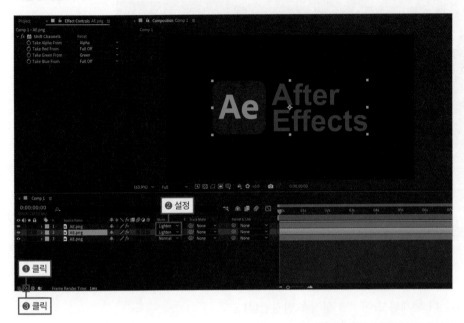

# 07 단축키 Ctrl+Y를 눌러 Solid 레이어를 생성합니다.

❶ [Make Comp Size]를 클릭하여 Composition과 동일한
크기로 설정합니다. ❷ [OK]를 클릭합니다(색상은 무관합
니다).

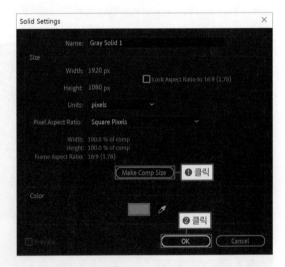

## 08 Solid 레이어에 Noise를 생성합니다.

❶ Solid 레이어를 클릭하여 선택하고 [Effects & Presets] 패널의 ❷ [Noise & Grain]에서 ❸ [Fractal Noise]를 더블 클릭하여 적용합니다. [Effect Controls] 패널에서 [Fractal Noise] 이펙트를 ❹, ❺ Transform – Uniform Scaling: '체크 해제', ❻ Transform – Scale Width: '10,000', ❼ Transform – Scale Height: '50'으로 설정하고 Enter 를 누릅니다. ❽ [Evolution]의 초시계(⏱)를 클릭하여 키프레임을 생성합니다.

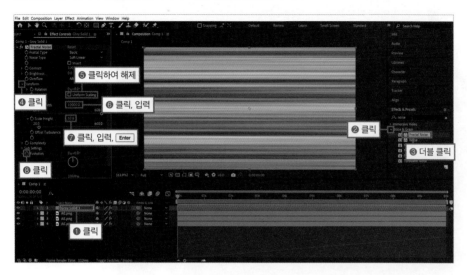

## 09 ❶ End 를 눌러 인디케이터를 Composition 끝 지점으로 이동합니다. ❷ [Effect Controls] 패널의 [Fractal Noise] 이펙트에서 [Evolution]의 수치를 '100x+0'으로 설정한 후 Enter 를 누릅니다. ❸ Hides Video 버튼(👁)을 클릭하여 Solid 레이어를 보이지 않도록 합니다.

# 10 [Displacement Map] 이펙트로 글리치 효과를 만듭니다.

❶ 인디케이터를 1초 0프레임 지점으로 이동합니다. ❷ 첫 번째 'AE.png' 레이어를 클릭하여 선택하고 [Effects & Presets] 패널의 ❸ [Distort]에서 ❹ [Displacement Map]을 더블 클릭하여 적용합니다. [Effect Controls] 패널에서 [Displacement Map] 이펙트를 ❺ Displacement Map Layer: 'Solid Layer'/'Effects & Masks', ❻ Max Horizontal Displacement: '0', ❼ Max Vertical Displacement: '0'으로 설정하고 Enter 를 누릅니다. ❽ [Max Horizontal Displacement]의 초시계(🕒)를 클릭하여 키프레임을 생성합니다.

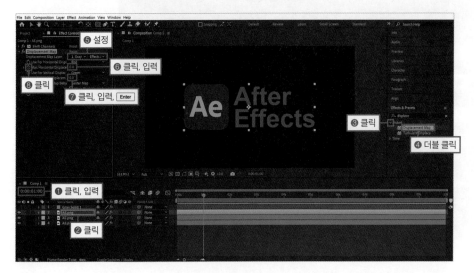

# 11 설정된 이펙트를 복제하여 다른 레이어에 적용합니다.

❶ 첫 번째 'AE.png' 레이어를 클릭하여 선택하고 ❷ [Effect Controls] 패널에서 [Displacement Map] 이펙트를 클릭합니다. Ctrl + C 를 눌러 이펙트를 복제합니다. ❸ 두 번째 'AE.png' 레이어를 클릭하여 선택한 후 Ctrl + V 를 눌러 붙여넣고 ❹ 세 번째 'AE.png' 레이어를 클릭하여 선택한 후 Ctrl + V 를 눌러 붙여넣습니다. ❺ Ctrl + A 를 눌러 레이어를 전체 선택하고 U 를 눌러 키프레임이 활성화된 속성만 펼칩니다.

**12** ① 인디케이터를 1초 10프레임 지점으로 이동합니다. ②, ③, ④ 첫 번째, 두 번째, 세 번째 'AE.png' 레이어의 [Displacement Map] 이펙트에서 [Max Horizontal Displacement]의 수치를 각각 다르게 입력한 후 Enter 를 누릅니다.

**T I P** '-60~+60' 사이의 수치가 적절합니다.

**13** ① 인디케이터를 1초 20프레임 지점으로 이동하고 ②, ③, ④ 첫 번째, 두 번째, 세 번째 'AE.png' 레이어의 [Displacement Map] 이펙트에서 [Max Horizontal Displacement]의 수치를 모두 '0'으로 입력한 후 Enter 를 누릅니다.

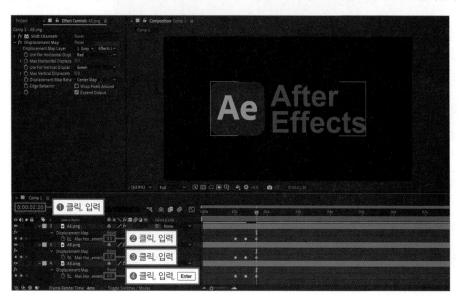

**14** ❶ 첫 번째 'AE.png' 레이어의 키프레임들을 드래그하여 선택하고 ❷ Ctrl+C를 눌러 복제한 후 ❸ 1~2초 뒤 임의의 지점에서 Ctrl+V를 눌러 붙여넣습니다.

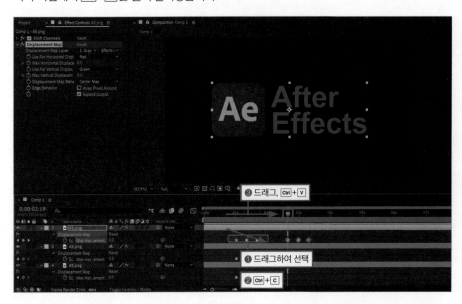

**15** ❶ 두 번째 'AE.png' 레이어의 키프레임들을 드래그하여 선택하고 ❷ Ctrl+C를 눌러 복제한 후 ❸ 1~2초 뒤 임의의 지점에서 Ctrl+V를 눌러 붙여넣습니다.

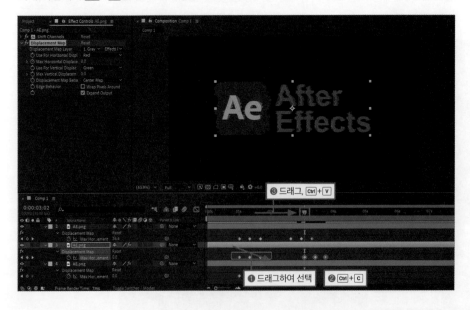

**16** ❶ 세 번째 'AE.png' 레이어의 키프레임들을 드래그하여 선택하고 ❷ Ctrl + C 를 눌러 복제한 후 ❸ 1~2초 뒤 임의의 지점에서 Ctrl + V 를 눌러 붙여넣습니다.

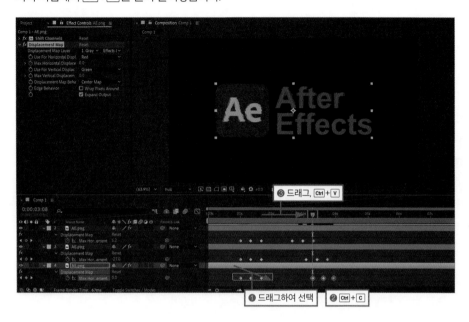

**17** ❶ 인디케이터를 마지막 키프레임 지점에서 1~2초 뒤 임의의 지점으로 이동합니다. ❷ N 을 눌러 Work Area 끝 지점을 설정합니다.

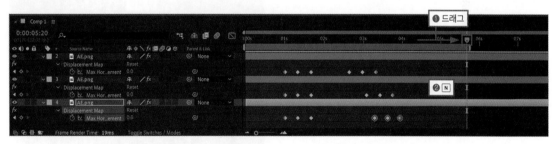

**18** Home 을 눌러 인디케이터를 Composition 시작 지점으로 이동하고 Spacebar 를 눌러 작업 결과를 확인합니다. 단축키 Ctrl + M 을 눌러 제작된 Composition을 MP4 파일로 렌더링합니다.
❶ [Output Module]의 빠른 포맷 설정에서 'H.264-Match Render Settings-15Mbps'를 선택합니다. ❷ [Output To] 에서 렌더링 파일의 저장 경로와 파일 이름을 지정합니다. ❸ [Render]를 클릭하여 렌더링을 시작합니다.

# Shatter - 3D 스마트폰 만들기

◎ **준비 파일**: part2/chapter5/night_sky.mp4, smartphone.psd
◎ **완성 파일**: part2/chapter5/effects3.mp4

01 단축키 Ctrl + Alt + N을 눌러 새로운 프로젝트를 생성한 후 Ctrl + I를 눌러 준비 파일 'night_sky.mp4'를 임포트하고, 다시 Ctrl + I를 눌러 준비 파일 'smartphone.psd'를 임포트합니다.
❶ Import Kind는 'Composition - Retain Layer Sizes'를 선택합니다. ❷ [OK]를 클릭합니다.

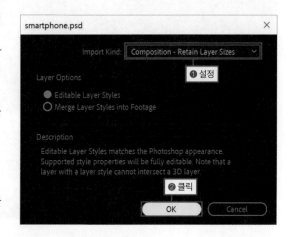

**T·I·P** psd 파일은 다른 소스와 함께 임포트하지 않고 하나만 임포트해야 합니다.

02 Ctrl + N을 눌러 새로운 Composition을 생성합니다.
❶ [Preset]에서 'Social Media Landscape HD·1920×1080·30fps'를 선택합니다. ❷ [Duration]에 '10.'을 입력하여 Composition 길이를 10초, ❸ [Background Color]를 '검은색'으로 설정합니다. ❹ [OK]를 클릭합니다.

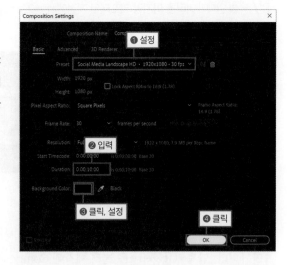

03 [Project] 패널에서 ❶ [smartphone Layers] 폴더
를 엽니다. ❷ 'Frame', 'Screen', ❸ 'night_sky.mp4'를
Timeline으로 드래그하여 배치합니다.

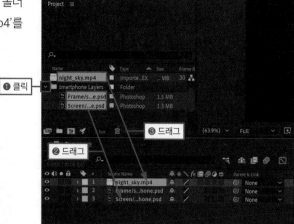

04 Track Matte를 설정합니다.
❶ Transfer Controls Pane 버튼(🔘)을 클릭하여
활성화합니다. ❷ 'night_sky.mp4' 레이어의 Matte
레이어를 'Screen/smartphone.psd'로 설정합니다.
❸ Transfer Controls Pane 버튼(🔘)을 클릭하여
비활성화합니다.

05 모든 레이어를 Composition으로 묶습니다.
❶ Ctrl + A 를 눌러 전체 선택하고 ❷ Ctrl + Shift + C 를 눌
러 Pre-compose 설정합니다. ❸ 설정 변동 없이 [OK]를 클
릭합니다.

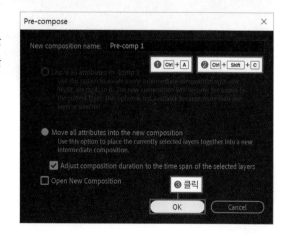

06 단축기 Ctrl + Y 를 눌러 Solid 레이어를 생성합니다.

❶ [Make Comp Size]를 클릭하여 Composition과 동일한 크기로 설정합니다. ❷ [OK]를 클릭합니다(색상은 무관합니다).

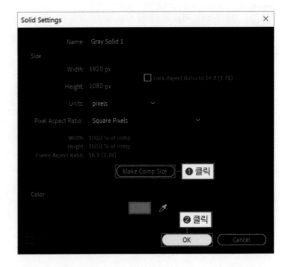

07 Solid 레이어에 [Shatter] 이펙트로 3D 스마트폰을 제작합니다.

❶ Pre-compose 설정된 레이어를 Hides Video 버튼(◉)을 클릭하여 감춥니다. ❷ Solid 레이어를 클릭하여 선택하고 [Effects & Presets] 패널의 ❸ [Simulation]에서 ❹ [Shatter]를 더블 클릭하여 적용합니다. ❺ [Effect Controls] 패널에서 [Shatter] 이펙트를 ❻ View: 'Rendered', ❼ Shape - Pattern: 'Custom', ❽ Shape - Custom Shape Map: 'Pre-Comp 1', ❾, ❿ force 1 - Strength: '0', ⓫, ⓬ Physics - Gravity: '0'으로 설정하고 Enter 를 누릅니다.

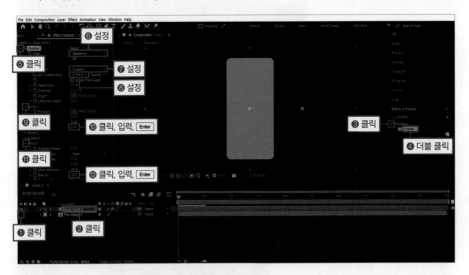

**08** [Shatter] 이펙트 설정에서 스크롤을 아래로 내려 설정을 계속합니다.

❶ [Textures] – ❷ [Front Layer]에서 'Pre-Comp 1', ❸ [Camera Position]에서 ❹ [X Rotation]을 '0x-10', ❺ [Y Rotation]에서 '0x-30'으로 설정하고 Enter 를 누릅니다. ❻ [Y Rotation] 속성의 초시계(◯)를 클릭하여 키프레임을 생성합니다.

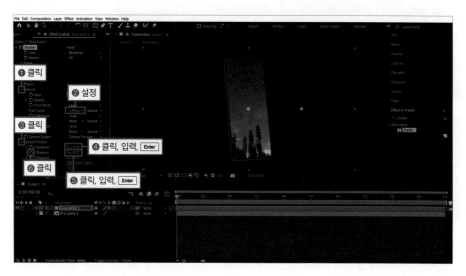

**09** ❶ 인디케이터를 Composition 중간인 5초 0프레임 지점으로 이동합니다. ❷ [Shatter] 이펙트의 [Y Rotation] 속성의 수치를 '0x+30'으로 설정한 후 Enter 를 누릅니다.

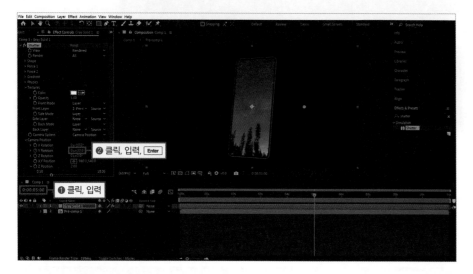

**10** ❶ 인디케이터를 Composition 끝 지점으로 이동합니다. ❷ [Shatter] 이펙트의 [Y Rotation] 속성의 수치를 다시 '0x-30'으로 설정한 후 Enter 를 누릅니다.

**11** ❶ [Shatter] 이펙트의 [Shape] - ❷ [Extrusion Depth]의 수치를 '0.5'로 입력하거나 희망하는 스마트폰 두께가 나오도록 [Composition] 패널을 확인하면서 수치를 조절한 후 Enter 를 누릅니다.

**12** Home 을 눌러 인디케이터를 Composition 시작 지점으로 이동하고 Spacebar 를 눌러 작업 결과를 확인합니다. 단축키 Ctrl + M 을 눌러 제작된 Composition을 MP4 파일로 렌더링합니다.
❶ [Output Module]의 빠른 포맷 설정에서 'H.264-Match Render Settings-15Mbps'를 선택합니다. ❷ [Output To]에서 렌더링 파일의 저장 경로와 파일 이름을 지정합니다. ❸ [Render]를 클릭하여 렌더링을 시작합니다.

**4** • 기능 예제 • **Reshape&Image Trace - 몰프(Morph) 애니메이션**

◎ **준비 파일**: part2/chapter5/banana.png, watermelon.png
◎ **완성 파일**: part2/chapter5/effects4.mp4

01 단축키 [Ctrl]+[Alt]+[N]을 눌러 새로운 프로젝트를 생성한 후 [Ctrl]+[I]를 눌러 준비 파일 'banana. png', 'watermelon.png'를 임포트합니다. [Ctrl]+[N]을 눌러 새로운 Composition을 생성합니다.
❶ [Preset]에서 'Social Media Landscape HD·1920×1080·30fps'를 선택합니다. ❷ [Duration]에 '10.'을 입력하여 Composition 길이를 10초, ❸ [Background Color]를 '검은색'으로 설정합니다. ❹ [OK]를 클릭합니다.

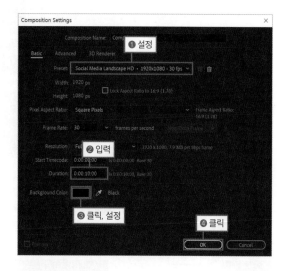

02 단축키 [Ctrl]+[Y]를 눌러 Solid 레이어를 생성합니다.
❶ [Make Comp Size]를 클릭하여 Composition과 동일한 크기로 설정합니다. ❷ 배경색을 지정합니다. ❸ [OK]를 클릭합니다.

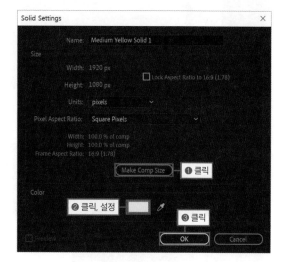

03 [Project] 패널에서 ❶ 'banana.png', ❷
'watermelon.png'를 Timeline으로 드래그하여 배
치합니다. ❸ 배경 Solid 레이어를 Lock(🔒) 설정하
여 잠급니다.

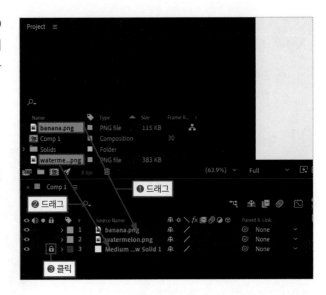

04 ❶ Ctrl + A 를 눌러 'banana.png' 레이어, 'watermelon.png' 레이어를 동시에 선택하고 상단 메뉴 ❷ [Layer] – ❸
[Auto-trace]를 클릭합니다. ❹ 설정창에서 [Tolerance]의 수치를 '5px'로 설정하고 Enter 를 누른 후 ❺ [OK]를 클릭합니다.

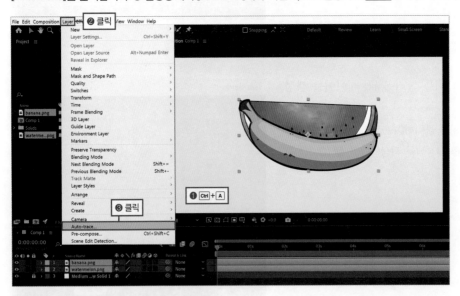

05 ❶ 단축키 M을 눌러 [Mask Path] 속성을 엽니다. ❷, ❸ 초시계 버튼(⏱)을 클릭 해제하여 키프레임을 비활성화합니다.

06 각 레이어의 마스크를 상대 레이어로 복제합니다.

❶ 첫 번째 레이어의 마스크 이름을 클릭하고 Ctrl+C를 눌러 복제합니다. ❷ 두 번째 레이어의 이름을 클릭하고 Ctrl+V를 눌러 붙여넣습니다. ❸ 두 번째 레이어의 마스크 이름을 클릭하고 Ctrl+C를 눌러 복제합니다. ❹ 첫 번째 레이어의 이름을 클릭하고 Ctrl+V를 눌러 붙여넣습니다.

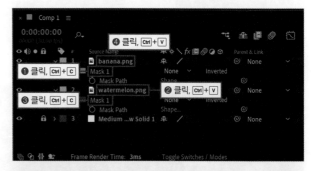

## 07 [Reshape] 이펙트를 적용하고 키프레임을 생성합니다.

❶ 인디케이터를 1초 0프레임 지점으로 이동합니다. ❷ 'banana.png' 레이어를 클릭하여 선택하고 [Effects & Presets] 패널의 ❸ [Distort]에서 ❹ [Reshape]을 더블 클릭하여 적용합니다. [Effect Controls] 패널에서 [Reshape] 이펙트를 ❺ Source Mask: 'Mask 1', ❻ Destination Mask: 'Mask 2', ❼ Percent: '0'으로 설정하고 Enter 를 누릅니다. ❽ [Percent]의 초시계(⏱)를 클릭하여 키프레임을 생성합니다. ❾ T 를 눌러 [Opacity] 속성을 엽니다. ❿ '100'을 입력하고 Enter 를 누른 후 ⓫ [Opacity] 속성의 초시계(⏱)를 클릭하여 키프레임을 생성합니다.

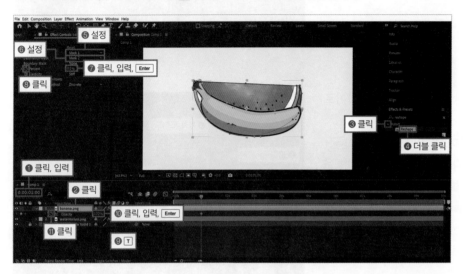

## 08

❶ 'watermelon.png' 레이어를 클릭하여 선택하고 [Effects & Presets] 패널의 [Distort]에서 ❷ [Reshape]을 더블 클릭하여 적용합니다. [Effect Controls] 패널에서 [Reshape] 이펙트를 ❸ Source Mask: 'Mask 1'/Destination Mask: 'Mask 2', ❹ Percent: '100'으로 설정하고 Enter 를 누릅니다. ❺ [Percent]의 초시계(⏱)를 클릭하여 키프레임을 생성합니다. ❻ T 를 눌러 [Opacity] 속성을 엽니다. ❼ '0'을 입력하고 Enter 를 누른 후 ❽ [Opacity] 속성의 초시계(⏱)를 클릭하여 키프레임을 생성합니다.

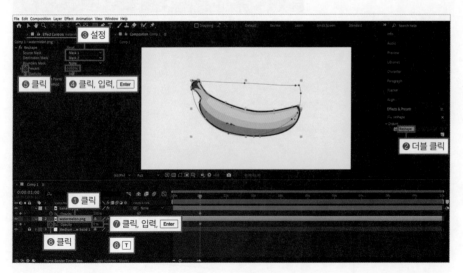

**09** ❶ Ctrl + A 를 눌러 전체 선택하고 U 를 눌러 키프레임이 활성화된 속성만 펼칩니다. ❷ Ctrl + Shift + A 를 눌러 전체 선택 해제합니다. ❸ 인디케이터를 1초 10프레임 지점으로 이동하고 ❹ 속성을 'banana.png' - Percent: '100', Opacity: '0'/'watermelon.png' - Percent: '0', Opacity: '100'으로 변경합니다.

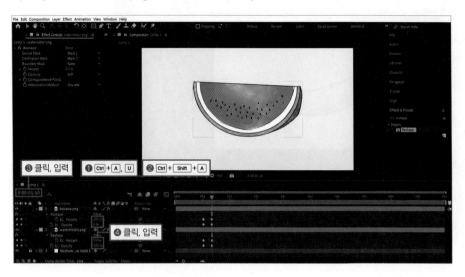

**10** ❶ 인디케이터를 2초 10프레임 지점으로 이동합니다. ❷, ❸ 4개 속성의 키프레임 수동 생성 버튼(◇)을 클릭합니다.

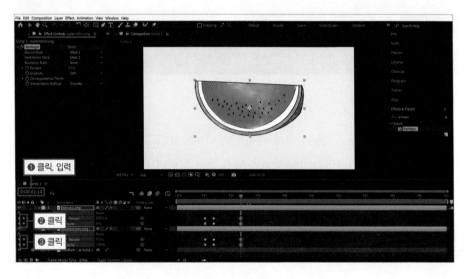

11 ❶ 인디케이터를 2초 20프레임 지점으로 이동합니다. ❷ 속성을 'banana.png' – Percent: '0', Opacity: '100'/
'watermelon.png' – Percent: '100', Opacity: '0'으로 변경합니다.

12 ❶ 인디케이터를 3초 0프레임 지점으로 이동합니다. ❷ N을 눌러 Work Area 끝 지점을 설정합니다.

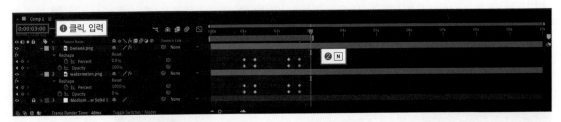

13 Home을 눌러 인디케이터를 Composition 시작 지점으로 이동하고 Spacebar를 눌러 작업 결과를
확인합니다. 단축키 Ctrl+M을 눌러 제작된 Composition을 MP4 파일로 렌더링합니다.
❶ [Output Module]의 빠른 포맷 설정에서 'H.264-Match Render Settings-15Mbps'를 선택합니다. ❷ [Output To]에서
렌더링 파일의 저장 경로와 파일 이름을 지정합니다. ❸ [Render]를 클릭하여 렌더링을 시작합니다.

# 5 · 기능 예제 · CC Particle System II - 파티클이 되어 사라지는 텍스트

◎ **완성 파일**: part2/chapter5/effects5.mp4

01 단축키 Ctrl + Alt + N 을 눌러 새로운 프로젝트를 생성한 후 Ctrl + I 를 눌러 준비 파일 'effects5.mp4'를 임포트합니다. 단축키 Ctrl + N 을 눌러 새로운 Composition을 생성합니다.

❶ [Preset]에서 'Social Media Landscape HD·1920×x1080·30fps'를 선택합니다. ❷ [Duration]에 '10.'을 입력하여 Composition 길이를 10초, ❸ [Background Color]를 '검은색'으로 설정합니다. ❹ [OK]를 클릭합니다.

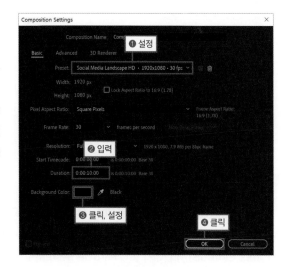

02 텍스트 레이어를 생성합니다.

❶ Ctrl + T 를 눌러 Type 툴(T)을 선택합니다. ❷ [Composition] 패널을 클릭하고 텍스트를 작성한 후 ❸ [Character] 패널에서 폰트, 크기, 색상 등을 설정합니다. ❹ V 를 눌러 Selection 툴(▶)을 선택하고 ❺ 텍스트 레이어를 이동하여 위치를 맞춥니다.

03 ❶ 생성된 텍스트 레이어를 클릭하여 선택하고 단축키 Ctrl + Shift + C 를 눌러 Pre-compose 설정합니다. ❷ 설정 변동 없이 [OK]를 클릭합니다.

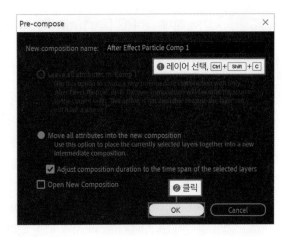

04 [CC Particle System II] 이펙트로 파티클을 생성합니다.

❶ Pre-compose된 레이어를 클릭하여 선택하고 Ctrl + D 를 눌러 레이어를 복제합니다. ❷ 복제된 레이어를 클릭하여 선택하고 [Effects & Presets] 패널의 ❸ [Simulation]에서 ❹ [CC Particle System II]를 더블 클릭하여 적용합니다. ❺ [Effect Controls] 패널에서 [CC Particle System II] 이펙트를 ❻, ❼ Producer - Position 아이콘( ) 클릭, ❽ [Composition] 패널에서 텍스트 왼쪽 공간 클릭, ❾ Producer - Radius Y: '20'으로 설정하고 Enter 를 누릅니다. ❿ Physics를 클릭하고 ⓫ Physics – Animation: 'Twirl', ⓬ Physics – Gravity: '-1'로 설정하고 Enter 를 누릅니다. ⓭ Partilcle을 클릭하고 ⓮ Partilcle – Max Opacity: '100'으로 설정하고 Enter 를 누릅니다. ⓯ Partilcle – Source Alpha Inherit: '체크', ⓰ Particle – Color Map: 'Origin Constant'로 설정하고 ⓱ [Position] 속성의 초시계( )를 클릭하여 키프레임을 생성합니다.

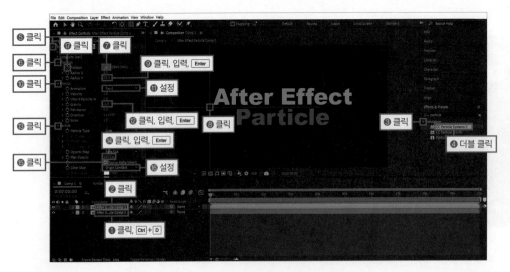

T·I·P Position 아이콘( ) 대신 수치를 드래그하면서 위치를 잡을 수 있습니다.

**05** ❶ 인디케이터를 1초 10프레임 지점으로 이동합니다. ❷ [Producer]-[Position]의 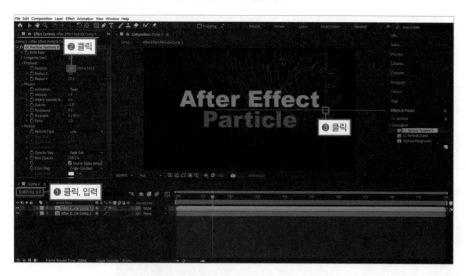을 클릭하고 ❸
[Composition] 패널에서 텍스트 오른쪽 공간에 클릭합니다.

**06** Home 을 눌러 인디케이터를 Composition 시작 지점으로 이동하고 Spacebar 를 눌러 작업 결과를
확인합니다. 텍스트의 모양과 색상에 맞추어 파티클이 생성되었습니다. 이펙트가 적용되지 않은 레이어
에 마스크 키프레임을 작성합니다.

❶ Home 을 눌러 인디케이터를 Composition 시작 지점으로 이동하고 Q 를 여러 번 눌러 Rectangle 툴(▮)이 선택되
도록 합니다. ❷ 아래쪽 레이어를 클릭하여 선택하고 ❸ [Composition] 패널에서 텍스트보다 넓게 드래그하여 마스크
를 생성합니다. ❹ 마스크 속성을 열고 ❺ [Mask Feather]를 '30'으로 설정하고 Enter 를 누릅니다. ❻ [Mask Path]의 초
시계(▢)를 클릭하여 키프레임을 생성합니다.

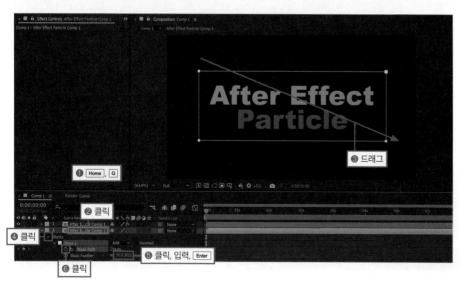

07 ① 인디케이터를 1초 10프레임 지점으로 이동합니다. ② 단축키 V를 눌러 Selection 툴(▶)을 선택하고 ③ [Composition] 패널에서 마스크를 오른쪽으로 드래그하여 텍스트를 벗어나도록 합니다.

08 ① 인디케이터를 4초 0프레임 지점으로 이동합니다. ② N을 눌러 Work Area 끝 지점을 설정합니다.

09 Home을 눌러 인디케이터를 Composition 시작 지점으로 이동하고 Spacebar를 눌러 작업 결과를 확인합니다. 단축키 Ctrl+M을 눌러 제작된 Composition을 MP4 파일로 렌더링합니다.
① [Output Module]의 빠른 포맷 설정에서 'H.264-Match Render Settings-15Mbps'를 선택합니다. ② [Output To]에서 렌더링 파일의 저장 경로와 파일 이름을 지정합니다. ③ [Render]를 클릭하여 렌더링을 시작합니다.

# CC Mr. Mercury - 종이 비행기 모션과 트랜지션 매트

◎ **준비 파일**: part2/chapter5/Icon.png, plane.png
◎ **완성 파일**: part2/chapter5/effects6.mp4

01 단축키 Ctrl+Alt+N을 눌러 새로운 프로젝트를 생성한 후 Ctrl+I 를 눌러 준비 파일 'Icon.png', 'plane.png'를 임포트합니다. Ctrl+N을 눌러 새로운 Composition을 생성합니다.
❶ [Preset]에서 'Social Media Landscape HD·1920×1080·30fps'를 선택합니다. ❷ [Duration]에 '10.'을 입력하여 Composition 길이를 10초, ❸ [Background Color]를 '검은색'으로 설정합니다. ❹ [OK]를 클릭합니다.

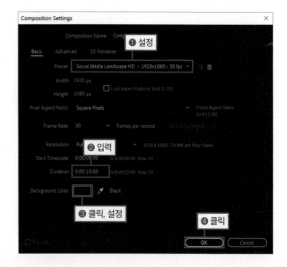

02 단축키 Ctrl+Y 를 눌러 Solid 레이어를 생성합니다.
❶ [Make Comp Size]를 클릭하여 Composition과 동일한 크기로 설정합니다. ❷ 배경색을 지정합니다. ❸ [OK]를 클릭합니다.

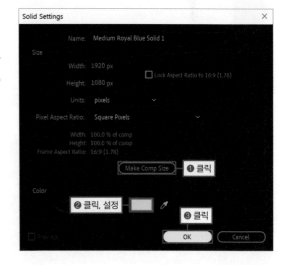

03 ❶ [Project] 패널에서 'plane.png'를 Timeline으로 드래그하여 배치합니다. ❷ 배경 Solid 레이어를 Lock(🔒) 설정하여 잠급니다.

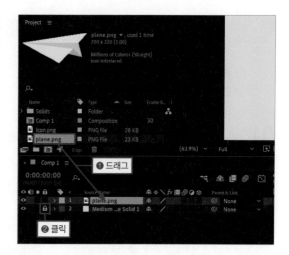

04 plane.png 레이어의 위치를 조정하고 키프레임을 활성화합니다.

❶ 'plane.png' 레이어를 클릭하여 선택하고 P를 눌러 [Position] 속성을 엽니다. ❷ [Composition] 패널에서 오른쪽 화면 밖으로 드래그하여 위치를 조정합니다. ❸ 초시계(⏱)를 클릭하여 키프레임을 활성화합니다.

# 05

❶ 인디케이터를 2초 0프레임 지점으로 이동합니다. ❷ [Composition] 패널에서 'plane.png' 레이어를 왼쪽 화면 밖으로 드래그하여 키프레임을 생성합니다.

# 06

단축키 Ctrl + Y 를 눌러 CC Mr. Mercury를 적용하기 위한 흰색 Solid 레이어를 생성합니다.
❶ [Make Comp Size]를 클릭하여 Composition과 동일한 크기로 설정합니다. ❷ 배경색을 '흰색'으로 지정합니다. ❸ [OK]를 클릭합니다.

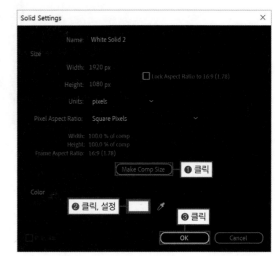

# 07 [CC Mr. Mercury] 이펙트로 매트 레이어를 생성합니다.

❶ 생성된 Solid 레이어를 클릭하여 선택하고 [Effects & Presets] 패널의 ❷ [Simulation]에서 ❸ [CC Mr. Mercury]를 더블 클릭하여 적용합니다. [Effect Controls] 패널에서 [CC Mr. Mercury] 이펙트를 ❹ Producer 초시계(◉) 클릭, ❺ Velocity : '0.5', Birth Rate : '2', Longevity : '5', Gravity : '0'으로 설정하고 Enter 를 누릅니다. ❻ Blob Death Size: '10'으로 설정하고 Enter 를 누릅니다.

# 08 [CC Mr. Mercury] 이펙트가 plane.
png 레이어를 따라가도록 링크 설정합니다. ❶ U 를 눌러 키프레임이 활성화된 속성만 펼칩니다. ❷ Solid 레이어의 [Producer] 속성 링크 버튼 (◉)을 드래그하여 'plane.png' 레이어의 [Position]에 링크를 걸어줍니다.

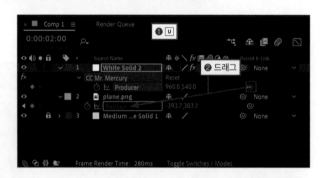

# 09 Home 을 눌러 인디케이터를 Composition 시작 지점으로 이동하고 Spacebar 를 눌러 작업 결과를 확인합니다. [CC Mr. Mercury] 이펙트가 비행기 연기처럼 표현되었습니다. 이제 이 이펙트를 매트 레이어로 삼아 트랜지션 효과를 제작합니다. 단축키 Ctrl + Y 를 눌러 'Icon.png'의 배경 Solid 레이어를 생성합니다.

❶ [Make Comp Size]를 클릭하여 Composition과 동일한 크기로 설정합니다. ❷ 배경색을 'Icon.png' 레이어와 어울리는 색상으로 지정합니다. ❸ [OK]를 클릭합니다.

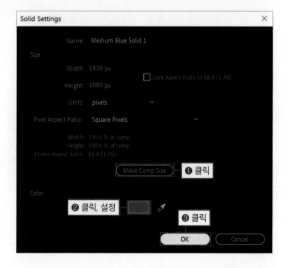

# 10

❶ F3을 눌러 [Effect Controls] 패널을 닫고 ❷ [Project] 패널에서 'Icon.png'를 Timeline으로 드래그합니다. png 레이어들과 Solid 레이어 등을 모두 레이어 순서를 맞춰 배치합니다.

# 11

❶ 'Icon.png' 레이어를 클릭하여 선택하고 ❷ 새로 만든 Solid 레이어를 Ctrl +클릭하여 동시에 선택합니다. ❸ Ctrl + Shift + C 를 눌러 Pre-compose 설정합니다. ❹ 설정 변동 없이 [OK]를 클릭합니다.

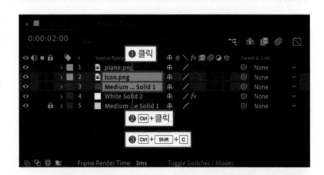

12 Track Matte를 설정합니다.

❶ Transfer Controls Pane 버튼을 클릭하여 활성
화합니다. ❷ Pre-compose 레이어의 Matte 레이
어를 [CC Mr. Mercury] 이펙트가 적용된 White
Solid 레이어로 지정합니다. ❸ Transfer Controls
Pane 버튼을 클릭하여 비활성화합니다.

13 ❶ 인디케이터를 5초 0프레임 지점으로 이동합니다. ❷ N 을 눌러 Work Area 끝 지점을 설정합니다.

14 Home 을 눌러 인디케이터를 Composition 시작 지점으로 이동하고 Spacebar 를 눌러 작업 결과를
확인합니다. 단축키 Ctrl + M 을 눌러 제작된 Composition을 MP4 파일로 렌더링합니다.

❶ [Output Module]의 빠른 포맷 설정에서 'H.264-Match Render Settings-15Mbps'를 선택합니다. ❷ [Output To]에서
렌더링 파일의 저장 경로와 파일 이름을 지정합니다. ❸ [Render]를 클릭하여 렌더링을 시작합니다.

# 특수 기능 활용하기

Puppet Pin 툴, Expression, 3D Layer, Tracker, Brush 등에 대해 알아봅니다.

# Puppet Pin 툴

Puppet Pin 툴에 대해 배워봅니다.

LESSON

Puppet Pin 툴은 픽셀 이미지 레이어에 조인트를 생성하여 관절 움직임을 표현할 수 있는 도구 입니다.

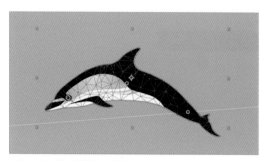

Puppet Pin 툴로 변형되는 픽셀 이미지

도구 모음에서 █을 길게 클릭하면 다섯 가지의 Puppet Pin 툴을 선택할 수 있습니다.

❶ **Puppet Position Pin Tool**: 관절 포인트를 생성하는 도구입니다.

❷ **Puppet Starch Pin Tool**: 부드러운 꺾임 표현을 위해 메시를 세밀하게 나누는 도구입니다.

❸ **Puppet Bend Pin Tool**: 관절 포인트를 회전시키거나 크기를 조절하는 도구입니다.

❹ **Puppet Advanced Pin Tool**: 향상된 조인트 회절 또는 크기를 조절하는 도구입니다.

❺ **Puppet Overlap Pin Tool**: 픽셀이 겹치는 경우 위나 아래를 조절하는 도구입니다.

● **Puppet Pin 툴 공통 옵션**

**❶ Mesh Show**: 나누어진 메시를 보여줍니다.

**❷ Expansion**: 메시를 확장합니다.

**❸ Density**: 메시 밀도를 조절합니다.

**❹ Record Options**: 퍼펫 핀을 실시간 녹화 설정
합니다.

ⓐ **Speed**: 녹화 속도 설정

ⓑ **Smoothing**: 키프레임 생성 빈도

ⓒ **Use Draft Deformation**: 추가된 메시 적용

ⓓ **Show Mesh**: 녹화 중 메시 표현

## ● Puppet Overlap Pin 툴 옵션

**❶ In Front**: 우선순위 설정

**❷ Extent**: Puppet Overlap Pin 적용 범위 설정

Puppet Pin 조인트가 생성되면 키프레임이 함께 생성되기 때문에 레이어를 선택하고 U를 눌러 조인트 확인과 키프레임 관리를 할 수 있습니다.

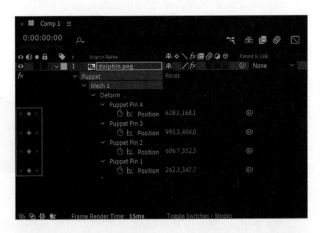

**❶** Puppet Position Pin 툴(📌)을 선택하고 **❷** [Composition] 패널에 클릭하여 조인트를 생성할 수 있으며, **❸** 생성된 조인트를 드래그하여 픽셀 이미지를 움직일 수 있습니다.

Ctrl+드래그를 이용할 경우 움직임을 실시간으로 녹화하여 키프레임을 생성합니다.

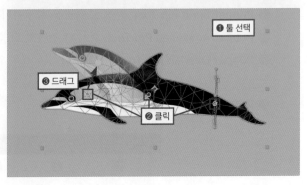

# Expression

익스프레션에 대해 배워봅니다.

익스프레션(Expression)은 키프레임 제어를 보조해 주는 기능이며, JavaScript 언어를 사용하여 명령어를 입력합니다.

```
speedAtTime(t)
wiggle(freq, amp, octaves = 1, amp_mult = .5, t = time)
temporalWiggle(freq, amp, octaves = 1, amp_mult = .5, t = time)
smooth(width = .2, samples = 5, t = time)
loopIn(type = "cycle", numKeyframes = 0)
loopOut(type = "cycle", numKeyframes = 0)
loopInDuration(type = "cycle", duration = 0)
loopOutDuration(type = "cycle", duration = 0)
key(index)
```

익스프레션을 사용하여 무작위 키프레임 값 생성이나 반복되는 동작을 표현할 수 있고, 오랜 시간이 소요되는 키프레임 작업을 단축시킬 수 있습니다.

키프레임 활용이 가능한 속성만 익스프레션을 적용할 수 있는데 익스프레션을 사용하려면 대상 속성의 초시계(⏱)를 Alt +클릭하여 코드 입력창을 열어 명령어를 입력해야 합니다.

반복 모션 익스프레션 명령어를 알아보겠습니다.

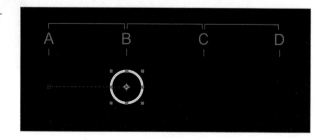

```
loopOut(type = "loopout type", numKeyframes = 0)
```

[Position] 속성으로 A지점에서 B지점으로 이동하는 키프레임 생성 후 익스프레션 창에 loopOut 코드를 입력하여 세 가지 타입으로 키프레임이 반복되도록 표현할 수 있습니다.

❶ loopOut(type = "cycle", numKeyframes = 0)    : A - B 모션 반복

❷ loopOut(type = "pingpong", numKeyframes = 0)  : A - B - A 모션 반복

❸ loopOut(type = "offset", numKeyframes = 0)    : A - B - C - D 계속 진행

**T·I·P** 모든 익스프레션 명령에 대한 정보는 Adobe사 '표현식 언어 참조' 페이지를 참조하세요.
https://helpx.adobe.com/kr/after-effects/using/expression-language-reference.html

---

**1**    **• 기능 예제 •**    **Puppet Pin 툴 + Expression Code - 돌고래**

◎ **준비 파일**: part2/chapter6/underwater.jpg, dolphin.png
◎ **완성 파일**: part2/chapter6/puppet+expression.mp4

 단축키 Ctrl+Alt+N을 눌러 새로운 프로젝트를 생성한 후 Ctrl+I를 눌러 준비 파일 'underwater. jpg', 'dolphin.png'를 임포트합니다. Ctrl+N을 눌러 새로운 Composition을 생성합니다.

❶ [Preset]에서 'Social Media Landscape HD·1920× 1080·30fps'를 선택합니다. ❷ [Duration]에 '10.'을 입력하여 Composition 길이를 10초, ❸ [Background Color]를 '검은색'으로 설정합니다. ❹ [OK]를 클릭합니다.

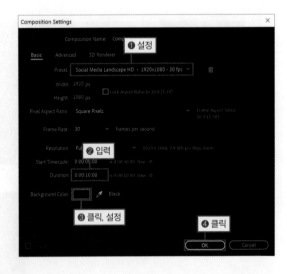

02 ❶ [Project] 패널에서 'underwater.jpg', 'dolphin. png'를 Timeline으로 드래그하여 배치합니다. ❷ 'underwater.jpg' 레이어를 Lock(🔒) 설정하여 잠급니다.

03 ❶ 'dolphin.png' 레이어를 클릭하여 선택하고 Ctrl+P를 눌러 Puppet Position Pin 툴(📌)을 선택합니다. ❷ [Composition] 패널에서 A, B, C, D지점에 클릭하여 Puppet 포인트를 생성합니다.

04 ❶ U를 눌러 [Puppet Pin] 속성을 열고 [Composition] 패널에서 ❷ A와 ❸ D 포인트를 위로 드래그합니다.

**05** ❶ 인디케이터를 20프레임 지점으로 이동
합니다. ❷ A와 ❸ D 포인트는 밑으로, ❹ B와 ❺ C
포인트는 위로 드래그합니다.

**06** ❶ 생성된 8개의 키프레임을 드래그하여 선택하고 ❷ F9를 눌러 Easy Ease를 설정합니다. ❸, ❹, ❺, ❻ 각
[Puppet Pin] 속성의 초시계를 Alt+클릭하여 [Expression] 입력창을 열고 ❼ 'loopOut(type = "pingpong",
numKeyframes = 0)' 을 동일하게 입력합니다.

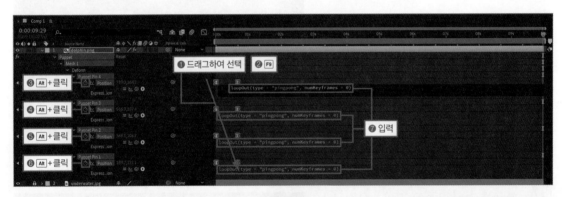

**07** Home을 눌러 인디케이터를 Composition
시작 지점으로 이동하고 Spacebar를 눌러 중간
작업 결과를 확인합니다. 돌고래가 제자리에
서 반복 모션하도록 Expression이 적용되었습
니다. dolphin.png 레이어의 위치를 조정하고
키프레임을 활성화합니다.

❶ Home을 눌러 인디케이터를 Composition 시작
지점으로 이동하고 P를 눌러 [Position] 속성을 엽
니다. ❷ V를 눌러 Selection 툴(▶)을 선택하고 ❸
[Composition] 패널에서 왼쪽으로 드래그하여 화
면 밖으로 이동합니다. ❹ 초시계(◎)를 클릭하여
키프레임을 활성화합니다.

**08** ❶ 인디케이터를 5초 0프레임 지점으로 이동합니다. ❷ [Composition] 패널에서 오른쪽으로 드래그하여 반대편 화면 밖으로 이동합니다.

**09** ❶ 인디케이터를 6초 0프레임 지점으로 이동합니다. ❷ N을 눌러 Work Area 끝 지점을 설정하고 ❸ Transfer Controls Pane 버튼(🎨)을 클릭하여 활성화합니다. ❹ 'dolphin.png' 레이어의 [Blending Mode]를 'Overlay'로 설정합니다.

**10** Home을 눌러 인디케이터를 Composition 시작 지점으로 이동하고 Spacebar를 눌러 작업 결과를 확인합니다. 단축키 Ctrl+M을 눌러 제작된 Composition을 MP4 파일로 렌더링합니다.

❶ [Output Module]의 빠른 포맷 설정에서 'H.264-Match Render Settings-15Mbps'를 선택합니다. ❷ [Output To]에서 렌더링 파일의 저장 경로와 파일 이름을 지정합니다. ❸ [Render]를 클릭하여 렌더링을 시작합니다.

# 3D Layer

3D Layer에 대해 배워봅니다.

LESSON

3D Layer는 오브젝트를 X, Y, Z의 3축 공간에서 원근감을 이용하여 심도 및 시점 왜곡을 표현할 수 있는 기능입니다.

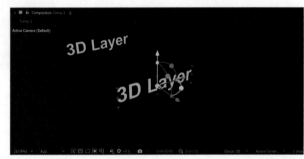

X, Y, Z의 3D 공간의 오브젝트 표현

Timeline의 레이어 속성에서 3D Layer(⬢)에 체크하면 3D 오브젝트로 속성이 바뀌며, [Transform] 속성에서 기존 X, Y축과 함께 Z축이 추가되어 3축으로 레이어를 조정할 수 있습니다.

일반적으로 카메라가 바라보는 방향에서 좌우 방향은 X축, 상하 방향은 Y축, 앞뒤 방향은 Z축을 의미합니다.

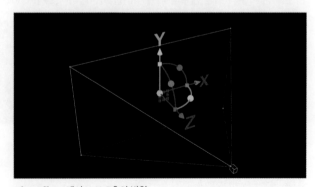

After Effects에서 X, Y, Z축의 방향

**· 기능 예제 ·**

# 3D Layer - Impact 타이틀 만들기

◎ **준비 파일**: part2/chapter6/AE.png, explosion.mp4, impact.mp3
◎ **완성 파일**: part2/chapter6/3d_layer.mp4

01 단축키 Ctrl+Alt+N을 눌러 새로운 프로젝트를 생성한 후 Ctrl+I를 눌러 준비 파일 'AE.png', 'explosion.mp4', 'impact.mp3'를 임포트합니다. Ctrl+N을 눌러 새로운 Composition을 생성합니다.
❶ [Preset]에서 'Social Media Landscape HD·1920× 1080·30fps'를 선택합니다. ❷ [Duration]에 '10.'을 입력하여 Composition 길이를 10초, ❸ [Background Color]를 '검은색'으로 설정합니다. ❹ [OK]를 클릭합니다.

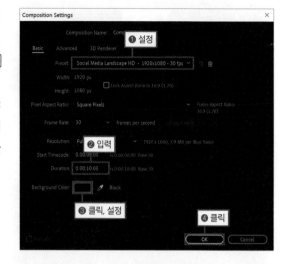

02 [Project] 패널에서 'AE.png', 'explosion. mp4', 'impact.mp3'를 Timeline으로 드래그하여 배치합니다.

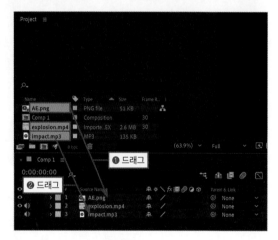

03 Spacebar 를 눌러 Composition에 배치된 소스를 확인합니다. impact.mp3 오디오 소스의 임팩트하는 지점을 확인하고, explosion.mp4 레이어를 Timeline 이동하여 impact.mp3 레이어와 싱크를 맞춥니다.
❶ 인디케이터를 1초 8프레임 지점으로 이동합니다. ❷ 'explosion.mp4' 레이어를 클릭하여 선택하고 I를 눌러 선택된 레이어를 이동합니다.

## 04 AE.png 레이어를 3D 레이어로 전환합니다.

❶ 'AE.png' 레이어를 클릭하여 선택하고 P를 눌러 [Position] 속성을 연 후 ❷ 3D Layer 속성(⬚)에 체크합니다. ❸ [Position] 속성에서 마우스 오른쪽 버튼을 클릭하여 메뉴에서 ❹ [Seperate Dimensions]를 클릭하여 X, Y, Z의 [Position] 속성을 분리합니다.

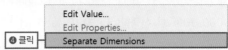

## 05 ❶ 'AE.png' 레이어의 [Z Position] 속성에 수치 '1000'을 입력하고 Enter를 누릅니다. ❷ 초시계(⬚)를 클릭하여 키프레임을 생성합니다.

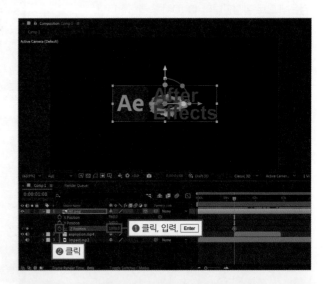

## 06 ❶ 인디케이터를 1초 0프레임 지점으로 이동합니다. ❷ 'AE.png' 레이어의 [Z Position] 속성에 수치 '-3000'을 입력한 후 Enter를 누릅니다. ❸ F9를 눌러 Easy Ease를 적용합니다.

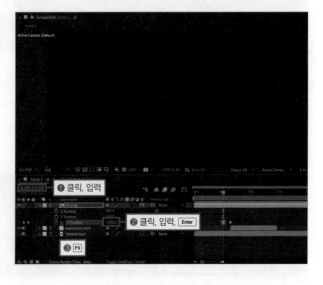

07 AE.png 레이어의 [Opacity] 속성에 키프레임을 생성합니다.
❶ 인디케이터를 4초 0프레임 지점으로 이동합니다. ❷ T를 눌러 [Opacity] 속성을 엽니다. ❸ 'AE.png' 레이어의 [Opacity] 속성 초시계(🕐)를 클릭하여 키프레임을 생성합니다.

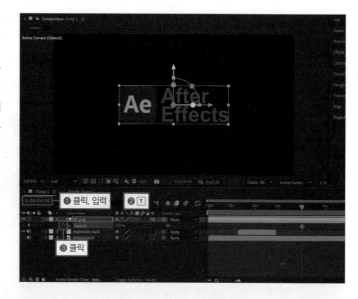

08 ❶ 인디케이터를 5초 0프레임 지점으로 이동합니다. ❷ [Opacity] 속성의 수치에 '0'을 입력한 후 Enter 를 누릅니다.

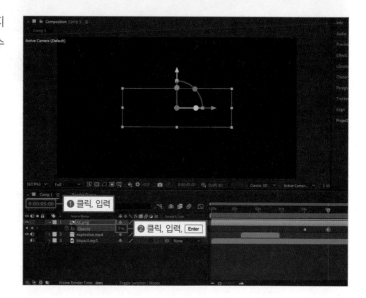

# 09 [Hue/Saturation] 이펙트로 explosion.mp4 레이어의 색상을 바꿉니다.

❶ 'explosion.mp4' 레이어를 클릭하여 선택하고 [Effects & Presets] 패널의 ❷ [Color Correction]에서 ❸ [Hue/ Saturation]을 더블 클릭하여 적용합니다. [Effect Controls] 패널에서 ❹ [Colorize]에 체크합니다. ❺ [Colorize Hue] 수치를 '0x+220', [Colorize Saturation] 수치를 '50'으로 설정한 후 Enter 를 누릅니다.

**TIP** 'explosion.mp4' 레이어의 색상을 확인하려면 인디케이터를 2초 0프레임 부근으로 이동합니다.

# 10 ❶ 인디케이터를 'impact.mp3' 레이어의 아웃 지점인 6초 28프레임 지점으로 이동합니다. ❷ N 을 눌러 Work Area 끝 지점을 설정합니다.

# 11 Home 을 눌러 인디케이터를 Composition 시작 지점으로 이동하고 Spacebar 를 눌러 작업 결과를 확인합니다. 단축키 Ctrl + M 을 눌러 제작된 Composition을 MP4 파일로 렌더링합니다.

❶ [Output Module]의 빠른 포맷 설정에서 'H.264-Match Render Settings-15Mbps'를 선택합니다. ❷ [Output To]에서 렌더링 파일의 저장 경로와 파일 이름을 지정합니다. ❸ [Render]를 클릭하여 렌더링을 시작합니다.

# Tracker

Tracker의 기능에 대해 배워봅니다.

**LESSON**

Tracker 기능은 비디오의 픽셀을 추적하여 키프레임을 생성하거나 촬영 공간을 분석하여 자연스러운 합성을 할 수 있도록 시점을 일치시켜 줍니다.

Track Motion

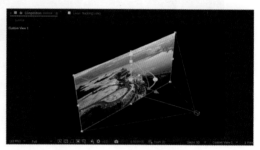

Track Camera

[Tracker] 패널에서 Tracking 유형을 선택하고 옵션을 설정합니다.

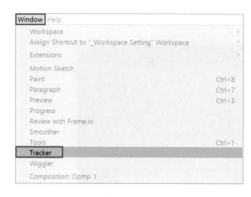

❶ **Track Camera**: 카메라 움직임 추적

❷ **Warp Stabilizer**: 빠른 흔들림 보정

❸ **Track Motion**: 특정 포인트 추적

❹ **Stabilize Motion**: 상세 흔들림 보정

❺ **Motion Source**: Tracking 대상 레이어 선택

❻ **Current Track**: Tracker 번호 선택

❼ **Track Type**: Tracking 유형 선택

❽ Tracking 속성 선택

❾ **Edit Target**: 결과 적용 레이어 선택

❿ **Options**: Tracker 옵션 설정

⓫ **Analyze**: 분석 버튼

⓬ **Reset**: Tracker 초기화

⓭ **Apply**: 분석 결과 적용

## ● Track Motion과 Stabilize Motion

[Tracker] 패널에서 [Track Motion]이나 [Stabilize Motion] 유형을 선택하면 [Track Point]가 생성되는데 영상의 어떤 부분을 추적할 것인지 대상을 지정합니다.

❶ **추적 대상**: 앞뒤 프레임에서 어떤 대상을 추적할 것인지 위치와 크기를 지정합니다.
❷ **추적 범위**: 앞뒤 프레임에서 대상을 추적할 범위를 지정합니다.

## ● Track Camera

[Tracker] 패널에서 [Track Camera] 유형을 선택하면 자동으로 공간 분석이 진행되고 합성을 위한 포인트가 생성됩니다. 합성할 지점에 마우스 오른쪽 버튼을 클릭하여 메뉴에서 [Create Null and Camera]를 선택하여 해당 지점에 Null 오브젝트와 추적된 카메라의 움직임이 적용된 3D 카메라를 생성합니다.

◎ **준비 파일**: part2/chapter6/bridge.mp4
◎ **완성 파일**: part2/chapter6/stabilizer.mp4

**01**   단축키 Ctrl + Alt + N 을 눌러 새로운 프로젝트를 생성한 후 Ctrl + I 를 눌러 준비 파일 'bridge.mp4'를 임포트합니다. [Project] 패널에서 'bridge.mp4'를 Composition 생성 아이콘으로 드래그하여 소스와 동일한 포맷의 Composition을 생성합니다.

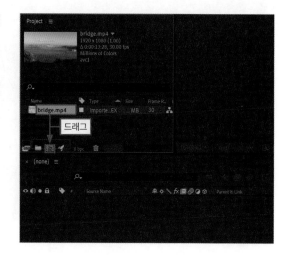

**02**   Spacebar 를 눌러 Composition에 배치된 소스를 확인합니다. 떨림이 있는 영상이라면 [Warp Stabilizer] 기능으로 [Position] 값을 조정하여 떨림을 자동 보정할 수 있습니다.

❶ 상단 메뉴 [Window] - ❷ [Tracker]를 클릭하여 패널을 엽니다.

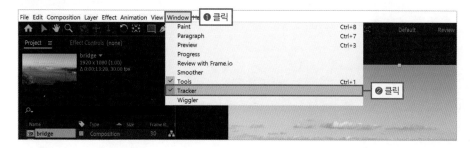

# 03

❶ 'bridge.mp4' 레이어를 클릭하여 선택합니다. ❷ [Tracker] 패널에서 [Warp Stabilizer]를 클릭하여 Tracking을 시작합니다.

**T·I·P** [Composition] 패널의 파란색과 주황색 분석 메시지가 사라질 때까지 기다립니다.

# 04

❶ [Effect Controls] 패널에서 [Stabilization]-[Result] 옵션을 ❷ 'No Motion'으로 설정합니다.

* [Home]을 눌러 인디케이터를 Composition 시작 지점으로 이동하고 [Spacebar]를 눌러 작업 결과를 확인합니다. 떨림이 보정되고 가장자리에 모자라는 픽셀만큼 [Scale]이 자동 조정되었습니다.

Track Motion 기능을 이용하여 움직이며 각도가 변하는 스크린에 동영상을 합성해 보겠습니다.

◎ **준비 파일**: part2/chapter6/laptop.mp4, palm_tree.mp4
◎ **완성 파일**: part2/chapter6/tracking+powerpin.mp4

01 단축키 Ctrl+Alt+N 을 눌러 새로운 프로젝트를 생성한 후 Ctrl+I 를 눌러 준비 파일 'laptop.mp4', 'palm_tree.mp4'를 임포트합니다. [Project] 패널에서 'laptop.mp4'를 Composition 생성 아이콘으로 드래그하여 소스와 동일한 포맷의 Composition을 생성합니다.

02 Spacebar 를 눌러 Composition에 배치된 소스를 확인합니다. 모니터 스크린의 위치와 각도가 계속 달라지는 영상이기 때문에 합성이 쉽지 않습니다.

❶ 단축키 Ctrl+Alt+Shift+Y 를 눌러 Null 오브젝트를 4개 생성합니다. ❷ 각 Null 오브젝트에서 이름 변경할 레이어를 클릭하여 선택합니다. Enter 를 누르고 새 이름을 입력하고 다시 Enter 를 눌러 마무리합니다.

03 ❶ 상단 메뉴 [Window] - ❷ [Tracker]를 클릭하여 패널을 엽니다.

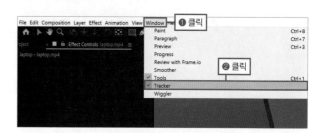

04 ❶ 'laptop.mp4' 레이어를 클릭하여 선택하고 ❷ [Tracker] 패널에서 [Track Motion]을 클릭하여 [Track Point]를 생성합니다. ❸ [Composition] 패널에서 마우스 휠을 회전하여 화면을 확대하고 ❹ 마우스 휠을 드래그하여 화면을 작업하기 편한 위치로 이동합니다.

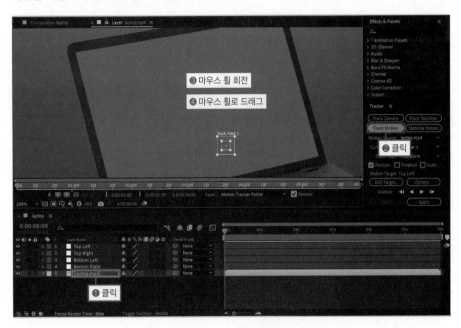

05 ❶ Home 을 눌러 인디케이터를 Composition 시작 지점으로 이동합니다. ❷ [Track Point]를 모니터 왼쪽 위 꼭짓점으로 이동하여 트래킹 타깃 픽셀로 정한 후 ❸ 안쪽 타깃 박스 크기를 약간 줄입니다.

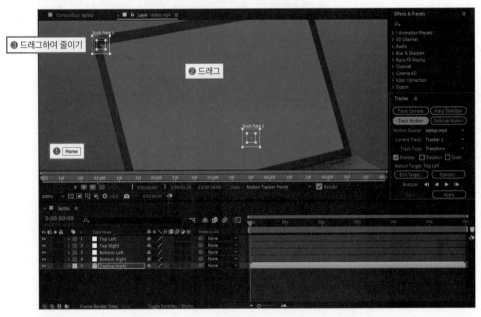

T·I·P 안쪽 타깃 박스 크기가 크면 트래킹 정확도가 떨어집니다.

06 Analyze Forward(▶)를 클릭하여 트래킹을 시작하고 잠시 기다립니다. 트래킹 결과가 좋지 않을 경우 Ctrl+Z를 눌러 트래킹을 취소하고 트래킹 타깃 지점을 이동한 후 다시 Analyze합니다.

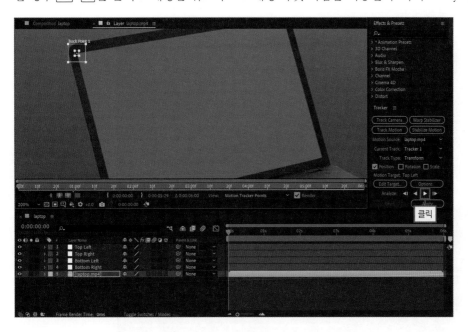

07 트래킹 결과를 Null 오브젝트에 적용합니다.
❶ [Edit Target]을 클릭합니다. ❷ [Motion Target Layer]를 'Top Left'로 지정하고 ❸ [OK]를 클릭합니다. ❹ [Apply]를 클릭하고 ❺ 설정 변경 없이 [OK]를 클릭합니다.

08 ❶ Home 을 눌러 인디케이터를 Composition 시작 지점으로 이동합니다. ❷ [Tracker] 패널에서 [Track Motion]을 클릭하여 [Track Point]를 생성합니다. ❸ [Track Point]를 모니터 오른쪽 위 꼭짓점으로 이동하여 트래킹 타깃 픽셀로 정하고 ❹ 안쪽 타깃 박스 크기를 약간 줄입니다.

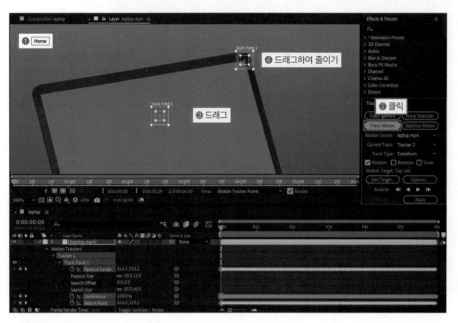

**T·I·P** 빠르게 움직이는 영상을 트래킹할 때는 바깥쪽 타깃 박스 크기를 키우면 정확도가 높아집니다. 단, 트래킹 시간이 길어집니다.

09 Analyze Forward(▶)를 클릭하여 트래킹을 시작하고 잠시 기다립니다. 트래킹 결과가 좋지 않을 경우 Ctrl + Z 를 눌러 트래킹을 취소하고 트래킹 타깃 지점을 이동한 후 다시 Analyze합니다.

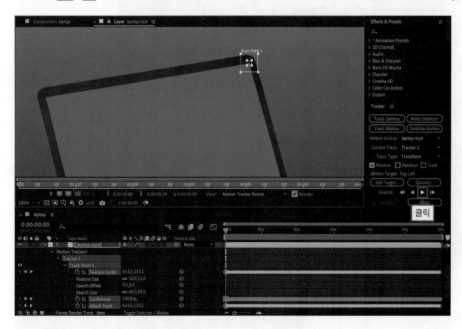

# 10 트래킹 결과를 Null 오브젝트에 적용합니다.

❶ [Edit Target]을 클릭합니다. ❷ [Motion Target Layer]를 'Top Right'로 지정하고 ❸ [OK]를 클릭합니다. ❹ [Apply]를 클릭하고 ❺ 설정 변경 없이 [OK]를 클릭합니다.

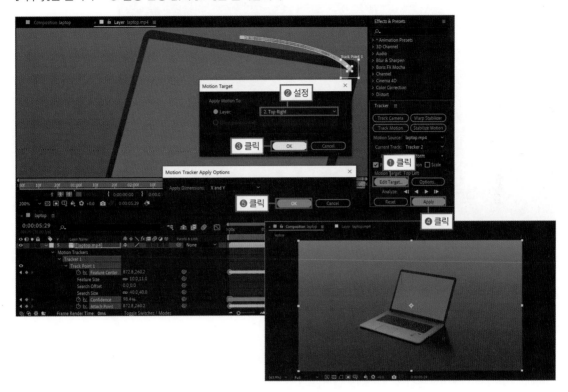

# 11 ❶ Home 을 눌러 인디케이터를 Composition 시작 지점으로 이동합니다. ❷ [Tracker] 패널에서 [Track Motion]을 클릭하여 [Track Point]를 생성합니다. ❸ [Track Point]를 모니터 왼쪽 아래 꼭짓점으로 이동하여 트래킹 타깃 픽셀로 정하고 ❹ 안쪽 타깃 박스 크기를 약간 줄입니다.

12 Analyze Forward(▶)를 클릭하여 트래킹을 시작하고 잠시 기다립니다. 트래킹 결과가 좋지 않을 경우 Ctrl+Z를 눌러 트래킹을 취소하고 트래킹 타깃 지점을 이동한 후 다시 Analyze합니다.

13 트래킹 결과를 Null 오브젝트에 적용합니다.
❶ [Edit Target]을 클릭합니다. ❷ [Motion Target Layer]를 'Bottom Left'로 지정하고 ❸ [OK]를 클릭합니다. ❹ [Apply]를 클릭하고 ❺ 설정 변경 없이 [OK]를 클릭합니다.

14 ❶ Home 을 눌러 인디케이터를 Composition 시작 지점으로 이동합니다. ❷ [Tracker] 패널에서 [Track Motion]을 클릭하여 [Track Point]를 생성합니다. ❸ [Track Point]를 모니터 오른쪽 아래 꼭짓점으로 이동하여 트래킹 타깃 픽셀로 정하고 ❹ 안쪽 타깃 박스 크기를 약간 줄입니다.

15 Analyze Forward(▶)를 클릭하여 트래킹을 시작하고 잠시 기다립니다. 트래킹 결과가 좋지 않을 경우 Ctrl + Z 를 눌러 트래킹을 취소하고 트래킹 타깃 지점을 이동한 후 다시 Analyze합니다.

## 16 트래킹 결과를 Null 오브젝트에 적용합니다.

❶ [Edit Target]을 클릭합니다. ❷ [Motion Target Layer]를 'Bottom Right'로 지정하고 ❸ [OK]를 클릭합니다. ❹ [Apply]를 클릭하고 ❺ 설정 변경 없이 [OK]를 클릭합니다.

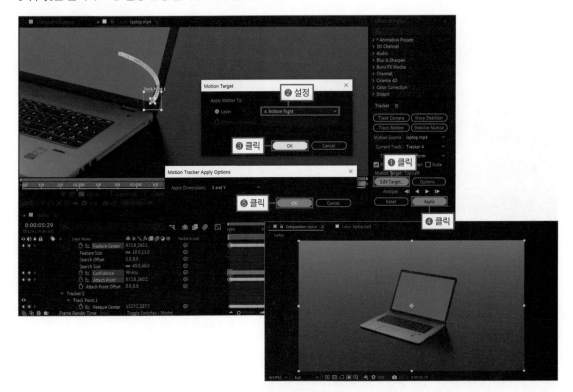

## 17 [Project] 패널에서 'palm_tree.mp4'를 Timeline으로 드래그하여 배치합니다.

## 18

❶ 'palm_tree.mp4' 레이어를 클릭하여 선택하고 [Effects & Presets] 패널의 ❷ [Distort]에서 ❸ [CC Power Pin]을 더블 클릭하여 적용합니다. ❹ [Effect Controls] 패널에서 [Top Left], [Top Right], [Bottom Left], [Bottom Right] 속성의 초시계(🕐)를 클릭합니다.

## 19

❶ Ctrl + Shift + A를 눌러 전체 선택 해제하고 ❷ U를 눌러 키프레임이 활성화된 속성만 펼칩니다. ❸ [CC Power Pin] 이펙트의 각 속성 링크를 드래그하여 다음과 같이 설정합니다.

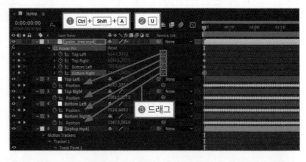

**Top Left**: Top Left 레이어의 Position
**Top Right**: Top Right 레이어의 Position
**Bottom Left**: Bottom Left 레이어의 Position
**Bottom Right**: Bottom Right 레이어의 Position

20 [Home]을 눌러 인디케이터를 Composition 시작 지점으로 이동하고 [Spacebar]를 눌러 작업 결과를 확인합니다. 단축키 [Ctrl]+[M]을 눌러 제작된 Composition을 MP4 파일로 렌더링합니다.

❶ [Output Module]의 빠른 포맷 설정에서 'H.264-Match Render Settings-15Mbps'를 선택합니다. ❷ [Output To]에서 렌더링 파일의 저장 경로와 파일 이름을 지정합니다. ❸ [Render]를 클릭하여 렌더링을 시작합니다.

---

## 3 • 기능 예제 •  Track Camera - AE 로고 합성

드론 촬영 영상에 Track Camera 기능을 이용하여 AE 로고를 합성해 보겠습니다.

◎ **준비 파일**: part2/chapter6/AE.png, sunrise.mp4
◎ **완성 파일**: part2/chapter6/camera track.mp4

01 단축키 [Ctrl]+[Alt]+[N]을 눌러 새로운 프로젝트를 생성한 후 [Ctrl]+[I]를 눌러 준비 파일 'AE.png', 'sunrise.mp4'를 임포트합니다. [Project] 패널에서 'sunrise.mp4'를 Composition 생성 아이콘으로 드래그하여 소스와 동일한 포맷의 Composition을 생성합니다.

02 [Spacebar]를 눌러 Composition에 배치된 소스를 확인합니다. 드론 촬영 영상을 3D Camera를 트래킹하여 카메라의 움직임을 분석합니다.

❶ 상단 메뉴 [Window] - ❷ [Tracker]를 클릭하여 패널을 엽니다.

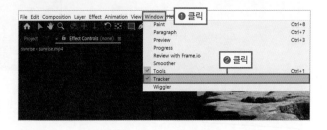

$03$ ❶ 'sunrise.mp4' 레이어를 클릭하여 선택합니다. ❷ [Tracker] 패널에서 [Track Camera]를 클릭하여 트래킹을 시작합니다.

**T·I·P** [Composition] 패널의 파란색과 주황색 분석 메시지가 사라질 때까지 기다립니다. 트래킹이 끝나면 [Composition] 패널에 트래킹 포인트가 나타납니다.

$04$ ❶ [Composition] 패널에서 로고를 합성하려는 지점의 트래킹 포인트에 마우스 오른쪽 버튼을 클릭하여 메뉴에서 ❷ [Create Null and Camera]를 클릭합니다.

**T·I·P** 트래킹 포인트가 보이지 않을 때는 [Effect Controls] 패널의 [3D Camera Tracker] 이펙트 이름을 클릭하면 포인트가 나타납니다.

05 ❶ F3을 눌러 [Effect Controls] 패널을 닫고 ❷ [Project] 패널에서 'AE.png'를 Timeline으로 드래그하여 배치합니다.

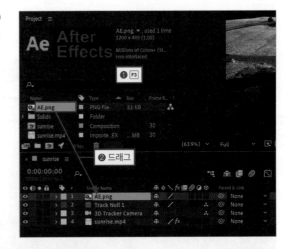

06 ❶ 'AE.png' 레이어의 3D Layer 버튼(🔲)을 클릭하고 ❷ Parent 레이어를 'Track Null 1'으로 설정합니다.

07 AE.png 레이어를 합성 지점의 트래킹 포인트 위치로 이동시킵니다.
❶ 'AE.png' 레이어를 클릭하여 선택하고 P를 눌러 [Position] 속성을 엽니다. ❷ '0, 0, 0'을 입력하고 Enter를 누릅니다.

## 08 트래킹 포인트가 AE 로고의 바닥면과 일치하도록 합니다.

❶ 'AE.png' 레이어를 클릭하여 선택하고 A를 눌러 [Anchor Point] 속성을 엽니다. ❷ '600, 400, 0'을 입력하고 Enter를 누릅니다.

## 09 AE.png 레이어의 방향을 동영상의 합성 지점과 어울리도록 회전시킵니다.

❶ R을 눌러 [Rotation] 속성을 엽니다. ❷ [Composition] 패널에서 회전축을 드래그하거나 [Orientation] 속성의 수치를 조절하여 희망하는 방향으로 설정한 후 Enter를 누릅니다.

**T·I·P** 방향 설정이 어려운 경우 [Orientation] 속성을 '20, 300, 5'로 설정합니다.

## 10 그림자 레이어를 생성합니다.

❶ 'AE.png' 레이어를 클릭하여 선택하고 Ctrl+D를 눌러 복제한 후 ❷ R을 눌러 [Rotation] 속성을 엽니다. ❸ 복제된 레이어를 그림자의 각도로 회전한 후 Enter를 누릅니다.

**T·I·P** 앞서 로고 레이어의 [Orientation] 속성을 '20, 300, 5'로 설정한 경우 그림자 레이어의 [Orientation] 속성은 '290, 350, 300'으로 설정합니다.

11 복제된 레이어의 밝기를 조정하여 그림자처럼 보이도록 합니다.

① 그림자 'AE.png' 레이어를 클릭하여 선택하고 [Effects & Presets] 패널의 ② [Color Correction]에서 ③ [Hue/ Saturation]을 더블 클릭하여 적용합니다. ④ [Effect Controls] 패널에서 [Master Lightness]의 수치를 '-100'으로 설정합니다. ⑤ T 를 눌러 [Opacity] 속성을 열고 ⑥ 수치를 '70'으로 설정한 후 Enter 를 누릅니다.

12 Home 을 눌러 인디케이터를 Composition 시작 지점으로 이동하고 Spacebar 를 눌러 작업 결과를 확인합니다. 단축키 Ctrl + M 을 눌러 제작된 Composition을 MP4 파일로 렌더링합니다.

① [Output Module]의 빠른 포맷 설정에서 'H.264-Match Render Settings-15Mbps'를 선택합니다. ② [Output To]에서 렌더링 파일의 저장 경로와 파일 이름을 지정합니다. ③ [Render]를 클릭하여 렌더링을 시작합니다.

T·I·P 한 번 3D Camera 트래킹이 완료되면 여러 개의 트래킹 포인트에 오브젝트를 링크할 수 있습니다(여러 번 트래킹하지 않아도 됩니다).

# Brush

Brush(브러시)에 대해 배워봅니다.

Brush 툴은 레이어에 색상을 칠할 수
있는 도구입니다.
도구 상자에서 █를 클릭하거나 Ctrl+
B 를 눌러 Brush 툴을 선택할 수 있
습니다.
Brush 툴은 [Composition] 패널 그룹
의 [Layer] 창에서 드래그하여 색을
칠합니다.

[Brushes] 패널에서 브러시 모양을 설정합니다.

❶ 브러시 프리셋 선택
❷ **Diameter**: 브러시 크기
❸ **Angle**: 브러시 회전
❹ **Roundness**: 브러시 폭
❺ **Hardness**: 브러시 가장자리 선명도
❻ **Spacing**: 브러시 팁 간격
❼ **Brush Dynamics**: 터치식 장비의 드로잉 옵션

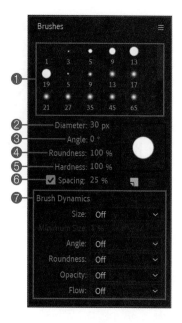

[Paint] 패널에서 브러시 색상을 설정합니다.

① **Opacity**: 브러시 불투명도
② **Flow**: 브러시 농도
③ 브러시 색상
④ **Mode**: 브러시 블렌딩 모드
⑤ **Channels**: 브러시의 알파 채널 사용 여부
⑥ **Duration**: 브러시 지속 시간
- Constant: 계속 유지
- Write On: 브러시 드로잉을 녹화
- Single Frame: 1프레임
- Custom: 지속 프레임 지정

Brush 툴이 적용된 레이어는 [Effect Controls] 패널에서 [Paint on Transparent] 옵션에 체크하여 브러시를 원본 레이어와 분리할 수 있습니다.

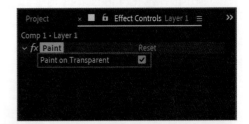

원본 레이어+브러시

브러시 분리

**T·I·P** F3: [Effect Controls] 패널 열기/닫기 단축키

# Brush - 알파 매트 소스 만들기

브러시 실시간 드로잉 녹화 기능을 이용하여 오브젝트를 나타나게 하는 알파 매트 소스를 제작해 보겠습니다.

◎ **준비 파일**: part2/chapter6/AE.png
◎ **완성 파일**: part2/chapter6/brush_matte.mp4

**01** 단축키 Ctrl+Alt+N 을 눌러 새로운 프로젝트를 생성한 후 Ctrl+I 를 눌러 준비 파일 'AE.png'를 임포트합니다. Ctrl+N 을 눌러 새로운 Composition을 생성합니다.

❶ [Preset]에서 'Social Media Landscape HD·1920× 1080·30fps'를 선택합니다. ❷ [Duration]에 '10.'을 입력하여 Composition 길이를 10초, ❸ [Background Color]를 '검은색'으로 설정합니다. ❹ [OK]를 클릭합니다.

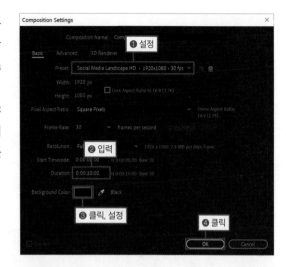

**02** 단축키 Ctrl+Y 를 눌러 Solid 레이어를 생성합니다.

❶ [Make Comp Size]를 클릭하여 Composition과 동일한 크기로 설정합니다. ❷ 배경색을 지정합니다. ❸ [OK]를 클릭합니다.

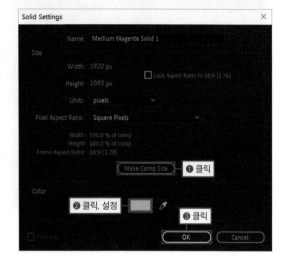

03 ❶ [Project] 패널에서 'AE.png'를 Timeline으로 드
래그하여 배치합니다. ❷ 배경 Solid 레이어를 Lock(🔒) 설
정하여 잠급니다.

04 브러시 드로잉 녹화 모드를 준비합니다.

❶ 'AE.png' 레이어를 더블 클릭하여 레이어 창을 엽니다. ❷ Ctrl + B 를 눌러 브러시 툴(✏️)을 선택하면 오른쪽 패널 목
록에 [Brushes]와 [Paint] 패널이 추가됩니다. ❸ [Brushes] 패널에서 브러시 사이즈를 '200' 이상으로 크게 설정하고
Enter 를 누릅니다. ❹ [Spacing]에 체크하고 ❺ [Spacing]을 '10'으로 하여 팁 간격을 좁게 설정하고 Enter 를 누릅니다.
❻ [Paint] 패널에서 [Channels]를 'RGBA'로 설정하고, [Duration]을 'Write On'으로 설정합니다(색상은 무관합니다).

05 ❶ 레이어 창에 마우스로 드로잉하여 로고
를 완전히 가릴 수 있도록 합니다. ❷ 브러시 작업
이 끝나면 [Composition] 탭을 클릭합니다.

## 06 'AE.png' 원본과 브러시 이펙트를 2개의 레이어로 분리합니다.

❶ 'AE.png' 레이어를 클릭하여 선택하고 Ctrl+D를 눌러 복제한 후 ❷ 원본 'AE.png' 레이어의 fx을 클릭하여 이펙트를 비활성화합니다. ❸ 복제된 'AE.png' 레이어를 클릭하여 선택하고 F3을 눌러 [Effect Controls] 창을 엽니다. ❹ [Paint on Transparent] 옵션에 체크합니다.

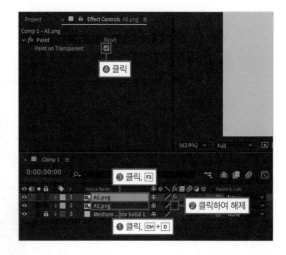

## 07 Track Matte를 설정합니다.

❶ Transfer Controls Pane 버튼(◙)을 클릭하여 활성화합니다. ❷ 원본 'AE.png' 레이어의 Matte 레이어를 복제된 'AE.png' 레이어로 설정합니다. ❸ Transfer Controls Pane 버튼(◙)을 클릭하여 비활성화하고 ❹ 인디케이터를 5초 0프레임 지점으로 이동합니다. ❺ N을 눌러 Work Area 끝 지점을 설정합니다.

## 08 Home을 눌러 인디케이터를 Composition 시작 지점으로 이동하고 Spacebar를 눌러 작업 결과를 확인합니다. 단축키 Ctrl+M을 눌러 제작된 Composition을 MP4 파일로 렌더링합니다.

❶ [Output Module]의 빠른 포맷 설정에서 'H.264-Match Render Settings-15Mbps'를 선택합니다. ❷ [Output To]에서 렌더링 파일의 저장 경로와 파일 이름을 지정합니다. ❸ [Render]를 클릭하여 렌더링을 시작합니다.

# Wiggler

Wiggler의 기능에 대해 배워봅니다.

Wiggler는 키프레임에 변수를 적용하여 랜덤 키프레임을 생성해 주는 기능입니다.

[Wiggler] 패널에서 랜덤으로 생성할 키프레임을 설정합니다.

**❶ Apply To**: Wiggler 유형 선택
- **Temporal Graph**: 진행 시간 랜덤값 적용
- **Spatial Path**: 속성 수치 랜덤값 적용

**❷ Noise Type**: 변수 유형
- **Smooth**: 부드러운 타입
- **Jagged**: 들쑥날쑥한 타입

**❸ Dimmensions**: 방향 설정
- **All the same**: X와 Y를 연동하여 랜덤 적용
- **All Independently**: X와 Y를 각각 따로 랜덤 적용

**❹ Frequency**: 1초당 생성할 랜덤 키프레임 수

**❺ Magnitude**: 변화 수치 최댓값 또는 최솟값

**❻ Apply**: 2개 이상의 키프레임을 선택하면 적용 버튼이 활성화되며 클릭 시 랜덤 키프레임이 생성됨

2개의 키프레임 사이에 생성된 랜덤 키프레임 결과

# Wiggler - 위글 진동 키프레임 만들기

◎ **준비 파일**: part2/chapter6/launch.mp4
◎ **완성 파일**: part2/chapter6/wiggler.mp4

01 단축키 [Ctrl]+[Alt]+[N]을 눌러 새로운 프로젝트를 생성한 후 [Ctrl]+[I]를 눌러 준비 파일 'launch.mp4'를 임포트합니다. [Project] 패널에서 'launch.mp4'를 Composition 생성 아이콘으로 드래그하여 소스와 동일한 포맷의 Composition을 생성합니다.

02 [Spacebar]를 눌러 Composition에 배치된 소스를 확인합니다. 발사 순간부터 [Position] 속성에 랜덤 키프레임을 생성하여 진동을 만들어 봅니다.
❶ 상단 메뉴 [Window] - ❷ [Wiggler]를 클릭하여 패널을 엽니다.

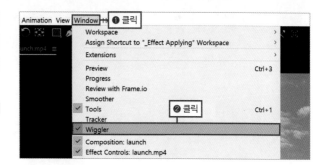

03 Wiggler 기능 적용을 위해 필요한 2개의 키프레임을 생성합니다.
❶ 인디케이터를 발사 순간인 1초 10프레임 지점으로 이동합니다. ❷ [Position] 속성의 초시계(⏱)를 클릭합니다.

04 ❶ 인디케이터를 Composition 끝 지점으로 이동합니다. ❷ [Position] 속성의 키프레임 수동 생성 버튼(◆)을
클릭합니다.

05 Wiggler 옵션을 설정합니다.
❶ [Position] 속성을 클릭하여 키프레임을 모두 선택합니다. ❷ [Wiggler] 패널에서 [Frequency]의 수치를 1초당 '30'으
로 설정하여 모든 프레임마다 랜덤 키프레임이 생성되도록 한 후 Enter 를 누릅니다. [Magnitude]의 수치를 '3'으로 입력
하여 랜덤 범위를 '+-3'으로 설정하고 ❸ [Apply]를 클릭합니다.

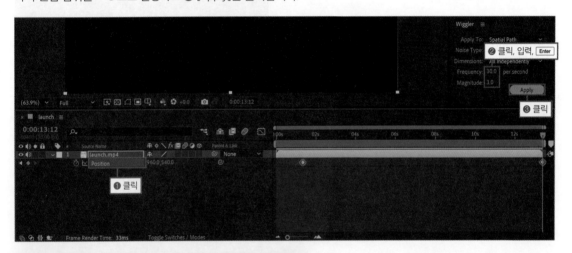

06 `Home`을 눌러 인디케이터를 Composition 시작 지점으로 이동하고 `Spacebar`를 눌러 중간 작업 결과를 확인합니다. [Position] 랜덤 키프레임으로 진동이 생겼고, 영상이 움직인 만큼 가장자리에 픽셀이 모자라는 부분이 생겼습니다. 가장자리에 픽셀이 부족한 지점이 없도록 영상의 크기를 키웁니다.

❶ `S`를 눌러 [Scale] 속성을 엽니다. ❷ 수치를 '101'로 설정한 후 `Enter`를 누릅니다.

07 `Home`을 눌러 인디케이터를 Composition 시작 지점으로 이동하고 `Spacebar`를 눌러 작업 결과를 확인합니다. 단축키 `Ctrl`+`M`을 눌러 제작된 Composition을 MP4 파일로 렌더링합니다.

❶ [Output Module]의 빠른 포맷 설정에서 'H.264-Match Render Settings-15Mbps'를 선택합니다. ❷ [Output To]에서 렌더링 파일의 저장 경로와 파일 이름을 지정합니다. ❸ [Render]를 클릭하여 렌더링을 시작합니다.

# Time 설정

Time 설정에 대해 배워봅니다.

L E S S O N

동영상 레이어의 마우스 오른쪽 버튼을 클릭하여 메뉴의 [Time]에서 재생 시간과 속도를 설정할
수 있습니다.

❶ **Enable Time Remapping**: 레이어 시간의 진행을 키프레임으로 제어
❷ **Time-Reverse Layer**: 레이어 시간을 역방향으로 재생
❸ **Time Stretch**: 레이어 재생 속도를 전체 길이와 비율로 조절
❹ **Freeze Frame**: 현재 인디케이터 시점에서 정지 프레임 생성
❺ **Freeze On Last Frame**: 레이어의 마지막 프레임에서 정지하며 프레임 연장

## ● [Time Stretch] 설정창

**Stretch**

❶ **Original Duration**: 원본 레이어 재생 시간
❷ **Stretch Factor**: 재생 시간 비율 조절
❸ **New Duration**: 재생 시간 조절

**Hold in Place**

❹ **Layer In-point**: 조절 기준점이 레이어 시
작 지점
❺ **Current Frame**: 조절 기준점이 현재 지점
❻ **Layer Out-point**: 조절 기준점이 레이어
끝 지점

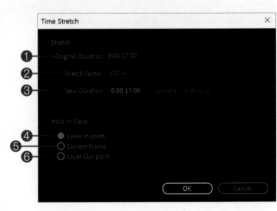

**· 기능 예제 ·**                **Time Remapping - 자동차 턴테이블**

Time Remapping 기능을 이용하여 회전하는 자동차의 속도와 회전 방향을 조절해 보겠습니다.

◎ **준비 파일**: part2/chapter6/turn_table.mp4
◎ **완성 파일**: part2/chapter6/time_remap.mp4

**01** 단축키 Ctrl + Alt + N 을 눌러 새로운 프로젝트를 생성한 후 Ctrl + I 를 눌러 준비 파일 'turn_table.mp4'를 임포트합니다. [Project] 패널에서 'turn_table.mp4'를 Composition 생성 아이콘으로 드래그하여 소스와 동일한 포맷의 Composition을 생성합니다.

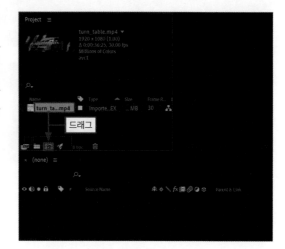

**02** Spacebar 를 눌러 Composition에 배치된 소스를 확인합니다. 한 방향으로 같은 속도로 회전하는 자동차 영상입니다.

❶ 'turn_table.mp4' 레이어를 클릭하여 선택합니다. ❷ Ctrl + Alt + T 를 눌러 [Time Remapping] 기능을 활성화한 후 기능이 활성화되면 [Time Remap] 속성과 시작 및 끝 지점에 시간 진행 키프레임이 생성됩니다.

## 03 영상이 빠르게 재생되도록 시간 진행 마지막 키프레임을 앞으로 이동합니다.

❶ 인디케이터를 4초 0프레임 지점으로 이동합니다. ❷ 마지막 키프레임을 드래그+ Shift 스냅 기능을 활용하여 이동합니다.

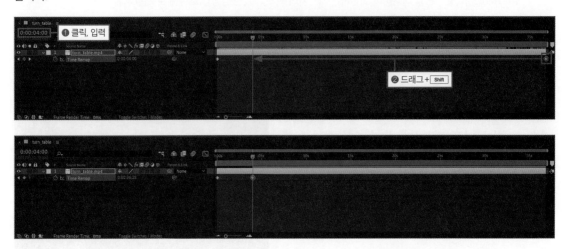

## 04 영상이 역방향으로 재생되도록 합니다.

❶ 인디케이터를 8초 0프레임 지점으로 이동합니다. ❷ [Time Remap]의 속성에 수치 '0'을 입력한 후 Enter 를 누릅니다.

## 05 ❶ [Time Remap] 속성을 클릭하여 키프레임을 모두 선택하고 ❷ F9 를 눌러 Easy Ease를 적용합니다.

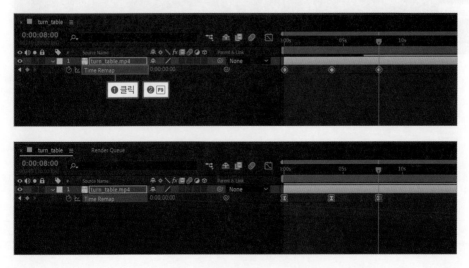

06 ❶ Graph Editor 버튼을 클릭하여 그래프 에디터 화면으로 전환합니다. ❷ Choose graph type and options에서 ❸ [Edit Value Graph]를 클릭합니다.

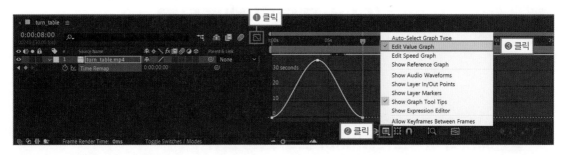

07 ❶ [Time Remap] 속성을 더블 클릭하여 키프레임을 모두 선택하고 ❷ 가운데 키프레임의 좌우 베지어 핸들을 드래그하여 4분의 3지점까지 연장합니다(*수평을 유지합니다).

T·I·P 그래프가 종 모양처럼 되도록 조절합니다.

T·I·P 베지어 핸들을 조정할 때 드래그+[Shift]를 이용하면 쉽게 수평을 유지할 수 있습니다.

08 ❶ 인디케이터를 10초 0프레임 지점으로 이동합니다. ❷ [N]을 눌러 Work Area 끝 지점을 설정합니다.

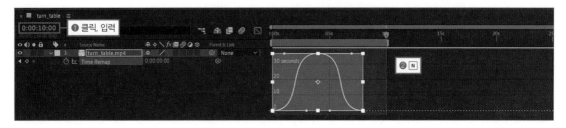

09 [Home]을 눌러 인디케이터를 Composition 시작 지점으로 이동하고 [Spacebar]를 눌러 작업 결과를 확인합니다. 단축키 [Ctrl]+[M]을 눌러 제작된 Composition을 MP4 파일로 렌더링합니다.

❶ [Output Module]의 빠른 포맷 설정에서 'H.264-Match Render Settings-15Mbps'를 선택합니다. ❷ [Output To]에서 렌더링 파일의 저장 경로와 파일 이름을 지정합니다. ❸ [Render]를 클릭하여 렌더링을 시작합니다.

# 여러 가지 오류상황 해결방법

## 1 애프터 이펙트/프리미어 프로 실행 오류

프로그램 실행 시 오류 메시지가 발생하거나 로딩 단계에서 다음으로 넘어가지 않는 경우 추가 설치된 폰트, 플러그인, 스크립트가 원인일 수 있습니다.

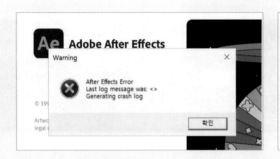 

최근에 설치한 폰트와 플러그인, 스크립트를 삭제하면 문제가 해결될 수 있습니다.

- **Windows 폰트 삭제**: Windows 설정-개인설정-글꼴 메뉴에서 최근에 설치한 폰트 삭제
- **플러그인 삭제**: 설치 시 제공된 플러그인 삭제(Uninstaller) 실행파일 이용하여 삭제
- **애프터 이펙트 스크립트 삭제**: 아래 경로에서 최근 설치한 스크립트 파일 삭제
  C:₩사용자₩(계정이름)₩Appdata₩Roaming₩Adobe₩After Effects₩24.0(버전)₩ Scripts₩ 또는 C:₩사용자₩(계정이름)₩Appdata₩Roaming₩Adobe₩After Effects₩24.0(버전)₩Scripts₩ScriptUI Panels₩
  *주의: 기본 스크립트를 삭제하지 마십시오.

여전히 프로그램 실행 오류가 발생한다면 다음으로 시도해 볼 것은 설정 초기화입니다.
에프터 이펙트/프리미어 프로 실행 시 Alt + Ctrl + Shift (맥OS: Option + Command + Shift )를 누르고 프로그램을 실행하여 설정을 초기화합니다.
문제가 해결되지 않을 경우 에프터 이펙트/프리미어 프로 재설치하시기 바랍니다.

## **2** 소스파일 미인식

프로젝트에 사용된 소스파일들의 경로나 파일명이 바뀐 경우 소스파일 미인식 오류가 발생할 수 있습니다.

바뀐 경로와 파일명을 다시 지정해주거나 새로운 대체 파일을 지정하여 문제를 해결할 수 있습니다.

### 애프터 이펙트

Project 패널에서 인식하지 못하는 소스를 클릭하고 Ctrl+H를 눌러 새로운 경로와 파일을 지정합니다.

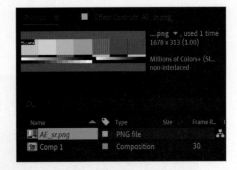

### 프리미어 프로

파일이 인식되지 않을 경우 자동으로 Link Media 팝업창이 열리며, Locate 버튼을 클릭하고 새로운 경로와 파일을 지정합니다.

- Link Media 창이 열리지 않을 경우 : Project 패널 - 미인식 소스 우클릭 - Link Media

## 3 오디오가 스피커로 출력되지 않는 경우

프로그램에서 오디오 출력장치가 올바르게 설정되지 않아 소리가 나지 않을 수 있습니다. 애프터 이펙트/프리미어 프로 프로그램의 Edit - Preferences - Audio Hardware 메뉴에서 Default Output 장치 설정을 변경할 수 있습니다.

### 애프터 이펙트

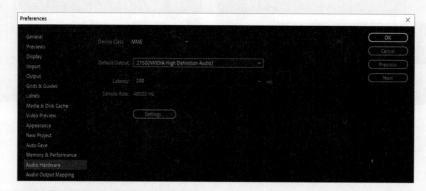

### 프리미어 프로

## 4 Workspace Reset

작업 중인 환경이 변경되어 복구가 어려운 경우 Workspace를 저장된 환경으로 되돌릴 수 있습니다.

**애프터 이펙트**

Windows - Workspace - Reset "Workspace 이름" to saved
Layout

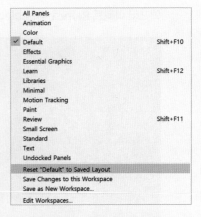

**프리미어 프로**

Windows - Workspace - Reset to saved Layout

## 5 단축키 오류

애프터 이펙트/프리미어 프로 프로그램의 모든 단축키는 영문으로 작동합니다. 단축키 적용이 안되는 경우 한글키 입력으로 설정되어 있다면 영문으로 전환 후 단축키를 사용하세요.

**애프터 이펙트 Refresh Disabled/미리보기 오류**

Refresh Disabled/미리보기 오류가 발생할 경우 키보드의 Caps Lock을 눌러 해제하십시오.